古典文獻研究輯刊

三七編

潘美月・杜潔祥 主編

第4冊

古代類書的文化歷程（下）

司馬朝軍、劉全波 著

國家圖書館出版品預行編目資料

古代類書的文化歷程（下）／司馬朝軍、劉全波 著 -- 初版
-- 新北市：花木蘭文化事業有限公司，2023〔民 112〕
目 4+178 面；19×26 公分
（古典文獻研究輯刊 三七編；第 4 冊）
ISBN 978-626-344-467-6（精裝）
1.CST：類書 2.CST：研究考訂
011.08   112010504

ISBN-978-626-344-467-6

9 786263 444676

古典文獻研究輯刊
三七編 第 四 冊   ISBN：978-626-344-467-6

古代類書的文化歷程（下）

作　　者　司馬朝軍、劉全波
主　　編　潘美月、杜潔祥
總 編 輯　杜潔祥
副總編輯　楊嘉樂
編輯主任　許郁翎
編　　輯　張雅淋、潘玟靜　美術編輯　陳逸婷
出　　版　花木蘭文化事業有限公司
發 行 人　高小娟
聯絡地址　235 新北市中和區中安街七二號十三樓
　　　　　電話：02-2923-1455 ／傳真：02-2923-1452
網　　址　http://www.huamulan.tw 信箱 service@huamulans.com
印　　刷　普羅文化出版廣告事業
初　　版　2023 年 9 月
定　　價　三七編 58 冊（精裝）新台幣 150,000 元　　版權所有・請勿翻印

古代類書的文化歷程（下）

司馬朝軍、劉全波　著

目

次

第二章　隋唐五代的類書

第一節　《長洲玉鏡》

　　《隋書》卷三十二《經籍志序》載：「隋開皇三年，秘書監牛弘表請分遣使人，搜訪異本。每書一卷，賞絹一匹，校寫既定，本即歸主。於是民間異書，往往間出。」〔註1〕到隋煬帝時期，天下圖籍之富，已經達到了前無古人後無來者的程度。隋煬帝本人好讀書著述，前後近二十載，修撰未嘗暫停，並且隋煬帝對秘書省進行了數次改革以提升秘書省職能，使之更好的管理國家藏書與主持典籍修撰。《資治通鑒》卷一百八十二「煬帝大業十一年」條載：「春正月，增秘書省官百二十員，並以學士補之。帝好讀書著述，自為揚州總管，置王府學士至百人，常令修撰。以至為帝，前後近二十載，修撰未嘗暫停；自經術、文章、兵、農、地理、醫、卜、釋、道乃至蒲博、鷹狗，皆為新書，無不精洽，共成三十一部，萬七千餘卷。」〔註2〕吳炯炯《隋代秘書省職司考論》認為：「秘書機構是我國古代主持國家圖書事業的中央行政機構，也是保存及整理國家藏書的主要場所。到隋代，其下轄太史、著作兩曹，為中央五省之一，在機構建制、權責範圍、員額編制等方面都發展到了一個空前高度。」〔註3〕

〔註1〕《隋書》卷三十二《經籍志序》，北京：中華書局，1973年，第908頁。
〔註2〕《資治通鑒》卷一百八十二「煬帝大業十一年」條，北京：中華書局，1956年，第5694頁。
〔註3〕吳炯炯《隋代秘書省職司考論》，《敦煌學輯刊》2011年第4期，第126～138頁。

　　在隋煬帝及秘書省的領導下，大隋文士共同編纂了多部資料豐富的各式典籍，以類書的編纂為例，短短幾十年間，不但編纂有大型官修類書，中小型類書亦是多有出現，且質量較高，流傳亦廣。胡道靜《中國古代的類書》認為：「隋代享國之年甚短，但在類書史上卻占一個重要的位置。」〔註4〕崔文印《隋唐時期的類書》認為：「隋朝雖享國時短，卻編了不少類書。其重要者：（一）詔命編修的《長洲玉鏡》，（二）杜公瞻奉敕編的《編珠》，（三）虞世南在秘書省時私輯的《北堂書鈔》，（四）諸葛穎輯的《玄門寶海》。」〔註5〕曹之先生認為：「隋代編撰的類書也很多，例如《長洲玉鏡》四百卷、《北堂書鈔》一百七十卷、《玄門寶海》一百二十卷、《桂苑珠叢》一百卷、《四海類聚方》二千六百卷、《四海類聚單要方》三百卷等。」〔註6〕汪受寬《隋代的古籍整理》對隋代編纂的《玉燭寶典》《長洲玉鏡》《玄門寶海》《編珠》《桂苑珠叢》《北堂書鈔》六部類書做了介紹。其認為：「類書的撰集，是對古籍的一種綜合性整理。隋代在書籍數量空前增多和科舉取士制度產生以後，為了供帝王閱讀和士人臨文尋檢之用，編纂類書的風氣很盛，不僅種類較多，而且內容豐富，卷帙龐大，價值較高。」〔註7〕誠然，有隋一代，編纂了多部十分重要的類書，如《北堂書鈔》，至今仍是我們研究中國類書的重要典籍與模範，但是，在隋代還有另外一部類書更為聲名顯赫，那就是隋煬帝敕修的《長洲玉鏡》，他上承南北朝，下啟唐宋，是中古類書發展史、編纂史上的關鍵環節，但是，由於散佚，我們目前已經無法知道他的具體情況，好在諸史籍中保存了對他的零星記載，讓我們可以越千年而重見其模糊的樣貌。

一、《長洲玉鏡》的編纂者

　　對於《長洲玉鏡》的編纂者，前輩學者已有關注，但是不夠全面，我們依據諸史籍之記載，再做考察。

　　《隋書》卷七十六《文學傳・虞綽傳》載：

　　　　虞綽，字士裕，會稽餘姚人也。父孝曾，陳始興王諮議。綽身
　　　長八尺，姿儀甚偉，博學有俊才，尤工草隸。陳左衛將軍傅縡有盛

〔註4〕胡道靜《中國古代的類書》，北京：中華書局，2005年新1版，第76頁。

〔註5〕崔文印《隋唐時期的類書》，《史學史研究》1990年第4期，第47頁。

〔註6〕曹之《試論隋代圖書編撰的特點》，《山東圖書館季刊》2004年第3期，第4～6頁。

〔註7〕汪受寬：《隋代的古籍整理》，《文獻》1987年第2期，第3～15頁。

名於世，見綽詞賦，歎謂人曰：「虞郎之文，無以尚也！」仕陳為太學博士，遷永陽王記室。及陳亡，晉王廣引為學士。大業初，轉為秘書學士，奉詔與秘書郎虞世南、著作佐郎庾自直等撰《長洲玉鏡》等書十餘部。綽所筆削，帝未嘗不稱善，而官竟不遷。初為校書郎，以藩邸左右，加宣惠尉。遷著作佐郎，與虞世南、庾自直、蔡允恭等四人常居禁中，以文翰待詔，恩盼隆洽……綽恃才任氣，無所降下。著作郎諸葛潁以學業幸於帝，綽每輕侮之，由是有隙。帝嘗問綽於潁，潁曰：「虞綽粗人也。」帝領之。時禮部尚書楊玄感稱為貴倨，虛襟禮之，與結布衣之友。綽數從之遊……坐斬江都，時年五十四。所有詞賦，並行於世。〔註8〕

通過《虞綽傳》之記載，我們可以清楚的知道虞綽、虞世南和庾自直三人參與了《長洲玉鏡》的編纂。關於虞綽參與《長洲玉鏡》的編纂，我們還可以找到其他佐證材料。《舊唐書》卷四十七《經籍下》載：「《長洲玉鏡》一百三十八卷。虞綽等撰。」〔註9〕《新唐書》卷五十九《藝文三》亦載：「《長洲玉鏡》二百三十八卷。虞綽等撰。」〔註10〕《通志二十略‧藝文略第七》子部「類書類」載：「《長洲玉鑒》，二百三十八卷。虞綽等編。」〔註11〕虞綽其人，博學多才，仕陳時，即為太學博士，陳亡入隋，晉王楊廣又引為學士，可見其才學，但是，虞綽的仕途卻不順利，「官竟不遷」是也，恃才傲物的虞綽，漸漸被隋煬帝疏遠，且虞綽與楊玄感親近，殆至楊玄感敗亡後，隋煬帝窮治其事，虞綽被發配且末，膽大的虞綽中途逃走，亡命東陽，後被人告發，坐斬江都。虞綽除了參與編纂《長洲玉鏡》外，還有《帝王世紀音》《驛馬四位法》《類集》等著作傳世。《隋書》卷三十三《經籍二》載：「《帝王世紀音》四卷。虞綽撰。」〔註12〕《通志二十略‧藝文略第六》載：「《驛馬四位法》，一卷。虞綽撰。」〔註13〕《舊唐書》卷四十七《經籍下》之「總集」載：「《類集》一百一十三卷。

〔註8〕　《隋書》卷七十六《文學傳‧虞綽傳》，北京：中華書局，1973年，第1738～1739頁。

〔註9〕　《舊唐書》卷四十七《經籍下》，北京：中華書局，1975年，第2046頁。

〔註10〕　《新唐書》卷五十九《藝文三》，北京：中華書局，1975年，第1562頁。

〔註11〕　（宋）鄭樵：《通志二十略‧藝文略第七》，北京：中華書局，1995年，第1732頁。

〔註12〕　《隋書》卷三十二《經籍二》，北京：中華書局，1973年，第960頁。

〔註13〕　（宋）鄭樵：《通志二十略‧藝文略第六》，北京：中華書局，1995年，第1693頁。

虞綽等撰。」〔註14〕《新唐書》卷六十《藝文四》之「總集」亦載：「庾綽等《類集》一百一十三卷。」〔註15〕虞綽所撰《類集》在《日本國見在書目》中亦有記載：「《類集》二卷。」據孫猛考證認為：「兩《唐志》著錄虞綽《類集》一百一十三卷，疑此二卷乃其殘帙。」〔註16〕可見，虞綽《類集》還有幸傳到了日本，我們暫時不知道《類集》的具體編撰時間，但是，看到他被《舊唐書》《新唐書》置於「總集類」中，我們還是有些想法，《類集》的位置與《玉臺新詠》前後相鄰，可以想見其性質，但是，我們也懷疑他是類文類書性質的著作，或許，他是《長洲玉鏡》影響下，虞綽等綜輯群文而成的類文類書。〔註17〕

〔註14〕《舊唐書》卷四十七《經籍下》，北京：中華書局，1975 年，第 2080 頁。

〔註15〕《新唐書》卷六十《藝文四》，北京：中華書局，1975 年，第 1621 頁。

〔註16〕孫猛：《日本國見在書目錄詳考》，上海：上海古籍出版社，2015 年，第 2055 頁。孫猛又稱：「《日本國見在書目錄》此條或為元稹《類集》零本。」我們認為，此《類集》應為虞綽《類集》的可能性更大。

〔註17〕劉全波：《論敦煌類書的分類》，王三慶、鄭阿財主編《2013 敦煌、吐魯番國際學術研討會論文集》，臺南：成功大學中國文學系出版，2014 年，第 547～579 頁。關於類書的分類，筆者竊以為有以下六種分法。第一，類事類書自始至終是中國類書的發展主流，此種體例亦有多種模式，有出處、書名、人名在前者，亦有出處、書名、人名在後者，更有不具出處、書名、人名者，但是此種體例以引用、排列段落、長句為主，此種類型之最古者者為《皇覽》《修文殿御覽》等。第二，類文類書有些學者認為其不成立，但我們通過考察認為此種體例是存在的，夏南強先生的研究中即單獨將類文類書獨立出來作為一種類書分類方法，當然，單獨的類文類書或許早已經獨立於類書之外，但是存在於經典類書之中的類文部分還是存在的，他是我們研究類文類書的基礎，此種體例的形成當與類事類書有關，排列組合模式亦相同，至唐初《藝文類聚》編纂之時將此二種模式合併成新的事文並舉體例，並被後世廣為沿襲。第三，類句類書的出現時間是比較早的，我們認為在南北朝時期已經出現，而目前我們所熟知的類句類書的典型當屬《北堂書鈔》《白孔六帖》，類句類書的特點是摘引經典語句，且沒有經過刻意的修飾，部分語句注有簡單的出處，部分語句甚至沒有出處，今天我們見到的《北堂書鈔》之較為詳細的注釋、出處是陳禹謨等後人補入的。第四，類語類書應該是在類句類書基礎上發來起來的，沒有經過刻意修飾的類句比較有益於博覽，但是在文學創作中使用起來就不那麼方便，而經過刻意加工的類語類書就好很多，將不對偶的語句修改成對偶的語對，二、三、四、五、六言皆有，以二、四言為主，隋煬帝為了文學創作即敕令杜公瞻編纂《編珠》，敦煌類書中的《語對》《篆金》也是此種體例，此種體例隨著文學的發展非常興盛，並且由於類語類書多富有韻律，後來又與蒙學緊密結合，如《蒙求》等就成為了童蒙讀物，甚至以蒙書的形式被廣泛接受。第五，賦體類書並非是賦的產物，亦非簡單的賦與事類的結合，他是類書發展的一個產物，最典型的是《事類賦》，敦煌文獻中有《兔園策府》，這些賦體類書的重點不是賦，而是以賦的形式組織事類，之所以將之編纂成賦的形

　　《長洲玉鏡》的第二位編撰纂者是虞世南，查閱史料發現，關於虞世南的記載多在唐朝，可謂是大唐名臣。唐太宗剛即位，就「使呂才協音律，李百藥、虞世南、褚亮、魏徵等制歌辭。」〔註18〕又至貞觀六年，「詔褚亮、虞世南、魏徵等分制樂章。」〔註19〕虞世南過世後，「太宗嘗謂侍中魏徵曰：『虞世南死後，無人可以論書。』」〔註20〕可惜的是，《虞世南傳》中沒有記載其參與編纂《長洲玉鏡》的事情。

　　《舊唐書》卷七十二《虞世南傳》載：

> 　　虞世南，字伯施，越州餘姚人，隋內史侍郎世基弟也……世南性沉靜寡欲，篤志勤學，少與兄世基受學於吳郡顧野王，經十餘年，精思不倦，或累旬不盥櫛。善屬文……陳滅，與世基同入長安，俱有重名，時人方之二陸。時煬帝在藩，聞其名，與秦王俊辟書交至，以母老固辭，晉王令使者追之。大業初，累授秘書郎，遷起居舍人。時世基當朝貴盛，妻子被服擬於王者。世南雖同居，而躬履勤儉，不失素業。〔註21〕

　　虞世南自幼勤奮好學，善文章，仕隋前，他就以博學被陳文帝看重，召為建安王法曹參軍，陳滅，又被晉王楊廣招致麾下，大業初，授秘書郎，此處我們更關注虞世南在大業初的官職，正好與《虞綽傳》中記載的相一致，肯定不是巧合，綜合來看，虞世南確為《長洲玉鏡》的編撰者之一。陳橋驛《論酈學研究及其學派的形成與發展》亦認為：「所以隋代的《北堂書鈔》，唐初的《初學記》等類書中，都收錄了《水經注》的大量資料。《北堂書鈔》雖非官方著作，但作者虞世南是大業年間的秘書郎，而且在編撰此書前不久參與過官修類書《長洲玉鏡》的工作。故其撰述所據資料，無疑來自朝廷藏書，至於《初學

式，主要是為了方便閱讀，加強記憶，更是文體活套，應試良方。第六，事文並舉體例是一個組合體，我們單單去看事文並舉類書，會有一頭霧水之感，但是當我們將之分解為類事、類文、類句、類語等基本元素時，我們就會發現此種體例的由來與基本構成，敦煌類書中的部分寫卷也已經初步具備了這種事文並舉的體例，需要我們認真去考察，但是隨著類書的發展此種體例也產生了很多的變體需要我們去甄別。

〔註18〕《舊唐書》卷二十九《音樂二》，北京：中華書局，1975 年，第 1059～1060頁。

〔註19〕《舊唐書》卷二十九《音樂三》，北京：中華書局，1975 年，第 1089 頁。

〔註20〕《舊唐書》卷八十《褚遂良傳》，北京：中華書局，1975 年，第 2729 頁。

〔註21〕《舊唐書》卷七十二《虞世南傳》，北京：中華書局，1975 年，第 2565 頁。

記》，則是朝廷文化機構集賢院的集體編撰，資料當然出自內庫。」〔註22〕為何要引用陳橋驛先生論《水經注》的文字，其實是為了從側面說明虞世南與《長洲玉鏡》的關係，細讀陳橋驛先生的文章，我們可以得到清楚的認識，即學界其實已經公認虞世南是《長洲玉鏡》的編纂者之一。

《長洲玉鏡》的第三位編撰者是著作佐郎庾自直。《隋書》卷七十六《文學傳·庾自直傳》載：「庾自直，潁川人也。父持，陳羽林監。自直少好學，沉靜寡欲。仕陳，歷豫章王府外兵參軍、宣惠記室。陳亡，入關，不得調。晉王廣聞之，引為學士。大業初，授著作佐郎。自直解屬文，於五言詩尤善。性恭慎，不妄交遊，特為帝所愛。帝有篇章，必先示自直，令其詆訶。自直所難，帝輒改之，或至於再三，俟其稱善，然後方出。其見親禮如此。後以本官知起居舍人事。化及作逆，以之北上，自載露車中，感激發病卒。有文集十卷行於世。」〔註23〕很可惜，《庾自直傳》中也沒有說明其參與了《長洲玉鏡》的編纂，但是很顯然，庾自直是隋煬帝的學士，且大業初的官職是著作佐郎，可見其是有機會參與《長洲玉鏡》的編纂的，並且「大業初，授著作佐郎」與《虞綽傳》當中其撰寫《長洲玉鏡》的時間、官職皆相吻合。

《舊唐書》《新唐書》皆記載庾自直編撰有《類文》一書，三百七十七卷。《舊唐書》卷四十七《經籍下》之「總集類」載：「《類文》三百七十七卷。庾自直撰。」〔註24〕《新唐書》卷六十《藝文四》之「總集類」亦載：「庾自直《類文》三百七十七卷。」〔註25〕《日本國見在書目》亦載：「《類文》二百十三卷。」「《類文》三百七十七卷。」據孫猛教授考證：「此書《日本國見在書目》三見。子部雜家此條與集部總集類第二條（1579），為同書同卷，集部總集類第一條（1578）屬同書不同本，乃完帙。」〔註26〕此《類文》之卷帙還是比較多的，且亦流傳到了日本，洪邁《容齋隨筆》亦有記載，可見其在中國至少流傳至宋無疑。對於此《類文》之性質，前輩學者亦有論述。我們認為，此《類文》當亦是與上文虞綽之《類集》極其類似。《類文》《類集》之書應該是

〔註22〕陳橋驛：《論酈學研究及其學派的形成與發展》，《水經注論叢》，杭州：浙江大學出版社，2008年，第318頁。

〔註23〕《隋書》卷七十六《文學傳·庾自直傳》，北京：中華書局，1973年，第1742頁。

〔註24〕《舊唐書》卷四十七《經籍下》，北京：中華書局，1975年，第2077頁。

〔註25〕《新唐書》卷六十《藝文四》，北京：中華書局，1975年，第1619頁。

〔註26〕孫猛：《日本國見在書目錄詳考》，上海：上海古籍出版社，2015年，第1145頁。

庾自直、虞綽編纂《長洲玉鏡》的副產品，具有類文類書性質，不然《日本國
見在書目》為何將之錄入「雜家」，且處於《類苑》《藝文類聚》等類書之間？
當然此《類文》《類集》還是有些「總集」的性質，且後世學者認為其「總集」
性質更多一點，所以更多的將之歸入「總集」中。類文類書與總集之間還是有
些淵源的，二者之間有交叉，如果論其區別亦是很明顯的，類文類書更多的是
截取「詩文」之片段，而總集則是「全文」收錄，而具體到上文所說之《類文》
《類集》，我們認為他們就是在中古時期官修類書影響下出現的專門性的類文
類書。

對於《長洲玉鏡》的編撰者，《大業雜記》亦載有二人，即柳顧言、王曹。
《大業雜記輯校》載：「大業二年，六月，學士秘書監柳顧言、學士著作佐郎
王曹等撰《長洲玉鏡》一部，四百卷。」〔註27〕可見《長洲玉鏡》的獻上者是
柳顧言、王曹，看來他們應該是《長洲玉鏡》的領修者，而前文所說之虞綽等
人則是實際編纂人員。

《北史》卷八十三《文苑傳·柳顧言》載：

> 柳䛒，字顧言，河東人也。世仕江南，居襄陽。祖惔，《南史》
> 有傳。䛒少聰敏，解屬文，好讀書，所覽將萬卷。仕梁，為著作佐
> 郎。後蕭詧據荊州，以為侍中，領國子祭酒、吏部尚書。及梁國廢，
> 拜開府，為內史侍郎。以無吏幹，轉晉王諮議參軍。王好文雅，招
> 引才學之士諸葛潁、虞世南、王胄、朱瑒等百餘人以充學士，而䛒
> 為之冠。王以師友處之，每有文什，必令其潤色，然後示人。嘗朝
> 京還，作《歸藩賦》，命䛒為序，詞甚典麗。初王屬文，效庾信體，
> 及見䛒後，文體遂變……煬帝嗣位，拜秘書監，封漢南縣公。帝退
> 朝後，便命入問，言宴諷讀，終日而罷。常每與嬪後對酒，時逢興
> 會，輒遣命之至，與同榻共席，恩比友朋。帝猶恨不能夜召，乃命
> 匠刻木為偶人，施機關，能坐起拜伏，以像䛒。帝每月下對飲酒，
> 輒令宮人置於座，與相酬酢，而為歡笑。從幸揚州，卒，帝傷惜者
> 久之。贈大將軍，諡曰康。〔註28〕

〔註27〕（唐）杜寶撰，辛德勇輯校：《大業雜記輯校》，西安：三秦出版社，2006 年，
第 23 頁。

〔註28〕《北史》卷八十三《文苑傳·柳顧言》，北京：中華書局，1974 年，第 2800
頁。

柳顧言在大業初為秘書監，有史才，善訓詁。《史記索隱後序》載：「隋秘書監柳顧言，尤善此史。」〔註29〕《資治通鑒》卷一百八十二「煬帝大業十一年」條亦載：「初，西京嘉則殿有書三十七萬卷，帝命秘書監柳顧言等詮次，除其複重猥雜，得正御本三萬七千餘卷，納於東都修文殿。」〔註30〕總之，柳顧言是一位備受隋煬帝寵信，且官為秘書監的秘書省最高長官，而《長洲玉鏡》的編纂他做領修也是順理成章，修成上奏更是分內之事。

《大業雜記》記載王曹亦是《長洲玉鏡》的編纂者，但是，據我們目前所查史料來看，除了在《大業雜記》當中提到了王曹，隋煬帝時期並無有關此人的其他任何記載，因此，我們懷疑王曹很可能是王胄的誤寫。《隋書》卷七十六《文學傳·王胄傳》載：「王胄字承基，琅琊臨沂人也。祖筠，梁太子詹事。父祥，陳黃門侍郎。胄少有逸才，仕陳，起家鄱陽王法曹參軍，歷太子舍人、東陽王文學。及陳滅，晉王廣引為學士。仁壽末，從劉方擊林邑，以功授帥都督。大業初，為著作佐郎，以文詞為煬帝所重。」〔註31〕《隋書》卷七十六《文學傳·王胄傳》載：「帝所有篇什，多令繼和。與虞綽齊名，同志友善，於時後進之士咸以二人為準的。從征遼東，進授朝散大夫。胄性疏率不倫，自恃才大，鬱鬱於薄宦，每負氣陵傲，忽略時人。為諸葛穎所嫉，屢譖之於帝，帝愛其才而不罪。禮部尚書楊玄感虛襟與交，數遊其第。及玄感敗，與虞綽俱徙邊。胄遂亡匿，潛還江左，為吏所捕，坐誅，時年五十六。所著詞賦，多行於世。」〔註32〕可見，大業初王胄的官職恰為著作佐郎，況「曹」「胄」兩字很是相似，訛舛也並不奇怪，所以，《大業雜記》應是把王胄誤寫成了王曹。再者，王胄與虞綽友善且齊名，後來二人又同時與楊玄感有交往，再後來二人又同時被隋煬帝徙邊，可見二人之關係，故我們猜測，王胄與虞綽在《長洲玉鏡》之編纂過程中亦是關係密切。

編撰《長洲玉鏡》這樣一部四百卷的大書，編撰者肯定不止以上五位，我們很有必要考察大業初秘書省的其他官員。吳炯炯在《隋代秘書省職司考論》

〔註29〕《史記》（點校本二十四史修訂本）第 10 冊《史記索隱後序》，北京：中華書局，2014 年，第 4045 頁。

〔註30〕《資治通鑒》卷一百八十二「煬帝大業十一年」條，北京：中華書局，1956 年，第 5694 頁。

〔註31〕《隋書》卷七十六《文學傳·王胄傳》，北京：中華書局，1973 年，第 1741頁。

〔註32〕《隋書》卷七十六《文學傳·王胄傳》，北京：中華書局，1973 年，第 1742頁。

一文中對隋朝秘書省的官員做了梳理，尤其是大業初年曾在秘書省任職的官員，他們都很有可能是參與《長洲玉鏡》編纂的學士。蔡允恭、諸葛穎、王邵、劉善經、韋萬頃、蔡延壽、袁承家、王眘、袁慶隆、李德饒、宋文、徐儀、陸從典、陸德明、顧彪、朱子奢、曹憲、魯世達、杜寶、陵敬諸人，在隋煬帝時期皆有任職秘書省的經歷。〔註33〕

　　蔡允恭有史才，善綴文，並且他與虞綽、虞世南、庾自直常居禁中，以文翰待詔。《隋書》卷七十六《文學傳·虞綽傳》載：「遷著作佐郎，與虞世南、庾自直、蔡允恭等四人常居禁中，以文翰待詔，恩盼隆洽。」〔註34〕

　　《舊唐書》卷一百九十上《文苑上·蔡允恭傳》載：

> 　　蔡允恭，荊州江陵人也。祖點，梁尚書儀曹郎。父大業，後梁
> 左民尚書。允恭有風采，善綴文。仕隋歷著作佐郎、起居舍人。雅
> 善吟詠。煬帝屬詞賦，多令諷誦之。嘗遣教宮女，允恭深以為恥，
> 因稱氣疾，不時應召。煬帝又許授以內史舍人，更令入內教宮人，
> 允恭固辭不就，以是稍被疏絕。江都之難，允恭從宇文化及西上，
> 沒於竇建德。及平東夏，太宗引為秦府參軍，兼文學館學士。貞觀
> 初，除太子洗馬。尋致仕，卒於家。有集十卷，又撰《後梁春秋》十
> 卷。〔註35〕

　　蔡允恭為著作佐郎的時間亦是大業初，故他很可能參與了《長洲玉鏡》的編撰。《唐六典》卷九《中書省集賢院史館甌使》載：「隋煬帝三年，減內史舍人四員；置起居舍人二人，從第六品上，次內史舍人下，始以虞世南、蔡允恭為之。皇朝因之。」〔註36〕蔡允恭仕隋歷著作佐郎、起居舍人，大業三年始任起居舍人，之前應該任著作佐郎，而作為著作佐郎的蔡允恭無疑是參加《長洲玉鏡》編纂的不二人選。

　　諸葛穎能屬文，起家梁邵陵王參軍事，轉記室，侯景之亂，奔齊，待詔文林館，歷太學博士、太子舍人，周武平齊，不得調，杜門不出者十餘年，晉王

〔註33〕吳炯炯：《隋代秘書省職司考論》，《敦煌學輯刊》2011年第4期，第129～132頁。

〔註34〕《隋書》卷七十六《文學傳·虞綽傳》，北京：中華書局，1973年，第1739頁。

〔註35〕《舊唐書》卷一百九十上《文苑上·蔡允恭傳》，北京：中華書局，1975年，第4988頁。

〔註36〕（唐）李林甫等撰，陳仲夫點校《唐六典》卷九《中書省集賢院史館甌使》，北京：中華書局，1992年，第278頁。

廣素聞其名，引為參軍事，轉記室，及王為太子，除藥藏監，隋煬帝即位，遷
著作郎，甚見親幸，《長洲玉鏡》作為敕修類書，也算是國家頭等大事，作為
主管修撰的著作郎不可能袖手旁觀，且諸葛穎為著作郎的時間就是隋煬帝即
位之初，與《長洲玉鏡》的編纂時間重合。

《隋書》卷七十六《文學傳‧諸葛穎傳》載：

> 諸葛穎，字漢，丹陽建康人也。祖銓，梁零陵太守。父規，義
> 陽太守。穎年八歲，能屬文，起家梁邵陵王參軍事，轉記室。侯景
> 之亂，奔齊，待詔文林館。歷太學博士、太子舍人。周武平齊，不
> 得調，杜門不出者十餘年。習《周易》《圖緯》《倉》《雅》《莊》《老》，
> 頗得其要。清辨有俊才，晉王廣素聞其名，引為參軍事，轉記室。
> 及王為太子，除藥藏監。煬帝即位，遷著作郎，甚見親幸。出入臥
> 內，帝每賜之曲宴，輒與皇后嬪御連席共榻。穎因間隙，多所譖毀，
> 是以時人謂之「冶葛」。後錄恩舊，授朝散大夫。〔註37〕

此外，更令我們重視的是，此諸葛穎也就是《北史》所載之諸葛漢，他曾
經參與編纂《修文殿御覽》。〔註38〕《北史》卷八十三《文苑傳》載：

> 三年，祖珽奏立文林館，於是更召引文學士，謂之待詔文林館
> 焉。珽又奏撰《御覽》，詔珽及特進魏收、太子太師徐之才、中書令
> 崔劼、散騎常侍張凋、中書監陽休之監撰。珽等奏追通直散騎侍郎
> 韋道遜、陸乂、太子舍人王劭、衛尉丞李孝基、殿中侍御史魏澹、
> 中散大夫劉仲威、袁奭、國子博士朱才、奉車都尉眭道閑、考功郎
> 中崔子樞、左外兵郎薛道衡、併省主客郎中盧思道、司空東閣祭酒
> 崔德立、太傅行參軍崔儦、太學博士諸葛漢、奉朝請鄭公超、殿中
> 侍御史鄭子信等入館撰書，並敕放、愻、之推等同入撰例。〔註39〕

諸葛穎的重要之處，不僅在於他出身北朝，參與過《修文殿御覽》之編纂，
更在於他還編纂有另外一部類書《玄門寶海》。《隋書》卷三十四《經籍三》子
部「雜家」載：「《玄門寶海》一百二十卷。大業中撰。」〔註40〕《舊唐書》卷

〔註37〕《隋書》卷七十六《文學傳‧諸葛穎傳》，北京：中華書局，1973年，第1734
頁。
〔註38〕劉全波：《〈修文殿御覽〉編纂考》，《敦煌學輯刊》2014年第1期，第31～45
頁。
〔註39〕《北史》卷八十三《文苑傳》，北京：中華書局，1974年，第2780～2781頁。
〔註40〕《隋書》卷三十四《經籍三》，北京：中華書局，1973年，第1010頁。

四十七《經籍下》子部「類事」載：「《玄門寶海》一百二十卷。諸葛穎撰。」〔註41〕《新唐書》卷五十九《藝文三》子部「類書類」載：「諸葛穎《玄門寶海》一百二十卷。」〔註42〕

　　王劭，史書又做王邵，應是同一人，王劭與諸葛穎一樣，亦是北朝人，亦是曾經參與過《修文殿御覽》之編纂，而進入隋朝後，在著作將二十年，專典國史，煬帝繼位之初，王劭遷秘書少監，數載，卒官。可見，大業初，作為秘書省副長官的王劭亦是有可能參與《長洲玉鏡》的編纂。《隋書》卷六十九《王劭傳》載：

　　　　王劭，字君懋，太原晉陽人也。父松年，齊通直散騎侍郎。劭少沉默，好讀書。弱冠，齊尚書僕射魏收辟參開府軍事，累遷太子舍人，待詔文林館。時祖孝徵、魏收、陽休之等嘗論古事，有所遺忘，討閱不能得，因呼劭問之。劭具論所出，取書驗之，一無舛誤。自是大為時人所許，稱其博物。後遷中書舍人。齊滅，入周，不得調。高祖受禪，授著作佐郎。以母憂去職，在家著《齊書》。時制禁私撰史，為內史侍郎李元操所奏。上怒，遣使收其書，覽而悅之。於是起為員外散騎侍郎，修起居注……煬帝嗣位，漢王諒作亂，帝不忍加誅……劭以此求媚，帝依違不從。遷秘書少監，數載，卒官。劭在著作將二十年，專典國史，撰《隋書》八十卷。多錄口敕，又採迂怪不經之語及委巷之言，以類相從，為其題目，辭義繁雜，無足稱者，遂使隋代文武名臣列將善惡之跡，埋沒無聞。初撰《齊志》為編年體，二十卷，復為《齊書》紀傳一百卷，及《平賊記》三卷。或文詞鄙野，或不軌不物，駭人視聽，大為有識所嗤鄙。然其採摭經史謬誤，為《讀書記》三十卷，時人服其精博。〔註43〕

　　《北史》卷八十八《隱逸傳·崔賾傳》載：「賾與河南元善、河東柳晉、太原王劭、吳興姚察、琅琊諸葛穎、信都劉焯、河間劉炫相善，每因休假，清談竟日。」〔註44〕通過《北史》之《崔賾傳》我們可以知道，原來王劭與柳晉、諸葛穎皆是崔賾的好朋友，而作為秘書監的柳顧言與諸葛穎都在參與編纂《長

〔註41〕《舊唐書》卷四十七《經籍下》，北京：中華書局，1975年，第2046頁。
〔註42〕《新唐書》卷五十九《藝文三》，北京：中華書局，1975年，第1562頁。
〔註43〕《隋書》卷六十九《王劭傳》，北京：中華書局，1973年，第1609頁。
〔註44〕《北史》卷八十八《隱逸傳·崔賾傳》，北京：中華書局，1974年，第2914頁。

洲玉鏡》，作為秘書少監的王劭只要還在世，肯定也要參與其中。

劉善經也是一位從北朝入隋的學士，他的學問被時人所稱讚，但是，他在北齊時期參修《修文殿御覽》不成。《北史》卷八十三《文苑傳》載：「《御覽》成後，所撰錄人亦有不得待詔，付所司處分者。凡此諸人，亦有文學膚淺，附會親識，妄相推薦者十三四焉。雖然，當時操筆之徒，搜求略盡。其外如廣平宋孝王、信都劉善經輩三數人，論其才性，入館諸賢亦十三四不逮之。」〔註45〕《隋書》卷七十六《文學傳·劉善經傳》載：「河間劉善經，博物洽聞，尤善詞筆。歷仕著作佐郎、太子舍人。著《酬德傳》三十卷，《諸劉譜》三十卷，《四聲指歸》一卷，行於世。」〔註46〕雖然劉善經未曾參與《修文殿御覽》的編纂，我們認為其很有可能是知曉《修文殿御覽》編纂情況的，因為北齊時期編纂《修文殿御覽》是當時朝廷的大事，但是，我們不能確認劉善經在隋朝做著作佐郎的具體時間，通過《隋書》所載與其前後相連之文士之傳記生平，如尹式、祖君彥、孔德紹、劉斌諸人，皆曾活動於隋煬帝時代甚至稍晚，可見劉善經在隋煬帝初年任著作佐郎的可能性還是有的，而其參與《長洲玉鏡》的編纂也是可能的，甚至可以說，劉善經或許內心深處更渴望得到一個參與官修類書的機會。

韋萬傾、蔡延壽、袁承家、王眘、袁慶隆、李德饒、宋文、徐儀、陸從典、陸德明、顧彪、朱子奢、曹憲、魯世達、杜寶、陵敬諸人，雖然，確實有在隋秘書監任職的經歷，但時間不詳，故我們不能確定他們是否參與過《長洲玉鏡》的編纂，姑且存疑，等待新資料的發現，再行證明。

綜上所述，我們至少可以確定八位《長洲玉鏡》的編撰者，他們分別是虞綽、虞世南、庾自直、柳顧言、王眘、蔡允恭、諸葛穎、王劭，劉善經亦是只能存疑，他們無疑是《長洲玉鏡》編纂的核心，並且他們多是隋煬帝未即位之前就跟隨隋煬帝的揚府文士。田媛《隋暨初唐類書編纂與文學》一文認為：「揚府文學集團早在楊廣登基之前就已形成，其主要成員一直在楊廣周圍。隋煬帝時期幾部重要的類書，《長洲玉鏡》《玄門寶海》《北堂書鈔》的主要編者都曾是揚府文學集團的重要成員。他們對隋朝類書的編纂起了重要作用。」〔註47〕總之，

〔註45〕《北史》卷八十三《文苑傳》，北京：中華書局，1974年，第2780～2781頁。

〔註46〕《隋書》卷七十六《文學傳·劉善經傳》，北京：中華書局，1973年，第1748頁。

〔註47〕田媛：《隋暨初唐類書編纂與文學》，北京大學博士學位論文，2008年，第81頁。

《長洲玉鏡》的奏成者是秘書監柳顧言，而具體專門負責此書編撰工作的應該是虞綽，故後世《經籍志》《藝文志》皆以虞綽作為《長洲玉鏡》的編纂者。

二、《長洲玉鏡》的卷帙和內容

　　《長洲玉鏡》的卷帙史書記載不一。《隋書》卷三十四《經籍三》子部「雜家」載：「《長洲玉鏡》二百三十八卷。」〔註48〕《舊唐書》卷四十七《經籍下》子部「類事」載：「《長洲玉鏡》一百三十八卷。虞綽等撰。」〔註49〕《新唐書》卷五十九《藝文三》子部「類書類」載：「虞綽等《長洲玉鏡》二百三十八卷。」〔註50〕《通志二十略・藝文略第七》子部「類書類」載：「《長洲玉鑒》，二百三十八卷。虞綽等編。」〔註51〕《大業雜記》載：「《長洲玉鏡》一部，四百卷。」〔註52〕

　　對於《長洲玉鏡》的卷帙，《隋書》和《新唐書》《通志》記載一致，《新唐書》《通志》無疑沿用了《隋書》的記載，很顯然《舊唐書》之「一百三十八卷」是有誤的，應該是誤抄。柳顧言奏成此書時，煬帝曾對此書作出了評價，即「此書源本出自《華林遍略》，然無復可加，事當典要，其卷雖少，其事乃多於《遍略》。」《華林遍略》六百二十卷，〔註53〕就算《長洲玉鏡》是對其進行了一番刪繁就簡的整理，卷帙也不至於少了一半甚至更多，何況《長洲玉鏡》還增補了《華林遍略》未記載之事，所以，上文「二百三十八卷」亦不是完帙。綜合來看，我們推測「四百卷」的記載比較符合《長洲玉鏡》的原始卷帙，只是因為隋末戰火頻頻，流傳到唐代的只有二百三十八卷，故《隋書》記載為「二百三十八卷」。此外，《浙江通志》卷二百四十七《經籍七・類書》載：「《長洲玉鏡》二百四十八卷。《隋書經籍志》虞綽撰。按《唐書藝文志》作二百三十

〔註48〕 《隋書》卷三十四《經籍三》，北京：中華書局，1973 年，第 1009 頁。

〔註49〕 《舊唐書》卷四十七《經籍下》，北京：中華書局，1975 年，第 2046 頁。

〔註50〕 《新唐書》卷五十九《藝文三》，北京：中華書局，1975 年，第 1562 頁。

〔註51〕 （宋）鄭樵：《通志二十略・藝文略第七》，北京：中華書局，1995 年，第 1732 頁。

〔註52〕 （唐）杜寶撰，辛德勇輯校：《大業雜記輯校》，西安：三秦出版社，2006 年，第 23 頁。

〔註53〕 《隋書》卷三十四《經籍三》載：「《華林遍略》六百二十卷。梁綏安令徐僧權等撰。」《日本國見在書目錄》載：「《華林遍略》六百廿卷，梁綏安令徐僧權等撰。」《舊唐書》卷四十七《經籍下》載：「《華林遍略》六百卷，徐勉撰。」《新唐書》卷五十九《藝文三》載：「徐勉《華林遍略》六百卷。」《通志・藝文略第七》載：「《華林遍略》，六百卷。徐勉編。」

八卷。」〔註54〕查閱史料，並無「二百四十八卷」的記載，此處與《隋書》《舊唐書》《新唐書》的記載皆不同，可又偏偏多了十卷，究竟怎麼會回事呢？待考。不論「二百三十八卷」還是「二百四十八卷」，顯然都是《長洲玉鏡》逸散之後的卷數，不會影響《長洲玉鏡》「四百卷」的結論。

《長洲玉鏡》的失傳，使我們無法對其內容進行深入研究，但是，我們不妨做一個簡單猜測，首先看其編撰者陣容，都是當時國家頂級的才學之士，都一度受到煬帝格外重視，同時，他們各自擅長的領域涵蓋了史學、經學、訓詁、文辭等，可見編撰人員的結構亦是比較全面，可謂是一個相當豪華的陣容，所以他們為皇帝編撰的《長洲玉鏡》想必也代表了當時的最高水平，當然這都是我們的猜測。

《大業雜記輯校》載：

> 大業二年，六月，學士秘書監柳顧言、學士著作佐郎王曹等撰《長洲玉鏡》一部，四百卷。帝謂顧言曰：「此書源本出自《華林遍略》，然無復可加，事當典要，其卷雖少，其事乃多於《遍略》。」對曰：「梁主以隱士劉孝標撰《類苑》一百二十卷，自言天下之事，畢盡此書，無一物遺漏，梁武心不伏，即敕華林園學士七百餘人，人撰一卷，其事數倍多於《類苑》。今文□又富梁朝，是以取事多於《遍略》。然梁朝學士取事，意各不同，至如『寶劍出自昆吾溪，照人如照水，切玉如切泥』，序劍者盡錄為劍事，序溪者亦取為溪事，撰玉者亦編為玉事，以此重出，是以卷多。至於《玉鏡》則不然。」帝曰：「誠如卿說。」〔註55〕

可見，《長洲玉鏡》深受《華林遍略》的影響，正如隋煬帝所說「此書源本出自《華林遍略》」，其內容和結構想必都模仿了《華林遍略》，但是，他避免了《華林遍略》復記之弊病，將《華林遍略》進行了一番刪繁就簡的整理，然後再對尚未記載的事進行補充，故「事當典要，其卷雖少，其事乃多於《遍略》」。遺憾的是，《華林遍略》也失傳了。劉全波《〈華林遍略〉編纂考》一文中輯佚到一條《華林遍略》的佚文，〔註56〕僅有的一條佚文，我們還是難以窺

〔註54〕 （清）嵇曾筠等監修，（清）沈翼機等編纂：《浙江通志》卷二百四十七《經籍七・類書》，《文淵閣四庫全書》，第 525 冊，第 625 頁。

〔註55〕 （唐）杜寶撰，辛德勇輯校：《大業雜記輯校》，西安：三秦出版社，2006 年，第 23 頁。

〔註56〕 劉全波：《〈華林遍略〉編纂考》，《敦煌學輯刊》2013 年第 1 期，第 93 頁。

見《華林遍略》之全貌，更何況《長洲玉鏡》之樣貌。

　　劉安志先生認為敦煌文書 P.2526 為《華林遍略》，讓我們可以見到更多的《華林遍略》的佚文。劉安志《〈修文殿御覽〉佚文輯校》認為：「我們有理由相信，P.2526 號寫本絕非《修文殿御覽》，而更有可能是比之更早的《華林遍略》。」〔註 57〕劉安志《〈華林遍略〉乎？〈修文殿御覽〉乎？——敦煌寫本 P.2526 號新探》又認為：「從書法及避諱特點看，P.2526 號寫本抄寫年代當在公元 8 世紀中葉前後。參據《修文殿御覽》佚文，並結合寫本內容綜合考察，其絕非《修文殿御覽》則可斷言。再結合寫本與《藝文類聚》之密切關係，可知二者同屬一個系譜，有直接的淵源承襲關係，寫本極有可能就是南朝蕭梁所修之《華林遍略》。」〔註58〕通過劉安志的研究，我們其實可以知道《華林遍略》的更多內容，更多信息，而《長洲玉鏡》是以《華林遍略》為根據的，故我們也可以猜想《長洲玉鏡》的大體情況。

　　劉安志《關於中古官修類書的源流問題》亦認為：「在文化方面，由於東晉南朝以來文化的先進性使然，隋及唐初統治者『沿江左餘風』，選擇了南朝文化。就這一時期的類書編纂而言，《長洲玉鏡》《藝文類聚》《文思博要》《三教珠英》等官修類書，莫不以南朝類書為準繩、為依據，北朝《修文殿御覽》則被摒棄在外，遭受冷遇。玄宗即位後，好經術，去浮華，求實用，革『江左餘風』，開始重視北朝文化，《修文殿御覽》也因此一改過去遭受漠視和冷遇的處境，走向歷史前臺，並成為開元年間編纂《初學記》的主要藍本。類書編纂由此前的『從南』轉向『從北』，這是隋唐類書編纂史上的一大變化。」〔註59〕誠然，劉安志先生的論斷是有一定道理的，因為隋及唐初就是以南朝

〔註57〕劉安志：《〈修文殿御覽〉佚文輯校》，《魏晉南北朝隋唐史資料》，總第 28 輯，武漢：武漢大學人文社會科學學報編輯部編輯出版，2012 年，第 281～302 頁；劉安志《〈修文殿御覽〉佚文輯校》，《新資料與中古文史論稿》，上海：上海古籍出版社，2014 年，第 291～317 頁。

〔註58〕劉安志：《〈華林遍略〉乎？〈修文殿御覽〉乎？——敦煌寫本 P.2526 號新探》，高田時雄主編《敦煌寫本研究年報》，第 7 號，京都：京都大學人文科學研究所，2013 年，第 167～202 頁；劉安志《〈華林遍略〉乎？〈修文殿御覽〉乎？——敦煌寫本 P.2526 號新探》，《新資料與中古文史論稿》，上海：上海古籍出版社，2014 年，第 227～265 頁。

〔註59〕劉安志《關於中古官修類書的源流問題》，《魏晉南北朝隋唐史資料》，總第 29 輯，武漢：武漢大學人文社會科學學報編輯部編輯出版，2013 年；劉安志《關於中古官修類書的源流問題》，《新資料與中古文史論稿》，上海：上海古籍出版社，2014 年，第 266～290 頁。

文化為模範的，但是，我們認為《長洲玉鏡》不僅與《華林遍略》關係密切，而且與《修文殿御覽》關係亦是密切。雖不敢說，《長洲玉鏡》融合了南北朝類書的精華，但是，由於諸葛穎、王劭的參與編纂，我們可以知曉其中更多情況。諸葛穎、王劭在北齊時期是參與了《修文殿御覽》的編纂的，而大業時代的諸葛穎也是備受隋煬帝寵信的，如此一個備受隋煬帝寵信，且與虞綽、庾自直等人關係不洽的學士，必然是要將其在北朝參與編纂《修文殿御覽》的經驗大肆宣揚的，且北齊諸多參與過《修文殿御覽》編纂的人多半活到了隋煬帝時代，他們以諸葛穎為代表，必然會將《修文殿御覽》之編纂經驗運用到《長洲玉鏡》的編纂之中。雖然歷代學者多在《大業雜記》之記載的引導下，認為《長洲玉鏡》是《華林遍略》之翻版，但是，我們有充分的理由認為，《長洲玉鏡》亦是《修文殿御覽》之餘脈，至於《華林遍略》《修文殿御覽》二者誰起的作用更大，我們暫時不好判定。但是，有一個問題我們是可以判斷的，就是《長洲玉鏡》的性質、體例。我們認為《長洲玉鏡》的性質、體例仍然是類事類書，或者是類事類書與類文類書之組合體，即此時期的類文類書還沒有自覺到要採摘「詩文」之「長文」或「全文」，還是處於化類文類書為類事類書的時代，即類文類書作為類事類書之附庸，而類文類書之自覺之獨立要等到《藝文類聚》編纂的時代。但是，顯而易見的是，隋煬帝時代，《長洲玉鏡》編纂之時，南北類書已經初步實現了融合，即《華林遍略》與《修文殿御覽》的融合。

我們也可從《長洲玉鏡》的命名上來考察其內容。在敦煌遺書中，有一類以含「鏡」「境」「竟」命名的文獻，如《沙州城土鏡》《壽昌縣地境（鏡）》《西天路竟（鏡）》《書儀鏡》《新定書儀鏡》《韻關辯清濁明鏡》《佛說示所犯者瑜伽法鏡經》《大乘稻芊經隨聽手鏡記》等。關於「鏡」的解釋，有些學者推測「鏡」即為「境」「竟」，如鄭炳林先生《敦煌地理文書匯輯校注》認為：「路竟：竟，同境。」〔註60〕黃盛璋先生《〈西天路竟〉箋證》認為：「『路竟』即『路境』，敦煌寫本《沙州地志》有『地鏡』，『鏡』、『竟』都是『境』字。『路竟』即所經過路程之意。」〔註61〕「竟」「境」二字古音同讀如「疆」，因而竟、疆二字亦可互代，故「土鏡」即「土境」，亦「土疆」之義，所以，這裡所指

〔註60〕鄭炳林：《敦煌地理文書匯輯校注》，蘭州：甘肅教育出版社，1989年，第226頁。

〔註61〕黃盛璋：《〈西天路竟〉箋證》，《敦煌學輯刊》1984年第2期，第1～13頁。

鏡類文獻就是一種地理寫本。但是，我們發現同樣以含「鏡」字命名的著作，如《書儀鏡》《新定書儀鏡》《韻關辯清濁明鏡》《天鏡》《大乘稻芉經隨聽手鏡記》等，其中之「鏡」字顯然非「疆境」「路境」之義。李並成《「鏡」類文獻識略》認為：「『鏡』類著作當出現於十六國時期，而一直延及清代，民國初期仍偶有所見。」「『鏡』類著作無疑應是一類古文獻撰編體裁的通稱，雖如上所見其作品數量並不很多，但所涉書種範圍較廣。」「『鏡』類文獻是以『鏡』字假為概觀、一覽、察鑒、通鑒、指南之義，具有簡明扼要、大處落墨、文省意賅、主旨鮮明、鑒古資今、簡便實用等特點，當與纂要、備要、會要、史要、集要、類要、指要、撮要、語要、鑒要、切要、舉要、要略、要錄、要覽、要義、要望、要鑒、要記、要抄、指掌、手鑒、手冊、簡本一類著述有諸多相類之處。」〔註62〕

　　「鏡」類文獻中，有少數「玉鏡」類文卷比較特殊。李並成先生也做了闡釋：「『玉鏡』一稱含義不一，而主要用於比喻政治上如玉鏡般潔白無瑕，清明廉尚，又可借喻如寶鏡般鑒別真偽，分明善惡。」〔註63〕陳炳應《西夏兵書〈貞觀玉鏡將〉》亦認為：「『貞觀』是西夏第四代國主鬼名乾順的年號之一，共有13年（公元1101～1113年）。『玉鏡』有多種含義，這裡應是作為政治上的比喻，比喻當時的最高統治者、政教、社會猶如玉鏡一樣潔白無暇、高尚清明；又可借喻能鑒別真偽、美丑、善惡的寶鏡。」〔註64〕朱仲玉《隋唐五代時期史籍散論》亦認為：「《長洲玉鏡》的書名取典於「長洲」和「玉鏡」。「長洲」是春秋時代的苑囿名，其地在今蘇州西南，吳王闔閭曾遊獵於此。「玉鏡」則是指政治上的清明之道，古書上有『玉鏡宸居，金輪馭世』的說法。《長洲玉鏡》作為書名，顧名思義是講帝王得政失政的故事。」〔註65〕《通志二十略・藝文略第七》子部「類書類」載：「《長洲玉鑒》，二百三十八卷。虞綽等編。」〔註66〕《通志》是將唯一所見將《長洲玉鏡》之「鏡」做「鑒」的典籍，或許這樣就更能說明《長洲玉鏡》的鑒戒作用。

〔註62〕李並成：《「鏡」類文獻識略》，《敦煌研究》1999年第1期，第52～62頁。
〔註63〕李並成：《「鏡」類文獻識略》，《敦煌研究》1999年第1期，第52～62頁。
〔註64〕陳炳應：《西夏兵書〈貞觀玉鏡將〉》，《寧夏社會科學》1993年第1期，第56～62頁。
〔註65〕朱仲玉：《隋唐五代時期史籍散論》，《史學史資料》1980年第5期，第20頁。
〔註66〕（宋）鄭樵：《通志二十略・藝文略第七》，北京：中華書局，1995年，第1732頁。

三、《長洲玉鏡》的編纂時間和地點

杜寶《大業雜記》載：「大業二年，六月，學士秘書監柳顧言、學士著作佐郎王曹等撰《長洲玉鏡》一部，四百卷。」〔註67〕由此可以看出《長洲玉鏡》的完成時間在大業二年（606）六月。

但是，關於《長洲玉鏡》開始編撰的時間尚無明確記載。楊杉《二虞研究》認為：「公元605年（隋煬帝大業元年）虞世基與牛弘等人受詔議定衣冠之制；與楊素等人受詔議定車制；（虞世南）奉詔與虞綽、庾自直等人共撰《長洲玉鏡》等書。在扈從巡幸江都途中，虞世基作《奉和幸江都應詔詩》，虞世南作《奉和月夜觀星應令》《奉和幸江都應詔詩》。」〔註68〕可見，楊彬《二虞研究》只是將《長洲玉鏡》的編纂開始時間定在了大業元年，而具體月份則無。

宋王應麟撰《困學紀聞》卷十《地理》載：

> 余仕於吳郡，嘗見長洲宰，其圖扁曰「茂苑」。蓋取諸《吳都賦》。余曰：「長洲非此地也。」問其故，余曰：「吳王濞都廣陵。《漢‧郡國志》：廣陵郡東陽縣有長洲澤，吳王濞太倉在此。東陽，今盱眙縣，故枚乘說吳王云「長洲之苑」，服虔以為「吳苑」，韋昭以為長洲在吳東，蓋謂廣陵之吳也。」曰：「他有所據乎？」曰：「隋虞綽撰《長洲玉鏡》，蓋煬帝在江都所作也。長洲之名縣。始於唐武后時。」〔註69〕

清吳景旭《歷代詩話》卷十六《丙集中之上》載：

> 左思《吳都賦》佩長洲之茂苑，吳旦生曰：「《元和郡縣志》謂苑在長洲縣西南七十里，此誤認《吳都賦》之長洲以為蘇州之長洲縣矣。殊不知長洲以縣名，自唐武后時，始豈晉左思之所云耶？按《漢‧郡國志》：廣陵郡東陽縣有長洲澤，吳王濞都廣陵，其太倉在此，東陽今盱眙縣。故《漢書》枚乘說吳王云：『圈守禽獸，不如長洲之苑。』服虔注謂『吳苑』，韋昭注謂『長洲在吳東』蓋指廣陵之吳也。隋虞綽撰《長洲玉鏡》，乃煬帝在江都所作，梁元帝《芙覽賦》

〔註67〕（唐）杜寶撰，辛德勇輯校：《大業雜記輯校》，西安：三秦出版社，2006年，第23頁。

〔註68〕楊杉：《二虞研究》，華中師範大學碩士學位論文，2014年，第47～48頁。

〔註69〕（宋）王應麟：《困學紀聞》卷十《地理》，瀋陽：遼寧教育出版社，1998年，第209頁。

　　已築，長洲之苑復實海陵之倉，唐虞世南詩《高臺臨茂苑飛閣跨澄

　江》亦可證。」〔註70〕

　　兩則材料都明確說明《長洲玉鏡》是隋煬帝在江都所作，那麼大業元年，
隋煬帝究竟何時會在江都呢？《大業雜記》載：「冬十月，車駕至江都。」
此處十月是在大業元年。「七月，自江都還洛陽。」〔註71〕此處七月在大業
二年。顯然，煬帝在大業元年十月至大業二年七月之間是在江都，此為煬帝
首下江都，故《長洲玉鏡》編撰的開始時間或許即為大業元年十月。綜合來
看，《長洲玉鏡》的編撰時間應該是大業元年十月至大業二年七月，不足十
個月。《隋書》卷七十六《文學傳·虞綽傳》載：「虞綽……大業初，轉為秘
書學士，奉詔與秘書郎虞世南、著作佐郎庾自直等撰《長洲玉鏡》等書十餘
部。」〔註72〕顯然，《長洲玉鏡》只是隋煬帝敕修十餘部書當中的一部，其
用時不足十個月也不足為奇，大概是因為《長洲玉鏡》以《華林遍略》《修
文殿御覽》為藍本，只是進行了一番修訂、增補，所以省時而易見功效。從
《長洲玉鏡》的書名來看，其編撰地點必然與「長洲」有著密切的關係，而
且上文當中也有提到，《長洲玉鏡》是煬帝在江都所作，並且奏上地點亦是
在長洲苑，這符合歷代類書以編纂地、奏上地名書的慣例。隋煬帝幸江都，
文武百官隨從，可以說幾乎把朝廷遷至了江都，身邊博學之士定然不缺，而
且長洲苑又在江都郡內。此時，煬帝完全有條件敕秘書省官員於江都郡長洲
苑編撰《長洲玉鏡》。

　　為什麼就偏偏選擇在長洲苑編撰呢？西漢時，吳王劉濞都廣陵郡，時枚
乘為濞郎中，曾諫吳王曰：「修治上林，雜以離宮，積聚玩好，圈守禽獸，不
如長洲之苑。」〔註73〕此處將長洲苑與皇家上林苑作比較，而且皇家園林甚
至不如長洲苑，說明長洲苑是地方諸侯王的休閒遊樂之所，其作用不僅僅是
圈養獵物，其間肯定還修築宮室亭閣，集聚寶物珍玩，更是王侯會見文人雅
士之所。《隋書》卷七十六《文學傳·諸葛穎傳》載：「帝常賜穎詩，其卒章

〔註70〕（清）吳景旭：《歷代詩話》卷十六《丙集中之上·長洲》，北京：中華書局，
　　　　1958 年，第 179～180 頁。

〔註71〕（唐）杜寶撰，辛德勇輯校：《大業雜記輯校》，西安：三秦出版社，2006 年，
　　　　第 22～23 頁。

〔註72〕《隋書》卷七十六《文學傳·虞綽傳》，北京：中華書局，1973 年，第 1738～
　　　　1739 頁。

〔註73〕《漢書》卷五十一《賈鄒枚路傳第二十一》，北京：中華書局，1973 年，第 2363
　　　　頁。

曰：『參翰長洲苑，侍講蕭成門。名理窮研核，英華忝討論。實錄資平允，傳芳導後昆。』〔註74〕其中「參翰長洲苑」一句，就很好的證明了長洲苑內有一批像諸葛穎一樣的「翰林」，這些人在此為王侯出謀劃策，陪王侯讀詩作賦，故曰「參翰」，此苑大概被歷代分封至此的王侯或地方長官利用，作為自己的「後花園」以供遊玩和養士。煬帝也不例外，其任職揚州總管時招募的那批學士應該就在此苑，並在此完成了當時所有的編撰工作，這從煬帝為諸葛穎所作的詩中亦能窺探一二。長洲苑經過歷代王侯尤其是煬帝任揚州總管時的經營，已顯然成為了一個文人薈萃、典籍眾多的文化寶地，將「後花園」變成這樣一個地方，也許與煬帝本人的「好學，善屬文」有關，所以，煬帝首幸江都時敕修《長洲玉鏡》一書的首選之地必然是江都郡長洲苑。

四、《長洲玉鏡》的流傳

根據諸《經籍志》《藝文志》的記載，《長洲玉鏡》在唐初已經不是完帙，後來的典籍中，對他的記載更少，《日本國見在書目錄》收錄了大量中國典籍，前文我們所說的《類集》《類文》皆有記載，而其中就沒有對《長洲玉鏡》的記載，可見《長洲玉鏡》在唐代的流傳不廣。

《文苑英華》卷六百五《皇太子請修書表》載：

> 臣雖不敏，竊所庶幾，然以列代遺章，先王舊典，康成興業，才覽卷於八千；士安覃思，願加年於累百；豈不以學而時習，博則難精者乎？今欲搴其蕭稂，撮其樞要，可以出忠入孝，可以益國利人，極賢聖之大猷，盡今昔之能事，商榷百氏，勒成一家，庶有代於箴規，長不違於左右。又近代書鈔，實繁部帙，至如《華林園遍略》《修文殿御覽》《壽光書苑》《長洲玉鏡》，及國家以來新撰《藝文類聚》《文思博要》等，並包括宏遠，卒難詳悉。亦望錯綜群書，刪成一部。藝官賓館，亦既天皇立之矣；端士正人，亦既天皇致之矣。〔註75〕

《玉海》卷五十四「崔融請修書表」亦載：『近代書鈔實繁，如《華林遍略》《修文御覽》《壽光書苑》《長洲玉鏡》及國家新撰《藝文類聚》《文思博要》

〔註74〕《隋書》卷七十六《文學傳・諸葛穎傳》，北京：中華書局，1973 年，第 1734 頁。

〔註75〕（宋）李昉等：《文苑英華》卷六百五《皇太子請修書表》，北京：中華書局，1982 年，第 3138 頁。

等。」〔註76〕以上兩則材料其實說的是一件事，就是崔融代皇太子起草請修書表，鑒於歷代類書典籍之不足，計劃重新編纂一部類書典籍，由此可見，在唐高宗時期，《長洲玉鏡》是作為前代類書之楷模被提及。〔註77〕北宋《太平御覽》編撰時充分利用了皇家的藏書，並多以前代類書《修文殿御覽》《藝文類聚》《文思博要》為藍本修訂增刪編撰而成，但是在借鑒的前代類書中，並未提及《長洲玉鏡》。《太平御覽·引》：「先是帝閱前代類書，門目紛雜，失其倫次，遂詔修此書，以前代《修文御覽》《藝文類聚》《文思博要》及諸書參詳條次，分定門目，八年十二月書成。」〔註78〕我們推測，《長洲玉鏡》此時也許早已經被棄置不用，甚至散佚殆盡。

　　《長洲玉鏡》雖然很早就散佚殆盡，但是，他對後世類書的影響卻不小，首先，在隋煬帝時代，他的作用就顯現出來，前文我們已經說過，《長洲玉鏡》的編纂帶動了一批類書的編纂，即參與《長洲玉鏡》編纂的諸學士又開始了新類書的編纂工作，如虞世南撰《北堂書鈔》一百七十三卷，虞綽等撰《類集》一百一十三卷，庾自直撰《類文》三百七十七卷，諸葛穎撰《玄門寶海》一百二十卷，他們對《長洲玉鏡》的編纂體例和內容是熟悉的，他們勢必會將編纂《長洲玉鏡》的經驗和教訓用運到新類書的編撰之中，甚至是打破陳規，開啟新體例。

　　我們認為，《長洲玉鏡》的編纂對唐代類書的編纂影響巨大，這應該也是《長洲玉鏡》很快就湮滅無聞的原因。因為唐初《文思博要》《三教珠英》的編纂，必然是以《長洲玉鏡》為底本的，精華都被後世類書所吸收，而他本身就被後世類書所代替了。我們可以通過另外的例子證明，《長洲玉鏡》之被替代，《北堂書鈔》為何能千年不衰，《編珠》為何亦能傳播千年，主要原因是《北堂書鈔》是類書編纂新體例的實踐者，《編珠》亦是類書編纂新體例的實踐者，所以他們由於體例不同，千年不被替代，而類事類書《華林遍略》《修文殿御覽》乃至《長洲玉鏡》則都被後世之《文思博要》《三教珠英》《太平御覽》所

〔註76〕　（宋）王應麟：《玉海》卷五十四《藝文》，揚州：廣陵書社，2003 年，第 962 頁；（宋）王應麟撰，武秀成、趙庶洋校證：《玉海藝文校證》卷二十《承詔撰述·類書》，南京：鳳凰出版社，2013 年，第 962 頁。

〔註77〕　《舊唐書》卷九十四《崔融傳》載：「崔融……中宗在春宮，制融為侍讀，兼侍屬文，東朝表疏，多成其手。」（北京：中華書局，1975 年，第 2996 頁。）所以《皇太子請修書表》應該是中宗為太子時崔融所寫。經考證，此處是中宗第一次為太子，即永隆元年（681）至弘道元年（683）十二月。

〔註78〕　（宋）李昉等：《太平御覽·引》，北京：中華書局，1960 年，第 3 頁。

替代。《北堂書鈔》是虞世南編纂《長洲玉鏡》之後編纂而成的，虞世南肯定是認識到了類事類書的弊端，轉而編纂一部類句類書，類句類書最大的優點是，知識量大而卷帙少，不像類事類書一樣，龐雜無序。《編珠》是隋煬帝敕令杜公瞻編纂的新型類語類書，類語類書比類句類書更為精粹，更為簡單，更為實用，隋煬帝編纂了《長洲玉鏡》後仍然敕令杜公瞻編纂《編珠》，可見其亦是認識到了《長洲玉鏡》的弊端，而作為新體例的代表的《北堂書鈔》與《編珠》就流傳了下來，成為後世類書體例的新楷模，而舊模式編纂的《長洲玉鏡》則無奈的被替代。

　　再者，我們看到了南北朝隋唐之間的王朝更替，我們很容易產生斷裂的認知，因為我們感覺南北朝與隋與唐是不同的時代了，因為皇帝都已換了好幾個，但是我們其實犯了錯誤，皇帝更迭，王朝更替，但是很多人是生活在這個時期的，他既是北齊人、又是北周人、更是後來的隋人、唐人，故我們可以見到虞世南生活於南陳、隋、唐，諸葛穎生活在北齊、北周、隋，而在北齊參與編纂《修文殿御覽》的諸葛穎無疑到了隋朝又參與編纂了《長洲玉鏡》，歐陽詢雖然沒有參與《長洲玉鏡》的編纂，但是他在隋參與編纂過《魏書》，他肯定是知曉《長洲玉鏡》的，而到了唐他則參與編纂了《藝文類聚》，他們是生活在一起的前後連續的人，他們參與或者見聞了前朝類書的編纂，而在新的時代又參與了新的類書的編纂，而這其間的聯繫是我們認知類書編纂前後相繼、推陳出新的重要前提。

第二節　《文思博要》

　　杜澤遜《〈四庫全書總目匯訂〉序》認為：「盛世修書，是中國的傳統。從周代開始，就希望在治理國家方面從文化上有所表現，所以周公有歷史上稱道的『制禮作樂』。三國時魏文帝命令大臣修類書《皇覽》，分四十餘部千餘篇，達八百餘萬言。南朝梁武帝敕修類書《華林遍略》七百餘卷。唐太宗敕修《文思博要》一千二百卷。這些大書都失傳了。」〔註79〕誠然，盛世修書是中國的傳統，而官修類書就是這傳統中比較重要的一脈，曹魏以來，南北朝直至隋唐，再到宋元明清，類書編纂此起彼伏，規模之大，層次之高，影響之深，無人可

〔註79〕杜澤遜《〈四庫全書總目匯訂〉序》，魏小虎編著《四庫全書總目匯訂》，上海：上海古籍出版社，2012 年，第 1 頁。

及，甚至有一浪更比一浪高之趨勢。僅僅初唐時期就編纂了多部大型類書，如：
「《藝文類聚》一百卷。《文思博要》一千二百卷。《瑤山玉彩》五百卷。《累璧》
四百卷。《東殿新書》二百卷。《策府》五百八十二卷。《三教珠英》一千三百
卷。《碧玉芳林》四百五十卷。《玉藻瓊林》一百卷。」〔註80〕明胡應麟《少室
山房筆叢・九流緒論下》：「今世傳大類書如《太平御覽》、《冊府元龜》，皆千
卷，可謂富矣。然貞觀中編《文思博要》一千二百卷，金輪朝編《三教珠英》
一千三百卷，簡帙皆多於宋。」可惜的是，這些大部頭的類書多數都沒有流傳
下來，而我們所要考察的就是唐太宗敕修的一千二百卷的《文思博要》，他是
唐朝開國之初編纂的第二部官修大型類書，第一部是《藝文類聚》，但是，他
的卷帙規模卻是《藝文類聚》的十二倍，只是由於失傳了，後人對他的認知很
模糊，甚至沒有一篇專門的論文去研究他，但是，他對唐代類書甚至是宋代類
書的影響巨大，需要我們去研究、去探索。

一、《文思博要》的編纂者

　　《舊唐書》卷四十七《經籍下》子部「類事類」載：「《文思博要》並目一
千二百一十二卷。張大素撰。」〔註81〕《舊唐書》卷四十七《經籍下・校勘記》
認為：「《文思博要》並目一千二百一十二卷。張大素撰。殿本考證云：《新書》
高士廉等十六人奉詔撰，無張大素名，當從《新書》。」〔註82〕《新唐書》卷
五十九《藝文三》子部「類書類」載：「《文思博要》一千二百卷，目十二卷。
右僕射高士廉、左僕射房玄齡、特進魏徵、中書令楊師道、兼中書侍郎岑文本、
禮部侍郎顏相時、國子司業朱子奢、博士劉伯莊、太學博士馬嘉運、給事中許
敬宗、司文郎中崔行功、太常博士呂才、秘書丞李淳風、起居郎褚遂良、晉王
友姚思廉、太子舍人司馬宅相等奉詔撰，貞觀十五年上。」〔註83〕通過兩《唐
書》之記載，我們可以初步知道《文思博要》一書的編纂者都是哪些人，細細
一看，果然是陣容豪華，高士廉之外有房玄齡、魏徵、楊師道、岑文本，這都
是唐太宗的柱國重臣，此外就是許敬宗、李淳風、褚遂良、姚思廉、呂才等，
亦是初唐名臣，但是由於兩《唐書》對《文思博要》編纂者的記載嚴重不一致，

〔註80〕《新唐書》卷五十九《藝文三》，北京：中華書局，1975 年，第 1562～1563
　　　　頁。
〔註81〕《舊唐書》卷四十七《經籍下》，北京：中華書局，1975 年，第 2046 頁。
〔註82〕《舊唐書》卷四十七《經籍下》，北京：中華書局，1975 年，第 2083 頁。
〔註83〕《新唐書》卷五十九《藝文三》，北京：中華書局，1975 年，第 1562 頁。

且中華書局版《舊唐書》在《校勘記》中說要按照《新唐書》記載為準，於是此後的諸多研究者就把張大素排除出了編纂者之列。

按照《舊唐書》之《校勘記》的意思，這個被《舊唐書》記載的唯一的《文思博要》的編纂者應該是搞錯了，通過考察張大素的生平，張大素確實不可能參與編纂《文思博要》，因為張大素至唐高宗龍朔中（661～663）才歷位東臺舍人兼修國史。《舊唐書》卷六十八《張公謹傳》載：「張公謹字弘慎，魏州繁水人⋯⋯長子大象嗣，官至戶部侍郎。次子大素、大安，並知名。大素，龍朔中歷位東臺舍人，兼修國史，卒於懷州長史，撰《後魏書》一百卷、《隋書》三十卷。」〔註84〕《新唐書》卷八十九《張公謹傳》載：「張公謹字弘慎，魏州繁水人⋯⋯子大素，龍朔中，歷東臺舍人，兼修國史，著書百餘篇，終懷州長史。」〔註85〕雖然張大素不可能是《文思博要》的編纂者之一，但是此張大素確是著述極多的一位，正史本傳中記載了他的兩部著作《後魏書》《隋書》，此外還有類書《策府》，有時又稱為《冊府》。《舊唐書》卷四十七《經籍下》載：「《策府》五百八十二卷。張大素撰。」〔註86〕《新唐書》卷五十九《藝文三》載：「張大素《策府》五百八十二卷。」〔註87〕《策府》亦是初唐時期編纂的一部重要類書，只是由於散佚，我們無法知道他的更多信息，但是張大素被誤認為《文思博要》的編纂者應該與他也曾編纂過類書《策府》有關係。

對於《文思博要》的編纂者，《新唐書》之外的諸多典籍記載亦是不一，這就需要我們做一個全面的考察。《文苑英華》卷六百九十九《文思博要序》中關於《文思博要》的編纂者是這樣記載的：「特進尚書右僕射申國公士廉、特進鄭國公魏徵、中書令駙馬都尉德安郡公楊師道、兼中書侍郎江陵縣子岑文本、中散大夫守尚書禮部侍郎顏相時、中散大夫守國子司業朱子奢、給事中許敬宗、朝散大夫守國子博士劉伯莊、朝散大夫行太常博士呂才、秘書丞房玄齡、朝散大夫行太學博士馬嘉運、朝散大夫行起居舍人褚遂良、朝議郎守晉王友姚思聰、太子舍人司馬宅相、秘書郎宋正畤。」〔註88〕除此之外，《通志》《宋史》

〔註84〕《舊唐書》卷七十二《張公謹傳》，北京：中華書局，1975 年，第 2506～2507 頁。

〔註85〕《新唐書》卷一百十二《張公謹傳》，北京：中華書局，1975 年，第 3755～3756 頁。

〔註86〕《舊唐書》卷四十七《經籍下》，北京：中華書局，1975 年，第 2046 頁。

〔註87〕《新唐書》卷五十九《藝文三》，北京：中華書局，1975 年，第 1563 頁。

〔註88〕（宋）李昉等撰《文苑英華》卷六百九十九《文思博要序》，北京：中華書局，1966 年，第 3607 頁。

《唐會要》等對於《文思博要》的編纂者也有所記載。《通志·藝文略第七》載：「《文思博要》，一千二百卷。貞觀中高士廉等奉敕編。又目，十二卷。」〔註89〕《宋史》卷二百七《藝文六》載：「高士廉、房玄齡《文思博要》一卷。」〔註90〕《唐會要》卷三十六《修撰》載：「其年，十月二十五日，尚書左僕射申國公高士廉等撰《文思博要》成，凡一千二百卷。詔藏之秘府，同撰人特進魏徵、中書令楊師道、中書侍郎岑文本、禮部侍郎顏相時、國子司業朱子奢、給事中許敬宗、國子博士劉伯莊、太常博士呂才、秘書監房玄齡、太學博士馬嘉運、起居舍人褚遂良、晉王友姚思廉、太子舍人司馬宅相、秘書郎宋正人。」〔註91〕

	《新唐書》《玉海》 〔註92〕	《文苑英華》《全唐文》 〔註93〕	《唐會要》
1	右僕射高士廉	特進尚書右僕射申國公士廉	尚書左僕射申國公高士廉
2	左僕射房玄齡	特進鄭國公魏徵	特進魏徵
3	特進魏徵	中書令駙馬都尉德安郡公楊師道	中書令楊師道
4	中書令楊師道	兼中書侍郎江陵縣子岑文本	中書侍郎岑文本
5	兼中書侍郎岑文本	中散大夫守尚書禮部侍郎顏相時	禮部侍郎顏相時
6	禮部侍郎顏相時	中散大夫守國子司業朱子奢	國子司業朱子奢
7	國子司業朱子奢	給事中許敬宗	給事中許敬宗
8	博士劉伯莊	朝散大夫守國子博士劉伯莊	國子博士劉伯莊
9	太學博士馬嘉運	朝散大夫行太常博士呂才	太常博士呂才
10	給事中許敬宗	秘書丞房玄齡	秘書監房玄齡

〔註89〕　（唐）鄭樵撰，王樹民點校《通志二十略．藝文略第七》，北京：中華書局，1995 年，第 1732 頁。

〔註90〕　《宋史》卷二百七《藝文六》，北京：中華書局，1977 年，第 5292 頁。

〔註91〕　（宋）王溥：《唐會要》卷三十六《修撰》，北京：中華書局，1955 年，第 656 頁。

〔註92〕　（宋）王應麟：《玉海》卷五十四《藝文》，揚州：廣陵書社，2003 年，第 1028 頁；（宋）王應麟撰，武秀成、趙庶洋校證：《玉海藝文校證》卷二十《承詔撰述·類書》，南京：鳳凰出版社，2013 年，第 962 頁。

〔註93〕　（清）董誥等：《全唐文》卷一三四《文思博要序》，北京：中華書局，1983 年，第 1358 頁。

11	司文郎中崔行功	朝散大夫行太學博士馬嘉運	太學博士馬嘉運
12	太常博士呂才	朝散大夫行起居舍人褚遂良	起居舍人褚遂良
13	秘書丞李淳風	朝議郎守晉王友姚思廉	晉王友姚思廉
14	起居郎褚遂良	太子舍人司馬宅相	太子舍人司馬宅相
15	晉王友姚思廉	秘書郎宋正躬	秘書郎宋正人
16	太子舍人司馬宅相		

　　通過上文之比對，我們發現《新唐書》與《玉海》的記載一致，《文苑英華》與《全唐文》的記載一致，《文苑英華》《全唐文》與《唐會要》的記載順序一致，人數也相同，只是最後一位編纂者前者記載為「宋正躬」，後者記載為「宋正人」，再者就是二者對《文思博要》編纂者官職的記載詳略不一，略有不同，如對於高士廉的官職《文苑英華》《全唐文》載為「右僕射」，《唐會要》載為「左僕射」，查高士廉本傳，前者為是。而《新唐書》《玉海》與《文苑英華》《全唐文》《唐會要》記載人數不一，順序亦是不一。可見目前關於《文思博要》編纂者的記載至少有三個重要版本，去掉重複共計 17 人，即高士廉、房玄齡、魏徵、楊師道、岑文本、顏相時、朱子奢、劉伯莊、馬嘉運、許敬宗、崔行功、呂才、李淳風、褚遂良、姚思廉、司馬宅相、宋正躬。

　　其實，諸多前輩學者對《文思博要》的編纂者亦做過考察，只是略顯簡略。如朱仲玉《隋唐五代時期史籍散論》認為：「《文思博要》一書的編撰者，《舊唐書·經籍志》說是張大素，《新唐書·藝文志》記載為高士廉。舊唐誤，新唐正確，因為《舊唐書》卷六五《高士廉傳》明白記載：貞觀十二年，士廉『受詔與魏徵等文學之士，撰《文思博要》一千二百卷奏之，賜物千段』。新志記載奏上之年為貞觀十五年，參預其事者除魏徵外，還有房玄齡、楊師道、岑義本、顏相時、朱子奢、劉伯莊、馬嘉運、許敬宗、崔行功、呂才、李淳風、褚遂良、姚思廉、司馬宅相等，都是當時文史方面的專門人才。高士廉參加過《氏族志》的編修，他又長於起草表奏，貞觀十九年攝太子太傅，被譽為『朝望國華，儀刑攸屬』。他這部《文思博要》是供封建統治者屬文時參考用的類書，與後代的文章做法、範文示例一類的書差不多。」〔註94〕朱仲玉先生對於《文思博要》的研究主要是介紹性的，他所採用的是《新唐書》之記載，並且朱先生將《文思博要》的編纂開始時間誤記為「貞觀十二年」。為了考察清楚《文思博要》編纂者以及當時的編纂情況，我們依據史料對他們進行了一些補充考察。

〔註94〕朱仲玉：《隋唐五代時期史籍散論》，《史學史資料》1980 年第 5 期，第 20 頁。

高士廉是《文思博要》的領修之人，是《文思博要》書成上奏之人，需要我們重點關注，此外，高士廉不僅是長孫皇后的舅舅，更是唐太宗親敬之大臣。《舊唐書》卷六十五《高士廉傳》載：「時太宗為雍州牧，以士廉是文德皇后之舅，素有才望，甚親敬之。」〔註95〕「史臣曰：士廉才望素高，操秉無玷，保君臣終始之義，為子孫襲繼之謀。社稷之臣，功亦隆矣；獎遇之恩，賞亦厚矣。」〔註96〕孟憲實《從新出高昱墓誌看高士廉家族史事》認為：「根據新出資料《唐高昱墓誌》，結合其他各類文獻，可以較為清晰地勾勒出唐初名臣高士廉家族從北朝到唐初的興衰歷程。高士廉家族在北齊時為皇族，高士廉之父在隋朝任職，入唐之後高士廉得到唐太宗的重用，從而再次完成了家族的輝煌。」「高士廉的外甥就是長孫無忌，而長孫無忌的妹妹就是唐太宗的長孫皇后。」〔註97〕《舊唐書》卷六十五《高士廉傳》載：「（貞觀）十二年，與長孫無忌等以佐命功，並代襲刺史，授申國公。其年，拜尚書右僕射。士廉既任遇益隆，多所表奏，成輒焚稿，人莫知之。攝太子少師，特令掌選。十六年，加授開府儀同三司，尋表請致仕，聽解尚書右僕射，令以開府儀同三司依舊平章事。又正受詔與魏徵等集文學之士，撰《文思博要》一千二百卷奏之，賜物千段。」〔註98〕《西安碑林全集》之《高士廉碑》亦載：「敕撰著《文思博要》。於是包含七略，撫孔□於綈捆；納□百家，採□□於簡牘。懷鉛甫就，望海不測。其瀾汗□□，□瞻天靡，詳其際合，千二百卷，上於延閣。」〔註99〕貞觀十二年至貞觀十六年，高士廉的官職是尚書右僕射，可見上文關於高士廉官職為「左僕射」的記載是錯誤的，並且我們通過《高士廉傳》可知《文思博要》是高士廉與魏徵領銜編纂完成的，高士廉去世後，許敬宗所撰《高士廉碑》對其領修《文思博要》之事也做了記述，而許敬宗之文更多的是依據高士廉所作《文思博要序》對《文思博要》編纂的頌揚。

房玄齡亦是唐太宗時期的名臣，《舊唐書》本傳中明確記載了他與高士廉同撰《文思博要》的事情，可見房玄齡亦是《文思博要》編纂中的重要領修人。

〔註95〕《舊唐書》卷六十五《高士廉傳》，北京：中華書局，1975 年，第 2442 頁。
〔註96〕《舊唐書》卷六十五《高士廉傳》，北京：中華書局，1975 年，第 2456 頁。
〔註97〕孟憲實：《從新出高昱墓誌看高士廉家族史事》，《新疆大學學報（哲學人文社會科學版）》2012 年第 1 期，第 73～78 頁。
〔註98〕《舊唐書》卷六十五《高士廉傳》，北京：中華書局，1975 年，第 2444 頁。
〔註99〕高峽：《西安碑林全集》，廣州：廣東經濟出版社；深圳：海天出版社，1999 年，第 259 頁。

《舊唐書》卷六十六《房玄齡傳》載：「（貞觀）十六年，又與士廉等同撰《文思博要》成，錫賚甚優。進拜司空，仍綜朝政，依舊監修國史。」〔註100〕《玉海》卷一百五十九《房玄齡》載：「太宗命玄齡等撰《文思博要》一千三百卷。」〔註101〕關於《文思博要》的卷帙，此處《玉海》的記載無疑是錯誤的，應為一千二百卷。

許敬宗是初唐要臣，高宗時期他領銜編纂了多部典籍，而在太宗時期他的官位未顯，尚無資格領銜，具體到《文思博要》編纂之時，他是重要的參修者。《舊唐書》卷八十二《許敬宗傳》載：「然自貞觀已來，朝廷所修《五代史》及《晉書》《東殿新書》《西域圖志》《文思博要》《文館詞林》《累璧》《瑤山玉彩》《姓氏錄》《新禮》，皆總知其事，前後賞賚，不可勝紀。」〔註102〕

《舊唐書》劉伯莊本傳記載了劉伯莊參與編纂《文思博要》的事情。《舊唐書》卷一百八十九上《儒學上·劉伯莊傳》載：「劉伯莊，徐州彭城人也。貞觀中累除國子助教。與其舅太學博士侯孝遵齊為弘文館學士，當代榮之。尋遷國子博士，其後又與許敬宗等參修《文思博要》及《文館詞林》。龍朔中，兼授崇賢館學士。撰《史記音義》《史記地名》《漢書音義》各二十卷，行於代。」〔註103〕通過劉伯莊的著作可知，他是精通於《史記》《漢書》的史學家。

《舊唐書》馬嘉運本傳亦記載了其參與編纂《文思博要》之事。《舊唐書》卷七十三《馬嘉運傳》載：「馬嘉運者，魏州繁水人也。十一年，召拜太學博士，兼弘文館學士，預修《文思博要》。嘉運以穎達所撰《正義》頗多繁雜，每掎摭之，諸儒亦稱為允當。高宗居春宮，引為崇賢館學士，數與洗馬秦暐侍講殿中，甚蒙禮異。十九年，遷國子博士卒。」〔註104〕通過馬嘉運補正孔穎達所撰《正義》來看，此馬嘉運是有較高的經學修養的經學家。

《舊唐書》崔行功本傳亦記載了其參與編纂《文思博要》之事。《舊唐書》卷一百九十上《文苑上·崔行功傳》載：「崔行功，恒州井陘人……行功前後

〔註100〕 《舊唐書》卷六十六《房玄齡傳》，北京：中華書局，1975 年，第 2462 頁。

〔註101〕 （宋）王應麟撰《玉海》卷一百五十九《房玄齡》，揚州：廣陵書社，2003 年，第 3020 頁。

〔註102〕 《舊唐書》卷八十二《許敬宗傳》，北京：中華書局，1975 年，第 2764 頁。

〔註103〕 《舊唐書》卷一百八十九上《儒學上·劉伯莊傳》，北京：中華書局，1975 年，第 4955 頁。

〔註104〕 《舊唐書》卷七十三《馬嘉運傳》，北京：中華書局，1975 年，第 2603～2604 頁。

預撰《晉書》及《文思博要》等。同時又有孟利貞、董思恭、元思敬等並以文藻知名。」〔註105〕

《舊唐書》呂才本傳亦記載了其參與編纂《文思博要》之事。《舊唐書》卷七十九《呂才傳》載：「太宗又令才造《方域圖》及《教飛騎戰陣圖》，皆稱旨，擢授太常丞。永徽初，預修《文思博要》及《姓氏錄》。」〔註106〕此處將《文思博要》的編纂時間置於「永徽初」，很顯然是錯誤的。

《舊唐書》李淳風本傳亦記載了其參與編纂《文思博要》之事。《舊唐書》卷七十九《李淳風傳》載：「十五年，除太常博士。尋轉太史丞，預撰《晉書》及《五代史》，其天文、律曆、五行志皆淳風所作也。又預撰《文思博要》。二十二年，遷太史令。」〔註107〕

此外，魏徵、楊師道、岑文本、顏相時、朱子奢、褚遂良、姚思廉、司馬宅相、宋正蹕諸人之傳記中未見記載其參與編纂《文思博要》之事，但是，通過《新唐書・藝文志》等典籍目錄的記載，不影響我們對他們是《文思博要》編纂者的判斷，只是具體的詳細的編纂情況需要我們去繼續關注。

遍觀以上諸人，再讀其傳記，考察其學術，更可知《文思博要》編纂者之陣容豪華，更可見其編纂團隊搭配之合理，首先這些編纂者多是文學之士、飽學之士，其次他們的專攻方向亦是各有所長、各有精通，如李淳風之精通天文、律曆、五行，呂才之精通方域、戰陣，馬嘉運之熟稔五經，姚思廉、劉伯莊之熟稔史傳等等，皆是《文思博要》編纂質量有保障的保障。

除了上述諸位編纂者，我們在墓誌文獻中還見到了一位不為史傳所記載的編纂者，即高玄景。《高玄景墓誌銘》載：「大唐雍州萬年縣遵義裏，故使持節和州諸軍事、和州刺史齊國高玄景，字玄景。曾祖湛，齊武城皇帝。祖廓，齊安郡王，周上將軍、巴東郡開國公、龍州刺史。父君緒，隋新安郡休寧縣令。親郎氏，父定遠，周資州刺史。妻劉氏，父師立，唐始州刺史。繼室劉氏，清苑縣君，前夫人之親妹。長子元思，前梓州參軍，次子進德，見（現）任左翊衛，次子無待，故冀王父執乘，丁艱不勝哀卒。上元三年歲次景（丙）子九月景（丙）寅朔廿九日甲午，葬州鄴縣孝義鄉樂陵裏野馬崗之南麓古華林村澗之

〔註105〕《舊唐書》卷一百九十上《文苑上・崔行功傳》，北京：中華書局，1975 年，第 4996 頁。
〔註106〕《舊唐書》卷七十九《呂才傳》，北京：中華書局，1975 年，第 2726 頁。
〔註107〕《舊唐書》卷七十九《李淳風傳》，北京：中華書局，1975 年，第 2718 頁。

西。」〔註108〕可惜的是,《高玄景墓誌銘》中只是記載了其父母妻子、家族世系,未記載其生平事蹟。幸運的是,其子《高元思墓誌》記載了高玄景的生平事蹟,使得我們可以知道其曾參與了《文思博要》的編纂。邵炅撰《高元思墓誌》載:「孝玄景,特徵侍文武聖皇帝諷讀,修《文思博要》,加朝請大夫、沂和二州刺史、弘文學士。」〔註109〕《文思博要》作為一部一千二百卷的大書,編纂者應該不止上述18人,高玄景之外肯定還有其他人也參與了《文思博要》的編纂,只是由於資料的缺失我們暫時無從得知罷了。

二、《文思博要》的編纂時間與編纂地點

《高士廉傳》載有其奉敕令編纂《文思博要》的時間記載。《舊唐書》卷六十五《高士廉傳》載:「(貞觀)十六年,加授開府儀同三司,尋表請致仕,聽解尚書右僕射,令以開府儀同三司依舊平章事。又正受詔與魏徵等集文學之士,撰《文思博要》一千二百卷奏之,賜物千段。」〔註110〕由此可以知道,貞觀十六年(642)高士廉等人撰成《文思博要》,並被唐太宗「賜物千段」,而《文思博要》開始編纂的時間憑藉「又正受詔與魏徵等集文學之士」之記載,還真不好判斷!《房玄齡傳》亦言貞觀十六年「《文思博要》成,錫賚甚優。」《舊唐書》卷六十六《房玄齡傳》載:「(貞觀)十六年,又與士廉等同撰《文思博要》成,錫賚甚優。進拜司空,仍綜朝政,依舊監修國史。」〔註111〕可見,《高士廉傳》《房玄齡傳》言《文思博要》成書於貞觀十六年。

而《新唐書‧藝文志》則言《文思博要》貞觀十五年(641)獻上,與《高士廉傳》《房玄齡傳》記載有衝突。《新唐書》卷五十九《藝文三》載:「《文思博要》一千二百卷,目十二卷⋯⋯貞觀十五年上。」〔註112〕《唐會要》卷三十六《修撰》載:「貞觀十五年⋯⋯其年,十月二十五日,尚書左僕射申國公高士廉等撰《文思博要》成,凡一千二百卷。」〔註113〕《冊府元龜》卷六百

〔註108〕劉文濤、張慶捷《新見唐〈高玄景墓誌〉考論》,《史志學刊》2016年第2期,第54~58頁。

〔註109〕高慎濤《新出墓誌所見唐人著述輯考》,《圖書館雜誌》2014年第8期,第95~101頁。

〔註110〕《舊唐書》卷六十五《高士廉傳》,北京:中華書局,1975年,第2444頁。

〔註111〕《舊唐書》卷六十六《房玄齡傳》,北京:中華書局,1975年,第2462頁。

〔註112〕《新唐書》卷五十九《藝文三》,北京:中華書局,1975年,第1562頁。

〔註113〕(宋)王溥:《唐會要》卷三十六《修撰》,北京:中華書局,1955年,第656頁。

七《學校部十一・撰集》亦載:「高士廉為尚書右僕射。貞觀十五年,撰《文思博要》一千二百卷上之,有詔藏之秘府(時太學博士馬嘉運、太常丞呂卞同修)。」〔註114〕《唐會要》《冊府元龜》亦言貞觀十五年書成,並且《唐會要》之記載明確到具體時間,為了搞清楚《文思博要》的編纂完成時間,我們還需要對唐太宗本紀做一番考察,看看是否有與上述資料相印證的內容。

《舊唐書》卷三《太宗下》載:

> 十五年春正月丁卯,吐蕃遣其國相祿東贊來逆女。丁丑,禮部尚書、江夏王道宗送文成公主歸吐蕃……夏四月辛卯,詔以來年二月有事泰山,所司詳定儀制……六月戊申,詔天下諸州,舉學綜古今及孝悌淳篤、文章秀異者,並以來年二月總集泰山。己酉,有星孛於太微,犯郎位。丙辰,停封泰山,避正殿以思咎,命尚食減膳。秋七月甲戌,孛星滅。冬十月辛卯,大閱於伊闕。壬辰,幸嵩陽。辛丑,還宮。十一月壬戌,廢鄉長。壬申,還京師……十二月戊子朔,至自洛陽宮。甲辰,李勣及薛延陀戰於諾真水,大破之。
>
> 十六年春正月……兼中書侍郎、江陵子岑文本為中書侍郎,專知機密……秋七月戊午,司空、趙國公無忌為司徒,尚書左僕射、梁國公玄齡為司空。九月丁巳,特進、鄭國公魏徵為太子太師,知門下省事如故。〔註115〕

《新唐書》卷二《太宗紀》載:

> 十五年正月辛巳,如洛陽宮,次溫湯。衛士崔卿、刁文懿謀反,伏誅。三月戊辰,如襄城宮。四月辛卯,詔以來歲二月有事於泰山……六月己酉,有星孛於太微。丙辰,停封泰山,避正殿,減膳。七月丙寅,宥周、隋名臣及忠列子孫貞觀以後流配者。十月辛卯,獵於伊闕。壬辰,如洛陽宮。十一癸酉,薛延陀寇邊……十二月戊子,至自洛陽宮。庚子,命三品以上嫡子事東宮。辛丑,慮囚。甲辰,李世勣及薛延陀戰於諾真水,敗之。乙巳,贈戰亡將士官三轉。
>
> 十六年正月乙丑,遣使安撫西州。戊辰,募戍西州者,前犯流死亡匿,聽自首以應募。辛未,徙天下死罪囚實西州。中書舍人岑

〔註114〕 (宋)王欽若等編纂,周勳初等校訂:《冊府元龜》卷六百七《學校部十一・撰集》,南京:鳳凰出版社,2006年,第7000頁。

〔註115〕 《舊唐書》卷三《太宗下》,北京:中華書局,1975年,第52~54頁。

文本為中書侍郎，專典機密。六月戊戌，太白晝見。七月戊午，長孫無忌為司徒，房玄齡為司空。十一月丙辰，獵於武功……十二月癸卯，幸溫湯。甲辰，獵於驪山。乙巳，至自溫湯。〔註116〕

通過對兩《唐書》之《太宗本紀》貞觀十五年至貞觀十六年的諸多史實的考察，我們發現房玄齡「進拜司空」的時間與《文思博要》的編纂完成時間有關聯，因為其本傳言貞觀十六年《文思博要》修成，錫賚甚優，進拜司空，仍綜朝政，依舊監修國史，只是《房玄齡傳》沒有記載進拜司空的具體的月份日期，而《太宗本紀》對於房玄齡進拜司空的時間記載十分清楚，且兩《唐書》記載一致，即「秋七月戊午……尚書左僕射、梁國公玄齡為司空。」所以可由房玄齡為司空的時間確定《文思博要》的編纂完成時間，即貞觀十六年七月之前。並且《高士廉傳》對於《文思博要》的編纂完成時間也記載於貞觀十六年，即前文所載「十六年……又正受詔與魏徵等集文學之士，撰《文思博要》一千二百卷奏之，賜物千段。」由此二位領修者的本傳記載，我們基本可以肯定《文思博要》的編纂完成時間應該是在貞觀十六年而不是貞觀十五年，具體時間為貞觀十六年七月之前。而《新唐書》等文獻關於《文思博要》「貞觀十五年上」的記載必然就是有問題，甚至是錯誤的，並被以訛傳訛。

《文思博要》的開始編纂時間，我們目前還沒有明確的證據來確定。但是，貞觀十二年以前，房玄齡、魏徵、高士廉諸人皆有其他典籍編纂任務在身，是無法抽身完成《文思博要》的編纂的，故《文思博要》的編纂必然是貞觀十三年以後的事情。《舊唐書》卷三《太宗下》載：「（貞觀）十年春正月壬子，尚書左僕射房玄齡、侍中魏徵上梁、陳、齊、周、隋五代史，詔藏於秘閣。」〔註117〕「（貞觀）十一年春正月……甲寅，房玄齡等進所修《五禮》。詔所司行用之。」〔註118〕「（貞觀）十二年春正月乙未，吏部尚書高士廉等上《氏族志》一百三十卷……秋七月癸酉，吏部尚書、申國公高士廉為尚書右僕射。」〔註119〕再者，通過對編纂者的考察，我們知道楊師道參與了《文思博要》的編纂，而其官職以上諸目錄皆記載為「中書令」，而由楊師道為中書令的時間可知。《舊唐書》卷三《太宗下》載：「（貞觀）十三年……十一月

〔註116〕《新唐書》卷二《太宗紀》，北京：中華書局，1975年，第40～41頁。
〔註117〕《舊唐書》卷三《太宗下》，北京：中華書局，1975年，第45～46頁。
〔註118〕《舊唐書》卷三《太宗下》，北京：中華書局，1975年，第46頁。
〔註119〕《舊唐書》卷三《太宗下》，北京：中華書局，1975年，第49頁。

辛亥，侍中、安德郡公楊師道為中書令。」〔註 120〕故《文思博要》的開始編纂時間在貞觀十三年十一月之後。

　　此外，我們認為《新唐書》等文獻所記載的「貞觀十五年上」應該是開始編纂時間，且貞觀十五年是唐太宗時期政治經濟文化極為繁榮的時期，貞觀十四年侯君集滅高昌，威震西域，軍事上的勝利總能帶來整個王朝的興奮，總給人一種天下咸服的感覺，於是唐太宗時期最後一次大規模的請封禪的潮流湧現，在這種局面之下，難道不應該在文治上繼續有所建樹，此前已經完成了梁、陳、齊、周、隋五代史，難道不應該繼續編纂一部囊括天地古今的大書嗎？答案自然是肯定的，《文思博要》也的確是盛況空前，的確是魏晉南北朝以來最大的類書，超過一千卷的《皇覽》，以及《華林遍略》《修文殿御覽》《長洲玉鏡》。貞觀十五年唐太宗下令「夏四月辛卯，詔以來年二月有事泰山，所司詳定儀制」，可見唐太宗與整個大唐王朝都在進行封禪泰山的準備，而《文思博要》的編纂或許與這個大事情有關係。故我們認為《文思博要》的編纂開始時間應該是貞觀十五年左右，而完成時間則是貞觀十六年七月之前，由此看來，編纂時間總共有一年左右，一年時間編纂如此大的類書是有先例的，但是，其必然是要有底本可參考才行，究竟是參考了《皇覽》《華林遍略》《修文殿御覽》《長洲玉鏡》還是其他，我們暫時不得而知。

　　《文思博要》的編纂地點史載不詳，文思殿隋代已有。《隋書》卷二《高祖下》載：「十一年春正月……丙午，皇太子妃元氏薨，上舉哀於文思殿。」〔註 121〕《北史》卷一一《隋本紀上》載：「十一年春正月……丙午，皇太子妃元氏薨，上舉哀於東宮文思殿。」〔註 122〕《隋書》與《北史》所載為同一事，但是，對於「文思殿」的記載卻不同，按照《北史》的記載，此文思殿無疑在東宮。入唐文思殿因舊名繼續存在，唐時應該具有圖書儲藏的功能，或許應該是學士們的辦公之地，《文思博要》可能也編纂於此，並由此而得名，後來的《瑤山玉彩》的編纂就是在文思殿完成的。《舊唐書》卷八十六《高宗中宗諸子》載：「孝敬皇帝弘，高宗第五子也。永徽四年，封代王。顯慶元年，立為皇太子，大赦改元……龍朔元年，命中書令、太子賓客許敬宗，侍中兼太子右庶子許圉師，中書侍郎上官儀，太子中舍人楊思儉等於文思殿博

〔註 120〕《舊唐書》卷三《太宗下》，北京：中華書局，1975 年，第 50 頁。
〔註 121〕《隋書》卷二《高祖下》，北京：中華書局，1973 年，第 36 頁。
〔註 122〕《北史》卷一一《隋本紀上》，北京：中華書局，1974 年，第 417 頁。

採古今文集，摘其英詞麗句，以類相從，勒成五百卷，名曰《瑤山玉彩》，表上之。制賜物三萬段，敬宗已下加級、賜帛有差。」〔註123〕《新唐書》卷八一《三宗諸子》載：「孝敬皇帝弘，永徽六年始王代，與潞王同封。顯慶元年，立為皇太子……四年，加元服。又命賓客許敬宗、右庶子許圉師、中書侍郎上官儀、中舍人楊思儉即文思殿摘採古今文章，號《瑤山玉彩》，凡五百篇。書奏，帝賜物三萬段，餘臣賜有差。」〔註124〕《文思博要》之後編纂的《瑤山玉彩》亦是一部官修類書，他的編纂地點無疑就是在文思殿，此文思殿並且很有可能也是在東宮，而通過《文思博要》之題名「文思」，可見其編纂地點必然也與「文思殿」有些關係，且歷來類書的編纂多有按地點命名的現象，《華林遍略》的編纂地點在「華林園」，《修文殿御覽》的奏上地點在「修文殿」，但是，文思殿的具體位置如果果真是在東宮，我們就需要考察他的編纂與當時的太子是否有關係，貞觀十六年的太子是李承乾，這部《文思博要》究竟是否與李承乾也有些許關係，待考。《玉海》卷一百五十九《宮室》亦載：「唐文思殿。《房玄齡傳》：太宗命玄齡等撰《文思博要》一千三百卷。《太子弘傳》：龍朔元年，命賓客許敬宗等即文思殿集《瑤山玉彩》。隋有文思殿，梁改文思院為乾文院。」〔註125〕可見，《玉海》無疑將《文思博要》的編纂地點定在了文思殿。五代時期仍然有文思殿，此時候的文思殿好像已經不再位於東宮。《舊五代史》卷四《梁書・太祖紀四》：「開平二年……九月……壬午，達洛陽。帝御文思殿受朝參。」「十月……庚戌，至西都，御文思殿。」「開平三年正月……甲午，上御文思殿宴群臣，賜金帛有差。」〔註126〕《新五代史》所載文思殿與唐初文思殿之功能或許更為接近。《新五代史》卷六三《前蜀世家第三》載：「通正元年……八月，起文思殿，以清資五品正員官購群書以實之，以內樞密使毛文錫為文思殿大學士。」〔註127〕

〔註123〕 《舊唐書》卷八六《高宗中宗諸子》，北京：中華書局，1975 年，第 2828～2829 頁。

〔註124〕 《新唐書》卷八一《三宗諸子》，北京：中華書局，1975 年，第 3588～3589頁。

〔註125〕 （宋）王應麟：《玉海》卷一百五十九《宮室》，揚州：廣陵書社，2003 年，第 2923 頁。

〔註126〕 《舊五代史》卷四《梁書・太祖紀四》，北京：中華書局，1976 年，第 64～67 頁。

〔註127〕 《新五代史》卷六三《前蜀世家第三》，北京：中華書局，1974 年，第 790頁。

三、《文思博要》的內容

《文思博要》已經散佚殆盡，我們無法見到他的真面目，但是通過相關記載，尤其是高士廉所作《文思博要序》，我們還可以猜測一下他的相關情況。

《文苑英華》卷六百九十九《文思博要序》載：

> 皇帝仰膺靈命，俯葉萌心，智周乾坤之表，道濟宇宙之外，操參伐而清天步，橫昆海而紐地維，橐弓矢於靈臺，執贄者萬國，張禮樂於太室，受職者百神，蒼旻降祥，黔黎禔福，置成均之職，劉董與馬鄭風馳，開崇文之館，揚班與潘江霧集，縉紳先生，聚蠹簡於內，輶軒使者，採遺篆於外，刊正分其朱紫，繕寫埒於丘山，外史所未錄，既盈太常之藏，《中經》所不載，盛積秘室之府，比夫軒皇宛委，穆滿羽陵，炎漢之廣內，有晉之秘閣，何異乎牛宮之水，爭浮天於谷王，蟻蛭之林，競拂日於若木也。〔註128〕

此處介紹的是《文思博要》的編纂緣起，並且，高士廉主要說此《文思博要》的編纂是在唐太宗的敕令關懷之下進行的，再者，就是介紹唐初的文獻典籍整理工作，可以與歷代王朝相提並論，其實，文獻典籍的整理是類書編纂的基礎，沒有大量的文獻，是難以保證類書編纂的資料需求的。

《文苑英華》卷六百九十九《文思博要序》載：

> 帝聽朝之暇，屬意斯文，精義窮神，微言探賾。紆樓船於學海，獲十城之珍，駐羽蓋於翰林，寒三珠之寶。以為觀書貴要，則十家並馳，觀要貴博，則《七略》殊致，自非總質文而分其流，混古今而共其轍，則萬物雖眾，可以同類，千里雖遙，可以同聲。然則魏之《皇覽》，登巨川之濫觴，梁之《遍略》，標崇山之增構，歲月滋多，論次愈廣，《類苑》《耕錄》，齊玉軷而並馳，《要略》《御覽》，揚金鑣而繼路，雖草創之旨，義在兼包，而編錄之內，猶多遺闕，並未能絕云而負蒼天，杜蔚羅之用，激水而縱溟海，息鈞餌之心。〔註129〕

通過以上記載，我們可以知道，類書在初唐時期已經找到了自己的族群，找到了歸屬，在追溯前代類書的時候，開頭就是《皇覽》，而後是《華林遍略》，

〔註128〕 （宋）李昉等：《文苑英華》卷六九九《文思博要序》，北京：中華書局，1966年，第3606～3607頁。

〔註129〕 （宋）李昉等撰《文苑英華》卷六九九《文思博要序》，北京：中華書局，1966年，第3607頁。

再就是《類苑》《修文殿御覽》，而由於以上諸書的不能夠「兼包」，甚至是「猶多遺闕」，故在唐太宗的領導之下初唐群臣高士廉等人要重新編纂一部「述作之義坦然，筆削之規大備」的《文思博要》。

《文苑英華》卷六百九十九《文思博要序》載：

> 帝乃親紫聖情，曲留玄覽，垂權衡以正其失，定準繩以矯其違，頓天綱於蓬萊，綱目自舉，馳雲車於策府，轍跡可尋，述作之義坦然，筆削之規大備。〔註130〕

此處之記載還是在說，唐太宗親自參與到了《文思博要》的體例編定之中，並且經過唐太宗君臣之努力，《文思博要》達到了綱目自舉、轍跡可尋的效果。由此可見，王朝的最高統治者唐太宗對此《文思博要》的編纂是很重視的，並且，由於唐太宗的名義上的參與，此《文思博要》編纂的性質發生了變化，即此《文思博要》的編纂不再是某個人事業，而成了代表王朝文治的集體工程。

《文苑英華》卷六百九十九《文思博要序》載：

> 籠緗素則一字必包，舉殘缺則片言靡棄，繁而有檢，簡而不失，同茲萬頃，滕埒自分，譬彼百川，派流無壅，討論歷載，琢磨云畢，勒成一家，名《文思博要》，凡一百二十帙，一千二百卷，並目錄一十二卷。〔註131〕

對於《文思博要》的編纂原則，如《文思博要序》所言，一字必包，片言靡棄，繁而有檢，簡而不失，並且是討論歷載，琢磨云畢，才最終勒成一家，編纂出一部《文思博要》。通過「名《文思博要》，一百二十帙，一千二百卷，並目錄一十二卷」這個記載，我們可以發現，類書編纂同時開始附帶單獨的目錄，這就極大方便了讀者的檢索使用。

《文苑英華》卷六百九十九《文思博要序》載：

> 義出六經，事兼百氏，究帝王之則，極聖賢之訓，天地之道備矣，人神之際在焉。昭昭若日月，代明於下土；離離若星辰，錯行於躔次。斯固墳素之苑囿，文章之江海也。是為國者尚其道德，為家者尚其變通，緯文者尚其溥諒。足以仰觀千古，同義文之爻象；

〔註130〕 （宋）李昉等撰《文苑英華》卷六九九《文思博要序》，北京：中華書局，1966年，第3607頁。

〔註131〕 （宋）李昉等撰《文苑英華》卷六九九《文思博要序》，北京：中華書局，1966年，第3607頁。

俯觀百王，軼姬孔之禮樂。豈止刻石漢京，懸金秦市，比丘明之作

傳，侔子長之著書而已哉！〔註132〕

　　由於散佚，對於《文思博要》的內容，我們不得而知，但是通過此義出六
經，事兼百氏，可見其採書範圍是經史子集無所不包，並且此時的類書編纂者
已經認識到類書的巨大價值，所謂「為國者尚其道德，為家者尚其變通，緯文
者尚其溥諒」是也。更為重要的是，此時的類書編纂者對於《文思博要》的期
許很高，或者說是自視甚高，因為他們把《文思博要》與《左傳》《史記》相
提並論，後世學者，多言類書之品格不高，因為後世學者能見到的書籍增多了，
覺得類書不過如此，而在中古時期，書籍是極其珍貴的，而編纂一部大型類書
就是很有價值與貢獻的，大型類書的編纂就如同是對一個時代的典籍做整理，
並不是後世人眼中的剪刀加漿糊，類書此時的名字不是類書，而是文獻大成，
而編纂一部代表時代的文獻大成之功勞足以名垂千古，和《左傳》《史記》相
提並論亦不為過。

四、《文思博要》的流傳

　　《文思博要》的編撰不僅本身具有重要意義，而且對其之後其他類書的
編撰也有了很大的影響，其後的許多類書如《三教珠英》《太平御覽》等都以
《文思博要》為參考，尤其是《三教珠英》，他就是在《文思博要》的基礎之
上增加了三教、親屬、姓名、方域等內容而成。《舊唐書》卷七八《張行成傳
附張易之張昌宗傳》載：「以昌宗醜聲聞于外，欲以美事掩其跡，乃詔昌宗撰
《三教珠英》於內。乃引文學之士李嶠、閻朝隱，徐彥伯、張說、宋之問、
崔湜、富嘉謨等二十六人，分門撰集。成一千三百卷，上之。加昌宗司僕卿，
封鄴國公，易之為麟臺監，封恒國公，各實封三百戶。」〔註133〕《新唐書》
卷一百四《張行成傳附張易之張昌宗傳》：載「後知醜聲甚，思有以掩覆之，
乃詔昌宗即禁中論著，引李嶠、張說、宋之問、富嘉謨、徐彥伯等二十有六
人撰《三教珠英》。加昌宗司僕卿、易之為麟臺監，權勢震赫。」〔註134〕《唐

〔註132〕　（宋）李昉等：《文苑英華》卷六九九《文思博要序》，北京：中華書局，1966
　　　　　年，第 3607 頁。
〔註133〕　《舊唐書》卷七八《張行成傳附張易之張昌宗傳》，北京：中華書局，1975 年，
　　　　　第 2707 頁。
〔註134〕　《新唐書》卷一百四《張行成傳附張易之張昌宗傳》，北京：中華書局，1975
　　　　　年，第 4014～4015 頁。

會要》卷三十六《修撰》載:「大足元年,十一月十二日,麟臺監張昌宗撰《三教珠英》一千三百卷成,上之。初聖曆中以上《御覽》及《文思博要》等書聚事多未周備,遂令張昌宗召李嶠、閻朝隱、徐彥伯、薛曜、李尚隱、魏知古、于季子、王無競、沈佺期、王適、徐堅、尹元凱、張說、馬吉甫、元希聲、李處正、高備、劉知幾、房元陽、宋之問、崔湜、常元旦、楊齊哲、富嘉謩、蔣鳳等二十六人同撰,於舊書外更加佛道二教及親屬、姓名、方域等部。」〔註135〕桂羅敏《〈三教珠英〉考辨》認為:「《三教珠英》的編纂,實際是以《文思博要》為藍本,據此加以增損刪改,著重添加了佛教、道教的內容,與原來的儒家,合成三教鼎立的格局。此外,又增加了「親屬」、「姓氏」、「方域」等部,形成了自身的特色。」〔註136〕王蘭蘭《〈三教珠英〉考補與發微》認為:「從卷數看《三教珠英》一千三百卷,僅比底本《文思博要》多一百卷,應未做大的改動,主要增補了一些佛道教等方面的內容。從某種程度上說,編修於武周時期的《三教珠英》其實反映了武則天對李唐文化乃至政權的繼承與發展。」〔註137〕

《三教珠英》後來也散佚殆盡了,我們其實也很難知道他的真實情況,目前我們所關注的是《文思博要》,我們要問,《三教珠英》是否取代了《文思博要》,還是兩者各自流傳。通過目前的材料看,中唐時期,《文思博要》已經散佚的只剩下一卷了。《玉海》卷五四載:「唐《文思博要》……大中十年,秘書監楊漢公奏,排比亂書,得此書第一百七十二一卷墨蹟。今藏於皇朝秘閣,乾道七年,錄副本藏之集庫。」〔註138〕大中十年(856)秘書監楊漢公奏,排比亂書,得《文思博要》第一百七十二一卷,由此可見大中年間,一千二百卷的《文思博要》僅僅存有一卷了。南宋孝宗乾道七年(1171)錄副本藏之集庫,可見此一卷《文思博要》流傳到了南宋,並且作為書法作品被珍藏起來。

《珊瑚網》卷二十二《法書題跋》載:「《鮮于伯機樞所藏》……《文思

〔註135〕 （宋）王溥:《唐會要》卷三十六《修撰》,北京:中華書局,1955年,第657頁。

〔註136〕 桂羅敏:《〈三教珠英〉考辨》,《圖書館雜誌》2008年第6期,第75～78頁。

〔註137〕 王蘭蘭:《〈三教珠英〉考補與發微》,杜文玉主編《唐史論叢》2013年第2期,總第17輯,西安:陝西師範大學出版總社,2014年,第107～123頁。

〔註138〕 （宋）王應麟:《玉海》卷五十四《藝文》,揚州:廣陵書社,2003年,第1028頁;（宋）王應麟撰,武秀成、趙庶洋校證:《玉海藝文校證》卷二十《承詔撰述·類書》,南京:鳳凰出版社,2013年,第962頁。

博要・帝王》一部，唐類書也，所引《薊子》《慎子》《尸子》《敏》，皆古書也。天寶十年十二月楷書，臣胡山甫書，字極遒麗，至唐大中年間方自館中雜書揀出，是時止存一卷，後有史館山甫印，用麻紙列館中典掌之人及三校姓名，滿卷皆紹聖間人題跋，其後如張元長、周美成、晁說之、薛紹彭及諸人在內。按《文思博要》一千三百卷，太宗貞觀年間詔左僕射高士廉、特進魏徵等十四人取歷代載籍，撮其精義，至十年書成。」〔註139〕《珊瑚網》的記載更為詳細，其記載的內容與上文《玉海》所載應該為同一件事情，即大中年間找到的一卷《文思博要》是其《帝王部》之一卷，此卷為天寶十載（751）胡山甫書字，可見天寶年間對《文思博要》做過一次抄錄，而到了北宋哲宗紹聖年間（1094～1098），張元長、周美成、晁說之、薛紹彭諸人在其上有題跋。再者，上文說此一卷《文思博要》為鮮于伯機樞所藏，鮮于伯機是元代著名書法家。《新元史》卷二百三十七《文苑傳・鮮于樞傳》載：「鮮于樞，字伯機，號困學山民，大都人。官至太常典簿。學書於張天錫。偶適野，見二人輓車行泥淖中，遂悟書法。酒酣，吟詩作字，奇態橫生，與趙孟俯齊名，終元世，學者不出此兩家。或言孟俯妒其書，重價購而毀之。故傳世不多云。」〔註140〕既然此一卷《文思博要》為鮮于樞所藏，看來《文思博要》必然是流傳到了元代。

　　《御定佩文齋書畫譜》卷二十七《胡山甫》載：「胡山甫。明皇時人。《文思博要》，唐類書也，天寶十載十二月楷書，臣胡山甫書，字極遒麗，至唐大中年間方自館中雜書撿出，是時止存一卷，後有史館山甫印。《珊瑚網》。」〔註141〕《御定佩文齋書畫譜》此處之記載來源於《珊瑚網》。《御定佩文齋書畫譜》卷九十三《鮮于伯機樞所藏》載：「《文思博要・帝王》一部，唐類書也，天寶十年十二月楷書，臣胡山甫書，字極遒麗，卷後有史館山甫印，用麻紙列館中典掌之人及三校姓名，贐卷皆紹聖間人題跋，其後如張元長、周美成、晁說之、薛紹彭及諸人，在內有歷下周子然不知何許人也。」〔註142〕此處《御定佩文齋

〔註139〕　（明）汪砢玉：《珊瑚網》卷二十二，《文淵閣四庫全書》，第818冊，上海：上海古籍出版社，2003年，第367～368頁。

〔註140〕　《新元史》卷二百三十七《文苑傳・鮮于樞傳》，北京：開明書店，1935年，第453頁。

〔註141〕　（清）孫岳頒等：《御定佩文齋書畫譜》卷二十七，《文淵閣四庫全書》，第820冊，上海：上海古籍出版社，2003年，第193頁。

〔註142〕　（清）孫岳頒等：《御定佩文齋書畫譜》卷九十三，《文淵閣四庫全書》，第823冊，上海：上海古籍出版社，2003年，第185頁。

書畫譜》為我們提供了宋朝紹聖年間對《文思博要》進行過題跋的另外一個不為其他典籍所記載的人，即歷下周子然。

《式古堂書畫匯考》卷四《鮮于伯機樞所藏》載：「《文思博要·帝王》一部。唐類書也，所引《蒍子》《慎子》《尸子》《敏》，皆古書也。天寶十年十二月楷書，臣胡山甫書，字極遒麗，至唐大中年間方自館中雜書揀出，是時止存一卷，後有史館山甫印，用麻紙列館中典掌之人及三校姓名，贉卷皆紹聖間人題跋，其後如張元長、周美成、晁說之、薛紹彭及諸人在內。按《文思博要》一千三百卷，太宗貞觀年間詔左僕射高士廉、特進魏徵等十四人，取歷代載籍，摭其精義，至十年書成。」〔註143〕此處與上文《珊瑚網》中對於《文思博要》的成書做了介紹，但是，「一千三百卷」「至十年書成」很顯然是錯誤的，「至十年書成」可以理解為至貞觀十年成書，據上文考證很顯然是錯誤的，而如果理解為用了十年時間然後書成，也是錯誤的。

《文思博要》的佚文我們僅僅找到了一則。《方輿勝覽》卷七載：

> 江郎廟。在江山南五十里。《文思博要》云：「有江姓三昆弟，登其顛化為三石峰，因名焉。湛滿者，亦居山下，其子仕路遭永嘉之亂，不得歸，滿使祝宗言於三石之靈，能致其子，靡愛斯牲，旬日中，湛子出洛水邊，見三少年，使閉眼入車欄中，但聞去如疾風，俄頃間從空墮，良久乃覺，是家中後園也。」〔註144〕

尹植《文樞秘要》是唐人摘抄《文思博要》《藝文類聚》而成的一部新典籍，也已經失傳，但是，諸目錄記載了他的目錄，即《文樞秘要目》。《新唐書》卷五十八《藝文二》載：「尹植《文樞秘要目》七卷。鈔《文思博要》《藝文類聚》為《秘要》。」〔註145〕《宋史》卷二百四《藝文三》載：「田鎬、尹植《文樞密要目》七卷。」〔註146〕可見，《文樞秘要》還被稱為《文樞密要》，此書當是中唐學者抄撮《文思博要》的精簡本。《宋史》卷二百四《藝文三·校勘記》認為：「一〇：田鎬尹植《文樞密要目》。按尹植唐人，田鎬宋人。《新唐書》卷五八《藝文志》《通志》卷六六《藝文略》《玉海》卷五二都作

〔註143〕 （清）卞永譽：《式古堂書畫匯考》卷四，《文淵閣四庫全書》，第827冊，上海：上海古籍出版社，2003年，第160頁。

〔註144〕 （宋）祝穆撰，（宋）祝洙增訂：《方輿勝覽》卷七，北京：中華書局，2003年，第127頁。

〔註145〕 《新唐書》卷五十八《藝文二》，北京：中華書局，1975年，第1498頁。

〔註146〕 《宋史》卷二百四《藝文三》，北京：中華書局，1977年，第5146頁。

『尹植《文樞秘要目》』。」〔註147〕此處《校勘記》說「田鎬宋人」,不準確,
中唐時期亦有名「田鎬」者。《新唐書》卷一百六十二《顧少連傳》載:「顧
少連,字夷仲,蘇州吳人。舉進士,尤為禮部侍郎薛邕所器,擢上第,以拔
萃補登封主簿……德宗幸奉天,徒步詣謁,授水部員外郎、翰林學士……歷
吏部侍郎。裴延齡方橫,無敢忤者。嘗與少連會田鎬第,酒酣,少連挺笏曰:
『段秀實笏擊賊臣,今吾笏將擊姦臣!』奮且前,元友直在坐,歡解之。」
〔註148〕通過上文記載,我們認為中唐時期,尹植、田鎬等人曾對《文思博要》
《藝文類聚》做過一次節抄,出了一個精簡本,即《文樞秘要》。王重民先生
《中國目錄學史論叢》認為:「尹植的《文樞秘要》七卷,是為檢閱《文思博
要》《藝文類聚》用的。」〔註149〕此處王先生漏了一個「目」字,應為《文
樞秘要目》七卷,而《文樞秘要》應該卷帙更大,是《文思博要》的精簡本,
不應是檢閱用的。

　　李朝傑《貞觀時期文學研究》認為:「該書(《文思博要》,筆者注)今已
佚,僅第一七二卷寫本存於敦煌遺書。」〔註150〕陳淑婭《〈陸機集〉與陸機
文學文獻研究》認為:「《敦煌唐寫本》存《文思博要》一百七十二一卷。」
〔註151〕上述二位先生在博士論文中對唐初的官修類書《文思博要》亦做過簡
單介紹,並且二位說敦煌遺書中有此《文思博要》一卷,但是,不知二位所
據為何?待考。

五、小結

　　魏晉以來,歷代王朝都曾編纂過類書,而唐初尤為盛況空前,《文思博要》
就是這其中最重要的一部,其編纂者有高士廉、房玄齡、魏徵、楊師道、岑文
本、顏相時、朱子奢、劉伯莊、馬嘉運、許敬宗、崔行功、呂才、李淳風、褚
遂良、姚思廉、司馬宅相、宋正跱、高玄景等人,如此多優秀的文人學士參與
其中,是《文思博要》編纂質量有保障的保障。《文思博要》的編纂開始時間

〔註147〕　《宋史》卷二百四《藝文三》,北京:中華書局,1977 年,第 5168～5169 頁。
〔註148〕　《新唐書》卷一百六十二《顧少連傳》,北京:中華書局,1975 年,第 4994
　　　　　～4995 頁。
〔註149〕　王重民:《中國目錄學史論叢》,北京:中華書局,1984 年,第 124～125
　　　　　頁。
〔註150〕　李朝傑:《貞觀時期文學研究》,河北大學博士學位論文,2010 年,第 62 頁。
〔註151〕　陳淑婭:《〈陸機集〉與陸機文學文獻研究》,鄭州大學博士學位論文,2015 年,
　　　　　第 36 頁。

在貞觀十三年十一月之後，很有可能是貞觀十五年，編纂完成時間《舊唐書》
《唐會要》《冊府元龜》記載為貞觀十五年，而根據考察我們認為應該在貞觀
十六年七月前。《文思博要》的內容義出六經，事兼百氏，且一字必包，片言
靡棄，繁而有檢，簡而不失，故為國者尚其道德，為家者尚其變通，緯文者尚
其溥諒。《文思博要》無疑是唐太宗的文治表現，有可能是在其欲封禪泰山的
歷史背景下完成的，通過僅存的「帝王」一部，可想見其編纂體例。《文思博
要》在流傳中究竟是被其《三教珠英》取代了，還是單獨有流傳，還有待繼續
考察，目前我們所知道的，後世記載較多的是《文思博要・帝王》一卷，即其
一七二卷，此卷是天寶年間胡山甫楷書，大中年間被楊漢公重新發現，北宋哲
宗紹聖年間被晁說之等人做過題跋，南宋孝宗乾道七年被藏之集庫，再後來被
元代書法家鮮于樞所藏的遺珍。《文思博要》對其之後的類書編纂產生了很大
的影響，《三教珠英》《太平御覽》等書都是以《文思博要》為參考進行編纂的，
並且從《文思博要》開始，類書的編纂開始出現了隨書目錄，即在編書的同時
編纂目錄，極大方便了讀者的使用。《文思博要》的編纂對當時的文學也產生
了影響，包括《文思博要》在內的初唐時期編纂的類書推動了初唐時期唐詩詩
風的宮廷化傾向，並且促使唐詩走向繁榮。

第三節 《東殿新書》

　　《東殿新書》是一部已經失傳的唐代官修類書，但是，他又具有雜史的性
質，這可通過《舊唐書》《新唐書》對他的記載得到清晰的認知，而對於此書
的研究，學術界目前還沒有大的進展，主要原因是資料的缺乏，下面我們主要
依據散見諸書之零星記載進行一個簡單的考察。

一、《東殿新書》的編纂時間

　　《舊唐書》卷四十六《經籍上》史部「雜史」載：「《東殿新書》二百卷。
高宗大帝撰。」〔註152〕《新唐書》卷五十九《藝文三》子部「類書類」載：
「《東殿新書》二百卷。許敬宗、李義府奉詔於武德內殿修撰。其書自《史記》
至《晉書》，刪其繁辭。龍朔元年上，高宗製序。」〔註153〕《通志二十略・藝

〔註152〕 《舊唐書》卷四十六《經籍上》，北京：中華書局，1975 年，第 1994 頁。
〔註153〕 《新唐書》卷五十九《藝文三》，北京：中華書局，1975 年，第 1563 頁。

文略第七》子部「類書類」亦載：「《東殿新書》二百卷。」〔註154〕諸家書目對於《東殿新書》的記載僅有這些內容，但是，通過這些記載我們其實還是知道了不少信息，比如《東殿新書》的卷帙、編纂者、完成時間、基本內容等，但是，對於《東殿新書》的編纂完成時間，《舊唐書》《唐會要》還有不同的記載。

《舊唐書》卷四《高宗上》載：「（顯慶元年）五月己卯，太尉長孫無忌進史官所撰梁、陳、周、齊、隋《五代史志》三十卷。弘文館學士許敬宗進所撰《東殿新書》二百卷，上自製序。」〔註155〕《唐會要》卷三十六《修撰》載：「顯慶元年十月，詔禮部尚書宏文館學士許敬宗等，修《東殿新書》。上曰：略看數卷，全不如抄撮文書，又日月復淺，豈不是卿等用意至此。因親製序四百八十字。」〔註156〕對於《東殿新書》的編纂完成時間，上文《新唐書》卷五十九《藝文三》的記載明確說，《東殿新書》編纂完成於龍朔元年（661）；而《舊唐書》卷四《高宗上》《唐會要》卷三十六《修撰》則繫於顯慶元年（656），而細讀其內容，關於顯慶元年的記載亦是兩種說法，第一種是顯慶元年五月《東殿新書》奏上，第二種是顯慶元年十月，詔修《東殿新書》。

很顯然，上述三種記載之間的差距較大，故多有學者將此三條記載糅合起來，論述《東殿新書》之編纂時間，即將顯慶元年（656）定為《東殿新書》的開始編纂時間，將龍朔元年（661）定為《東殿新書》的編纂完成時間。馮敏《唐代前期學術文化研究》即認為：「《東殿新書》二百卷，許敬宗、李義府等於顯慶元年奉詔編纂。其書『自《史記》至《晉書》，刪其繁辭』，至於龍朔元年編成。不過《唐會要》稱，高宗曾評價：『略看數卷，全不如抄撮文書，又日月復淺，豈不是卿等用意至此。』顯然其編纂質量是有問題的。」〔註157〕很顯然，馮敏先生這個解釋是有問題的，她僅僅是調和了上述三種記載，其實未做考辨。

〔註154〕 （宋）鄭樵：《通志二十略·藝文略第七》，北京：中華書局，1995 年，第 1732 頁。

〔註155〕 《舊唐書》卷四《高宗上》，北京：中華書局，1975 年，第 75～76 頁。

〔註156〕 （宋）王溥：《唐會要》卷三十六《修撰》，北京：中華書局，1955 年，第 656 頁。

〔註157〕 馮敏：《唐代前期學術文化研究》，陝西師範大學博士學位論文，2014 年，第 63 頁。

　　要考察《東殿新書》的編纂完成時間，我們就需要認真的考察唐高宗對《東殿新書》的評價，即「略看數卷，全不如抄撮文書，又日月復淺，豈不是卿等用意至此」一句，但是，細讀這些話語，卻似通未通，甚至可以讀出兩種意思來，第一種是批評的意思，第二種則是贊許的意思。前兩句明顯是批評的意思，即略看數卷，甚至不如抄撮文書；後兩句則又有了贊許的意思，由於日月復淺，若不是卿等用意至此，恐怕此書難以編纂的出來，故唐高宗親自給《東殿新書》做了序。總之這句話是有歧義的，或許是文本本身在流傳中出現了舛訛。我們繼續看此句話中的關鍵詞「日月復淺」，如果《東殿新書》果然從顯慶元年（656）編纂到了龍朔元年（661），何來「日月復淺」之說？一千二百卷的《文思博要》的編纂時間總共才只有一年左右或者稍多的時間，何況刪節諸史而來的僅二百卷的《東殿新書》，可見從道理上來看，《東殿新書》的編纂時間不可能達到五年之久。

　　遍觀唐高宗時期的典籍編纂活動，對於《東殿新書》的編纂完成時間，我們更傾向於《舊唐書》的記載，即《東殿新書》成書於顯慶元年（656）五月，因為《高宗本紀》明確的記載了這個事情，且有《五代史志》作陪。張峰《〈五代史志〉與典制體通史的纂修》認為：「貞觀十五年（641），唐太宗鑒於梁、陳、北齊、北周、隋五代史之紀傳部分已經撰成而缺少史志，遂下詔撰修《五代史志》。永徽元年（650），高宗又命令狐德棻監修，至顯慶元年（656）成書，由長孫無忌奏上。《五代史志》前後修撰歷時 15 年，參與修志的于志寧、李淳風、韋安仁、李延壽、敬播、令狐德棻等史官，皆一時之選，各具史才，因而發揮了各家所長，提高了史志的修纂質量。」〔註 158〕

　　另外，《新唐書》卷五十九《藝文三》對於《東殿新書》成書於龍朔元年的記載很顯然是有問題，龍朔元年是另一部類書《累璧》的編纂完成之年，顯慶二、三年是《文館詞林》的編纂時間，再加之其他典籍的編纂工作，此《東殿新書》在顯慶年間根本沒有獨立的編纂時間。而《唐會要》的記載亦有問題，其既言「顯慶元年十月，詔禮部尚書弘文館學士許敬宗等修《東殿新書》」，很顯然的意思是顯慶元年十月下令開始修《東殿新書》，但是，後文又說「略看數卷，全不如抄撮文書，又日月復淺，豈不是卿等用意至此。因親製序四百八十字」，此處明顯是對修完之書的評價，前文既然是剛開始修，後文為何還可

〔註 158〕　張峰：《〈五代史志〉與典制體通史的纂修》，《人文雜誌》2012 年第 1 期，第 144～149 頁。

以略看書卷，並且唐高宗還要親自製序，前後文有明顯的矛盾，並且邏輯亦不清。故我們認為《舊唐書》對於《東殿新書》的編纂完成時間的記載最為靠譜，顯慶元年（656）五月即是《東殿新書》的奏上時間，而其開始編纂時間，由於史料的缺乏，我們暫時不得而知，我們推測，《東殿新書》的開始編纂時間在此前不久，因為「日月復淺」。

二、《東殿新書》的內容與性質

歐陽修等人是最早提出「類書」概念的人，其曾參與編纂的《崇文總目》中就出現了「類書類」子目。「《崇文總目》十二卷……因詔翰林學士王堯臣、史館檢討王洙、館閣校勘歐陽修等校正條目，討論撰次，定著三萬六百六十九卷，分類編目，總成六十六卷，於慶曆元年十二月己丑上之，賜名曰《崇文總目》。」〔註159〕「類書類（以下原卷三十）。謹按此類以下《歐陽修集》無敘釋。類書上，共四十六部，計一千六百五十卷。類書下，共五十一部，計八百六十五卷（以下原卷三十一）。」〔註160〕由上可知，《崇文總目》的部類之中的確實已經出現了「類書類」，《崇文總目》應該是目前我們所知道的古今著作中最早出現「類書」稱謂與「類書類」子目的著作，但是，非常可惜的是，《崇文總目》中歐陽修對類書的「敘釋」卻在流傳中佚失了，所謂「謹按此類以下《歐陽修集》無敘釋」，我們也就無法知道歐陽修在創造「類書」這個名詞、子目時的最初含義。

我們之所以遺憾「類書類」之「敘釋」的丟失，是因為我們想解決歐陽修為何要把《東殿新書》置於子部「類書類」的問題，因為《舊唐書》中明明是將其作為「雜史」置於史部的。與《東殿新書》處於「雜史」相鄰的典籍是《三史要略》《正史削繁》《史記要傳》等。《舊唐書》卷四十六《經籍上》史部「雜史」載：「《三史要略》三十卷。張溫撰。《正史削繁》十四卷。阮孝緒撰。《東殿新書》二百卷。高宗大帝撰。《史記要傳》十卷。衛颯撰。《古史考》二十五卷。譙周撰。

〔註159〕（清）永瑢等：《四庫全書總目》卷八五《目錄類一》，北京：中華書局，1965年，第728頁。

〔註160〕（宋）王堯臣、王洙、歐陽修：《崇文總目》卷六《類書類》，《文淵閣四庫全書》，第674冊，上海：上海古籍出版社，2003年，第72頁。《叢書集成初編》本《崇文總目》載：「類書上，共四十六部，計四千六百五十卷。伺按：玉海引崇文總目類書，數與此同，云始於太平御覽，舊本四千訛作一千，今校改，核計實四十四部四千三百一十卷。」（第22冊，第174頁）。

《史記正傳》九卷。張瑩撰。《史要》三十八卷。王延秀撰。」〔註161〕「右雜史一百二部，凡二千五百五十九卷。」〔註162〕可見，《舊唐書》編纂之時，諸學者認為《東殿新書》是一部史部「雜史」類著作，而《新唐書》編纂之時，歐陽修等人卻將之置於了子部「類書類」。

　　類書與史部書之間的淵源關係，〔註163〕我們曾專門討論過，這裡應該還是如此一個問題，但是，在南北朝時期出現這個問題，情有可原，而到了宋代，歐陽修的時代，為何又出現了這樣的問題呢？難道歐陽修見過此《東殿新書》，讀過此《東殿新書》，故其在對《東殿新書》之性質十分瞭解的情況下，將之歸入了「類書類」。但是，我們認為此《東殿新書》之流傳恐怕

〔註161〕《舊唐書》卷四十六《經籍上》，北京：中華書局，1975年，第1994頁。
〔註162〕《舊唐書》卷四十六《經籍上》，北京：中華書局，1975年，第1996頁。
〔註163〕劉全波：《論類書與史部書的關係》，中國人民大學歷史學院歷史文獻學教研室編《典籍·社會與文化國際學術研討會暨中國歷史文獻研究會第34屆年會論文選集》，上海：華東師範大學出版社，2015年，第34～45頁。魏晉南北朝時期，類書多是以類事類書的編纂為主，類事類書編纂的主要材料來源無疑是史實、典故，大量史實、典故經過以類相從的排列組合之後就形成了一部部新的著作，後世學者往往可以見到這些典籍的兩種性質，一種是以類相從的類書性質，另一種無疑就是豐富史料整理的史書性質，這種現象的出現是類書編纂方法與史料整理相結合的一種產物，是特定時代的特殊現象，我們不能忽略其中的任何一種性質，並且我們透過這種現象還可以發現早期類書的發展有借殼史書的現象，或者早期類書的存在形式就是歷史資料彙集，這種借殼現象無論是有意的還是無意的，都說明早期類事類書與史部書之間的親密關係。當然，類書與史書二者之間的區別也是很明顯的，史書是著作，是史家在收集到眾多史料之後，進行加工，重新撰寫出來的生動鮮活的著作；而類書是資料彙編，就算是運用不同的編纂體例，類書仍然是述而不作，仍然是對資料的整理加工、排列組合。隨著時代的發展，類書與史書的差別越來越大，並且六朝時期是中國史學急速發展的時代，史學的自覺意識得到充分的發展，主要表現在史籍數量的增多，史書體裁的豐富，史官制度的完善，史家隊伍的壯大，史學思想的成熟。迅猛發展起來的史學再也不需要拉人入夥，這就必然導致《皇覽》等類書被排擠出「史部」。與此同時，類書也獲得了較大的發展，類書的編纂模式亦多樣化，類事類書之外的類語類書、類句類書、類文類書隨著南北朝文學的勃興迅猛發展起來，如果類書的發展還是向著類事類書的方向發展，那麼類事類書必然不會被「史部」所排擠，類事類書的近親史抄就是例子。類書與史部書之間的分裂是各自獨立發展的必然結果，但是他們之間的聯繫無疑是難以割斷的，各個時代不時出現的既具有類書性質，又具有史書性質的典籍就是例子，如《東殿新書》，《舊唐書》將之放入「史部」雜史類，《新唐書》卻將之列入「子部」類書類，正是這種情況的體現。

不廣，其中一個原因即是《日本國見在書目錄》未見收錄此書，當然，這個證據不充分，但是，唐初眾多典籍都有幸流傳到了日本，並被記載下來，為何如此赫赫有名的高宗做序甚至署名高宗大帝撰的《東殿新書》卻就被遺忘了、遺漏了。〔註164〕

通過《唐會要》的記載，我們其實還是部分清楚了《東殿新書》之被歸入「類書類」的原因，即如唐高宗所言，「略看數卷，全不如抄撮文書」，看來此《東殿新書》是一部編纂時間短，且編纂質量不精的書抄，正如我們一直所言，書抄是類書的早期形式，類書是書抄專門化發展的結果，此種種原因，必然導致歐陽修將之歸入了「類書類」。再通過《新唐書》卷五十九《藝文三》所載，即「其書自《史記》至《晉書》，刪其繁辭」，亦可知此書的部分內容，即此《東殿新書》就是對歷代正史的刪節歸併。前文我們已經說過，唐高宗的話語既含有批評又含有贊許的意味，但是，唐高宗為何又給《東殿新書》做序四百八十字呢？甚至還署上了自己的大名，這又是何故？我們猜想這應該是唐高宗對許敬宗等人的贊許與抬愛，或者，更應該是唐高宗自己對自己政治抱負的贊許與默認，其父祖多敕令編纂各類典籍，年輕的皇帝唐高宗必然也是要急於表現自己的文治的，與其說是對許敬宗等人的贊許與抬愛，不如說是唐高宗自己對自己的鼓勵，因為這是唐高宗時代編纂的屬於唐高宗的典籍。

唐高宗在我們的印象中，總是生活在唐太宗與武則天的陰影之下，其實，唐高宗時代還是一個很積極上進的時代，還是一個鬥志昂揚的時代，唐高宗本人亦是躊躇滿志，甚至是志在必得，這在典籍編纂尤其是類書的編纂方面表現尤為明顯，雖然唐高宗時代編纂的類書，卷帙上沒有超越唐太宗時代的《文思博要》，以及武則天時代的《三教珠英》，甚至沒有重要的跨時代的類書傑作出現，但是，在整個唐高宗時代，仍然是不斷的花樣百出的編纂了眾多的各式類書典籍，《東殿新書》就是其中一部，且是編纂時間比較早的一部，雖然，他的整體質量不佳，殆同抄撮，編纂時間亦短，甚至流傳也不廣，但他逐漸開啟了唐高宗時代類書編纂的新潮流，他之後是一個類書編纂的高潮湧現期。

《冊府元龜》卷六百七《學校部十一‧撰集》載：「許敬宗為弘文館學士。永徽中，與李義府等奉敕於內殿撰《東殿新書》二百卷，高宗自製序。其書

〔註164〕孫猛：《日本國見在書目錄詳考》，上海：上海古籍出版社，2015年。

自《史記》至《晉書》，刪其繁詞，勒成，藏之書府。」〔註 165〕《冊府元龜》的記載補充了一點，即此書雖然編纂質量不高，但是仍然在高宗做序之後，署上了高宗大帝之名，被藏之書府，或許此書有幸流傳到了宋初，被歐陽修等人見到，歐陽修等人細細辨別之後，將之從史部「雜史」歸入子部「類書類」。

三、《東殿新書》的編纂者

許敬宗是唐初編纂典籍的高手，多部典籍均由其主導。《舊唐書》卷八十六《許敬宗傳》載：「然自貞觀已來，朝廷所修《五代史》及《晉書》《東殿新書》《西域圖志》《文思博要》《文館詞林》《累璧》《瑤山玉彩》《姓氏錄》《新禮》，皆總知其事，前後賞賚，不可勝紀。」〔註 166〕《新唐書》卷二百二十三上《姦臣上‧許敬宗傳》載：「然自貞觀後，論次諸書，自晉盡隋，及《東殿新書》《西域圖志》《姓氏錄》《新禮》等數十種皆敬宗總知之，賞賚不勝紀。」〔註 167〕我們猜想，雖然許敬宗在貞觀時期參與了《文思博要》的編纂，但是，他此時期對於類書編纂體例的認識，或者經驗教訓皆是不足的，故在其早期主持編纂的類書中，尤其是此部《東殿新書》中，編纂方法、編纂體例皆表現出了不成熟、不理想，這也是《東殿新書》成為抄撮之書的原因，而此後的許敬宗慢慢積累了較多的經驗教訓，慢慢提升了唐高宗時代類書編纂的水平。

對於《東殿新書》的其他編纂者，首先是李義府，前文《新唐書》卷五十九《藝文三》載：「《東殿新書》二百卷。許敬宗、李義府奉詔於武德內殿修撰。」可見李義府是第二編纂者，李義府此人名聲不好，但是，歐陽修《新唐書》仍然將之列為許敬宗之後的第二編纂者，可見其在編纂《東殿新書》之中還是起了較為大的作用。《舊唐書》卷八十二《李義府傳》載：「李義府，瀛州饒陽人也。其祖為梓州射洪縣丞，因家於永泰。貞觀八年，劍南道巡察大使李大亮以義府善屬文，表薦之。對策擢第，補門下省典儀。黃門侍郎劉洎、侍書御史馬周皆稱薦之，尋除監察御史。又敕義府以本官兼侍晉王。及

〔註 165〕（宋）王欽若等編纂，周勳初等校訂：《冊府元龜》卷六百七《學校部十一‧撰集》，南京：鳳凰出版社，2006 年，第 7000 頁。

〔註 166〕《舊唐書》卷八十二《許敬宗傳》，北京：中華書局，1975 年，第 2764 頁。

〔註 167〕《新唐書》卷二百二十三上《姦臣上‧許敬宗傳》，北京：中華書局，1975 年，第 6338 頁。

升春宮，除太子舍人，加崇賢館直學士，與太子司議郎來濟俱以文翰見知，時稱來、李。」〔註168〕「又令預撰《晉書》。」高宗嗣位，遷中書舍人。永徽二年，兼修國史，加弘文館學士。」「顯慶元年，以本官兼太子右庶子，進爵為侯……尋兼太子左庶子。」〔註169〕由《李義府傳》可知，李義府在顯慶元年及稍前，一直是兼修國史，這應該是其被作為《東殿新書》之第二編纂者的主要原因。再者，李義府是唐高宗的舊人，其曾經一度在太子府擔任官職，可見唐高宗打算讓自己的老班底有所作為，為其實現文治貢獻力量，後文所說之薛元超，亦是唐高宗太子府的舊人，可見其中奧妙。總之，許敬宗、李義府二人同時主持此書的編纂，足見當時朝廷尤其是唐高宗對《東殿新書》編纂之重視。

對於《東殿新書》的其他編纂者，史書亦有記載，而其中最為著名的是薛振薛元超。《舊唐書》卷七十三《薛元超傳》載：

> 收子元超。元超早孤，九歲襲爵汾陰男。〔註170〕及長，好學善屬文。太宗甚重之，令尚巢剌王女和靜縣主，累授太子舍人，預撰《晉書》。高宗即位，擢拜給事中，時年二十六。數上書陳君臣政體及時事得失，高宗皆嘉納之。俄轉中書舍人，加弘文館學士，兼修國史。中書省有一磐石，初，道衡為內史侍郎，嘗踞而草制，元超每見此石，未嘗不泫然流涕。永徽五年，丁母憂解。明年，起授黃門侍郎，兼檢校太子左庶子。元超既擅文辭，兼好引寒俊，嘗表薦任希古、高智周、郭正一、王義方、孟利貞等十餘人，由是時論稱美。後以疾出為饒州刺史。三年，拜東臺侍郎。右相李義府以罪配流巂州，舊制，流人禁乘馬，元超奏請給之，坐貶為簡州刺史。〔註171〕

很可惜，《薛元超傳》沒有記載其參與編纂《東殿新書》的事情，好在其《行狀》《墓誌》記載了其參與編纂《東殿新書》的故事。楊炯《盈川集》卷十《中書令汾陰公薛振行狀》載：

〔註168〕《舊唐書》卷八十二《李義府傳》，北京：中華書局，1975年，第2765～2766頁。
〔註169〕《舊唐書》卷八十二《李義府傳》，北京：中華書局，1975年，第2766～2767頁。
〔註170〕按：後文薛元超之《行狀》《墓誌》所載，皆為「六歲，襲汾陰男」，懷疑《舊唐書》記載有誤。
〔註171〕《舊唐書》卷七十三《薛元超傳》，北京：中華書局，1975年，第2590頁。

六歲，襲爵汾陰男。十一，太宗召見，勑宏文館讀書。十六，為神堯皇帝挽郎。十九，尚和靜縣主。高宗升儲之日也，勑公為太子通事舍人。二十二，除太子舍人。高宗踐位，詔遷朝散大夫，守給事中。年二十六，尋拜中書舍人，宏文館學士。三十二，丁太夫人憂去職，起為黃門侍郎，固辭不許。修《東殿新書》畢，進爵為侯。公毀瘠過禮，多不視事，出為饒州刺史。上夢公，徵為右成務。四十，復為東臺侍郎。是歲也，放李義府於珎笮，舊制流人禁乘馬，公為之言，左遷簡州刺史。〔註172〕

《大唐故中書令贈光祿大夫秦州都督薛公墓誌銘》載：

六歲，襲汾陰男。受左傳於同郡韓文汪，便質大義……八歲，善屬文，時房玄齡、虞世南試公詠竹，援豪立就……九歲，以幕府子弟，太宗召見與語。十一，弘文館讀書，一覽不遺，萬言咸諷。通人謂之顏、丹，識者知其管、樂。十六，補神堯皇帝挽郎。十九，尚和靜縣主。衣冠之秀，公子為郎；車服之儀，王姬作配。廿一，除太子通事舍人，仍為學士，修晉史。太宗嘗夜宴王公於玄武內殿，詔公詠燭，賞彩卅段；他日，賦公泛鸑金塘詩成，謂高宗曰：元超父事我，雅杖名節；我今元超事汝，汝宜重之。廿二，遷太子舍人。永徽纂曆，加朝散大夫，遷給事中，時年廿六。尋遷中書舍人、弘文館學士兼修國史。仍與上官儀同入閣供奉，從容朝制，蕭穆圖書……卅二，丁太夫人憂，哭輒歐血。有敕慰喻。起為黃門侍郎。累表後拜……修東殿新書成，進爵為侯，賜物七百段。敕與許敬宗潤色玄奘法師所譯經論。疏薦高智周、任希古、王義方、顧胤、郭正一、孟利貞等有材幹。河東夫人謂所親曰：元超為黃門雖早，方高祖適晚二年。以居喪羸疾，多不視事。卅四，出為饒州刺史。在職以仁恩簡惠稱。有芝草生鄱陽縣。卅，帝夢公，追授右成務。卅一，復為東臺侍郎。獻封禪書、平東夷策。以事復出為簡州刺史。〔註173〕

〔註172〕（唐）楊炯：《盈川集》卷十《中書令汾陰公薛振行狀》，《文淵閣四庫全書》，第1065冊，上海：上海古籍出版社，2003年，第277～281頁。

〔註173〕周紹良、趙超主編：《唐代墓誌彙編續集》，上海：上海古籍出版社，2001年，第278～281頁。

時　　間	年　　齡	《舊唐書》	《行狀》	《墓誌》〔註174〕
貞觀三年（629）	6 歲		六歲，襲爵汾陰男。	六歲，襲汾陰男。
貞觀八年（634）	11 歲		十一，太宗召見，勅宏文館讀書。	十一，弘文館讀書。
貞觀十三年（639）	16 歲		十六，為神堯皇帝挽郎。	十六，補神堯皇帝挽郎。
貞觀十六年（642）	19 歲		十九，尚和靜縣主。	十九，尚和靜縣主。
貞觀十九年（645）	22 歲		二十二，除太子舍人。	廿二，遷太子舍人。
貞觀二十三年（649）	26 歲	高宗即位，擢拜給事中，時年二十六。	高宗踐位，詔遷朝散大夫，守給事中。年二十六，尋拜中書舍人，宏文館學士。	永徽纂曆，加朝散大夫，遷給事中，時年廿六。尋遷中書舍人、弘文館學士兼修國史。
永徽五年（654）	32 歲	永徽五年，丁母憂解。	三十二，丁太夫人憂去職。	卅二，丁太夫人憂，哭輒歐血。
永徽六年（655）	33 歲	明年，起授黃門侍郎，兼檢校太子左庶子。		
顯慶元年（656）	34 歲		修《東殿新書》畢，進爵為侯。公毀瘠過禮，多不視事，出為饒州刺史。	修《東殿新書》成，進爵為侯，賜物七百段……卅四，出為饒州刺史。
龍朔三年（663）	40 歲	三年，拜東臺侍郎。	四十，復為東臺侍郎。	卌，帝夢公，追授右成務。

　　通過上文對薛元超的記載，可見此薛元超是備受唐太宗、唐高宗父子信任的，並且與皇室亦有姻親，而根據薛元超之履歷，我們可以清楚的知道《東殿新書》的完成時間，即顯慶元年（656），因為薛元超三十四歲出為饒州刺史之前，《東殿新書》已經完成，這也再次證明了上文我們對於《東殿新書》編纂完成時間的判斷。

　　王應麟《玉海》中記載了另外有可能參與《東殿新書》編纂的人。《玉海》

〔註174〕《墓誌》所載薛元超諸事蹟多有比《行狀》晚一年之現象，故我們依據《舊唐書》《墓誌》《行狀》皆記載之永徽五年（655），三十二歲，丁母憂之事，前後推算其生平履歷。

卷五十四《藝文》載：「唐《東殿新書》……《劉禕之傳》：遷右史、弘文館直學士。上元中，與元萬頃等偕召入禁中，論次新書，凡千餘篇。」〔註175〕按照王應麟的記載，其大約是將劉禕之、元萬頃等人作為《東殿新書》的可能編纂者，附列在諸記載之後，但是我們查閱《劉禕之傳》後發現，此人上元中（674～676）作為學士直弘文館，而與《東殿新書》的編纂時間顯慶元年（656）差距較大，故王應麟《玉海》中的分析有誤。《舊唐書》卷八十七《劉禕之傳》載：「禕之少與孟利貞、高智周、郭正一俱以文藻知名，時人號為劉、孟、高、郭。尋與利貞等同直昭文館。上元中，遷左史、弘文館直學士，與著作郎元萬頃，左史范履冰、苗楚客，右史周思茂、韓楚賓等皆召入禁中，共撰《列女傳》《臣軌》《百僚新誡》《樂書》，凡千餘卷。時又密令參決，以分宰相之權，時人謂之『北門學士』。」〔註176〕總之，在《東殿新書》的編纂中，我們認為劉禕之諸人或許還沒有機會參與進來，但是，等到《瑤山玉彩》等類書編纂之時，他們就陸續參與了進來。

對於《東殿新書》的編纂地點，前文亦有明確的記載，即武德內殿。《玉海》卷一百五十九《宮室》亦載：「唐武德殿。《高祖紀》：高祖入關，義寧元年十一月甲子，以武德殿為丞相府。《會要》：武德四年八月，賜五品已上射於武德殿。貞觀五年三月三日，賜文武五品以上射於武德殿。六年三月三日，賜群臣大射於武德殿。《魏王泰傳》：太宗命泰入居武德殿，侍中魏徵言，王為愛子，不可使居嫌疑之地，帝悟乃止。《許敬宗傳》：待詔太極殿西闈，顯慶元年奉詔於武德內殿，撰《東殿新書》。《百官志》：永徽中命弘文館學士一人，日待制於武德西門。《玄宗紀》：延和元年七月壬辰，睿宗制皇太子宜即皇帝位，皇太子乃御武德殿，八月庚子即位。《六典》：太極殿左曰虔化門，虔化門之東曰武德，西門其內有武德殿、延恩殿。《兩京記》：武德殿在西內幹化門東北。《長安志》：西內乾化之東曰武德西門，其內則武德殿，在甘露殿之東。」〔註177〕武德殿屬於太極宮內廷東南隅的一處宮殿，並且武德殿是太極宮裏一處具有濃厚政治色彩的宮殿。陳揚《唐太極宮與大明宮布局研究》

〔註175〕（宋）王應麟：《玉海》卷五十四《藝文》，揚州：廣陵書社，2003年，第1029頁；（宋）王應麟撰，武秀成、趙庶洋校證：《玉海藝文校證》卷二十《承詔撰述‧類書》，南京：鳳凰出版社，2013年，第964頁。

〔註176〕《舊唐書》卷八十七《劉禕之傳》，北京：中華書局，1975年，第2846頁。

〔註177〕（宋）王應麟：《玉海》卷一百五十九《宮室》，揚州：廣陵書社，2003年，第2917～2918頁。

認為：「高宗前期，武德殿政治地位依舊十分重要，這裡是皇帝每日視朝的場所。『永徽中，命弘文館學士一人，日待制於武德殿西門』。大臣天天在武德殿門外待詔，皇帝必然每日都要在這裡辦公。由此可見，武德殿具有類似兩儀殿『常日聽朝而視事』的功能。」〔註178〕唐高宗在繼位後的第七個年頭，在極富政治色彩的武德殿，令其舊部許敬宗、李義府、薛元超等人編纂出了一部二百卷的《東殿新書》，這無疑是年輕皇帝的新嘗試，而如上文我們所說，鬥志昂揚的唐高宗必然要在其父祖的基業上寫下濃墨重彩的一筆。

四、小結

《東殿新書》在諸書中的記載其實比較模糊，並且由其早已於散佚殆盡，更是無法開展全面的考察，筆者不揣淺陋，利用相關線索，對之進行了推測與考察，旨在將此書的編纂時間、主要內容、基本性質、編纂人員、編纂地點等問題考察清楚，或許，目前的考察仍有不令人滿意的地方，但是，我們已經初步弄清了《東殿新書》的部分情況，即《東殿新書》是唐高宗敕令編纂的一部官修類書，其編纂完成時間在顯慶元年（656）五月，其編纂地點是武德內殿，其主要的編纂者有許敬宗、李義府、薛元超等人，其主要內容來自於從《史記》到《晉書》之諸正史，其性質是有類抄撮之類書，故其無疑又具有雜史之性質。

第四節　《累璧》

《累璧》是唐高宗時期編纂的一部重要類書，《舊唐書》《新唐書》對他皆有記載。《舊唐書》卷四《高宗上》載：「龍朔元年……六月庚寅，中書令許敬宗等進《累璧》六百三十卷，目錄四卷。」〔註179〕《舊唐書》卷四十七《經籍下》子部「類事類」載：「《累璧》四百卷。許敬宗撰。」〔註180〕《舊唐書》中兩次出現關於《累璧》的記載，內容有巨大差異，首先是卷帙不同，《高宗上》記載為「六百三十卷，目錄四卷」，《經籍下》記載為「四百卷」，差距還是很大的。

《新唐書》卷五十九《藝文三》子部「類書類」載：「《累璧》四百卷。又

〔註178〕陳揚：《唐太極宮與大明宮布局研究》，陝西師範大學碩士學位論文，2010年，第67頁。
〔註179〕《舊唐書》卷四《高宗上》，北京：中華書局，1975年，第82頁。
〔註180〕《舊唐書》卷四十七《經籍下》，北京：中華書局，1975年，第2046頁。

《目錄》四卷。許敬宗等撰,龍朔元年上。」〔註181〕可見,《新唐書》之《藝文志》與《舊唐書》之《經籍志》所記載的卷帙是相同的,皆為「四百卷」,《新唐書》之《藝文志》增加了「《目錄》四卷」等信息。《通志二十略‧藝文略第七》子部「類書類」載:「《累璧》四百卷。又目錄,四卷。」〔註182〕《通志》的記載與《新唐書》同。《唐會要》卷三十六《修撰》載:「龍朔元年六月二十六日,許敬宗等撰《累璧》六百三十卷,上之。」〔註183〕《唐會要》的記載則明顯與《舊唐書》卷四《高宗上》相同。

雖然對於《累璧》有兩種不同的卷帙記載,但是很顯然,這兩種記載無疑都是記載的《累璧》,不會是其他典籍,而此書為何會有如此大差別的卷帙記載,只能存疑。其中緣由,的確需要考察,但是目前來看,在沒有新材料的情況下,還是很難做出判斷,只能猜測,或許此《累璧》編纂完成時為六百三十卷,而在流傳中成了四百卷?或者是後世的學者對此四百卷的《累璧》做了增補?但是這種猜測是沒有道理的,因為同是《舊唐書》,對《累璧》卷帙的記載就是不一樣的,即《舊唐書》卷四《高宗上》言「六百三十卷,目錄四卷」,《舊唐書》卷四十七《經籍下》言「四百卷」,至於其中緣由,只能存疑,因為關於《累璧》的材料實在太少。

上述諸典籍,即《舊唐書》卷四《高宗上》與《新唐書》卷五十九《藝文三》及《唐會要》卷三十六《修撰》皆言《累璧》完成與龍朔元年(661),可見《累璧》完成於龍朔元年的記載是可信的,具體日期則是龍朔元年六月二十六日,而開始編纂時間不知。

對於《累璧》的作者,上述文獻中只提及了一個人,即許敬宗,前文已是多有提及,許敬宗是唐初編纂類書的高手,多部類書在其領銜下完成,此《累璧》亦是在其領導下完成。《舊唐書》卷八十二《許敬宗傳》載:「然自貞觀已來,朝廷所修《五代史》及《晉書》《東殿新書》《西域圖志》《文思博要》《文館詞林》《累璧》《瑤山玉彩》《姓氏錄》《新禮》,皆總知其事,前後賞賚,不可勝紀。」〔註184〕但是《累璧》一書肯定是唐高宗時期諸學士共同編纂完成

〔註181〕 《新唐書》卷五十九《藝文三》,北京:中華書局,1975年,第1563頁。
〔註182〕 (宋)鄭樵:《通志二十略‧藝文略第七》,北京:中華書局,1995年,第1732頁。
〔註183〕 (宋)王溥:《唐會要》卷三十六《修撰》,北京:中華書局,1955年,第657頁。
〔註184〕 《舊唐書》卷八十二《許敬宗傳》,北京:中華書局,1975年,第2764頁。

的，肯定不是許敬宗一人的作品，但是史料的缺失，我們卻不能找到其他參與編纂者的任何信息，只能留待資料的新發現。

　　對於《累璧》之性質，我們亦是可以猜測一二，因為諸《經籍志》《藝文志》多將之列入類書類，故其體例無疑是對隋唐以來官修類書體例的繼承與發展，而其名為「累璧」，應為璧玉之累積、累聚，歷代類書之命名，多有此類，如「採璧」「編珠」「玉屑」「珠叢」之類，形象生動且蘊含詩意，納蘭性德《淥水亭雜識》中即有十分精闢的分析。「原昔人好取華麗字以名類事之書，如編珠、合璧、雕金、玉英、玉屑、金鑰、寶匱、寶海、寶車、龍筋、鳳髓、麟角、天機錦、五色線、萬花谷、青囊、錦帶、玉連環、紫香囊、珊瑚木、金鑾香蕊、碧玉芳林之屬，未能悉數。聞國學鏤版向有玉浮屠，不知何書，當亦屬類家也。又有孟四元賦。孟名宗獻，字友之，自號虛靜居士，金時魁於鄉、於府、於省、於御前，故號四元，其律賦為學者法，然金史不入文苑之列，唯見於劉京叔《歸潛志》耳。《淥水亭雜識》。」〔註185〕

　　《隋書》卷三十四《經籍三》子部「雜家類」載：「《採璧》三卷。梁中書舍人庾肩吾撰。」〔註186〕《舊唐書》卷四十七《經籍下》子部「雜家類」載：「《採璧記》三卷。庾肩吾撰。」〔註187〕《新唐書》卷五十九《藝文三》載：「庾肩吾《採璧》三卷。」〔註188〕《通志·藝文略第六》雜家類載：「《採璧》三卷。梁中書舍人庾肩吾撰。」〔註189〕《通志·藝文略第七》類書類下載無名氏：「《採璧》十五卷。」〔註190〕《日本國見在書目錄》載：「《採璧》六，梁庾肩吾撰。」〔註191〕《宋史》卷二百七《藝文六》載：「庾肩吾《採璧》五卷。」〔註192〕《採璧》一書必然是庾肩吾平時讀書積累起來的麗辭嘉言集，且是一部採摘璧玉的麗辭嘉言集，只可惜，《採璧》在流傳中散佚殆盡，連隻

〔註185〕（清）于敏中等：《日下舊聞考》卷六十六《官署五》，《北京古籍叢書》，北京：北京古籍出版社，1983 年，第 1105 頁。

〔註186〕《隋書》卷三十四《經籍三》，北京：中華書局，1973 年，第 1007 頁。

〔註187〕《舊唐書》卷四十七《經籍下》，北京：中華書局，1975 年，第 2033 頁。

〔註188〕《新唐書》卷五十九《藝文三》，北京：中華書局，1975 年，第 1535 頁。

〔註189〕（宋）鄭樵：《通志二十略·藝文略第六》，北京：中華書局，1995 年，第 1654 頁。

〔註190〕（宋）鄭樵：《通志二十略·藝文略第七》，北京：中華書局，1995 年，第 1735 頁。

〔註191〕宮內廳書陵部所藏室生寺本《日本國見在書目錄》，東京：名著刊行會，1996 年，第 52～54 頁。

〔註192〕《宋史》卷二百七《藝文六》，北京：中華書局，1985 年，第 5295 頁。

字片語我們也沒有找到。〔註193〕而《累璧》之狀況亦是如是，應是一個擴大版的《採璧》。

對於《累璧》的流傳，我們猜測其流傳亦是不廣，因為他甚至於連隻言片語也沒有流傳下來，後世學者對他的記載更是稀少，他應該僅僅是唐高宗時代被編纂出來的眾多類書中的一部，在完成了他的政治使命之後，就被束之高閣了。

第五節 《瑤山玉彩》

《瑤山玉彩》是一部什麼性質的書，一直有爭論，我們認為他首先是一部類書，因為後世的《經籍志》《藝文志》多將之稱為類書，但是，亦有不少學者尤其是近代學者，又總是將之歸入總集類。〔註194〕

一、《瑤山玉彩》的編纂時間與編纂者

《舊唐書》卷四《高宗上》載：「（龍朔）三年……二月……太子弘撰《瑤山玉彩》成，書凡五百卷。」〔註195〕《新唐書》卷五十九《藝文三》子部「類書類」亦載：「許敬宗《瑤山玉彩》五百卷。孝敬皇帝令太子少師許敬宗、司議郎孟利貞、崇賢館學士郭瑜、顧胤、右史董思恭等撰。」〔註196〕根據《舊唐書》卷四《高宗上》的記載，我們可知太子李弘在龍朔三年（663）二月編纂了《瑤山玉彩》一書，但是此時的太子後來的孝敬皇帝李弘是不可能完成如此一部大書的編纂的，因為此時的李弘還是個十二歲的孩子。對於李弘的年齡，趙文潤《武則天與太子李弘、李賢的關係考釋》認為：「可以推斷出李弘是永徽三年（652 年）生於感業寺內。」「龍朔元年（661 年）太子李弘領銜撰成《瑤山玉彩》500 卷。時年 10 歲。」〔註197〕很顯然，李弘只是《瑤山玉彩》

〔註193〕劉全波：《魏晉南北朝類書編纂研究》，蘭州大學博士學位論文，2012 年，第174 頁；劉全波：《魏晉南北朝類書編纂研究》，北京：民族出版社，2018 年。

〔註194〕盧燕新、楊明剛《初唐編纂的詩歌總集考論》：「初唐編纂的詩歌總集，可補考者尚有《歌錄集》《金輪萬歲集》《瑤山玉彩》《送并州旻上人詩》等。」盧燕新、楊明剛：《初唐編纂的詩歌總集考論》，《山西大學學報（哲學社會科學版）》2011 年第 6 期，第 25～30 頁。

〔註195〕《舊唐書》卷四《高宗上》，北京：中華書局，1975 年，第 84 頁。

〔註196〕《新唐書》卷五十九《藝文三》，北京：中華書局，1975 年，第 1562 頁。

〔註197〕趙文潤：《武則天與太子李弘、李賢的關係考釋》，杜文玉主編《唐史論叢》，總第 9 輯，西安：三秦出版社，2007 年，第 29～40 頁。雖然我們對於趙文

的敕修者，而主要編纂者應該是許敬宗等人。

　　趙文潤等先生之所以將《瑤山玉彩》的編纂完成時間定在龍朔元年，是因為典籍中果然有《瑤山玉彩》成書於龍朔元年的記載。《舊唐書》卷八十六《高宗中宗諸子》載：「孝敬皇帝弘，高宗第五子也。永徽四年，封代王。顯慶元年，立為皇太子，大赦改元……龍朔元年，命中書令、太子賓客許敬宗，侍中兼太子右庶子許圉師，中書侍郎上官儀，太子中舍人楊思儉等於文思殿博採古今文集，摘其英詞麗句，以類相從，勒成五百卷，名曰《瑤山玉彩》，表上之。制賜物三萬段，敬宗已下加級、賜帛有差。」〔註198〕《唐會要》卷二《雜錄》載：「龍朔元年，孝敬命太子賓客許敬宗等，於文思殿博採古今集，摘其英詞麗句，以類相從，勒成五百卷，名曰《瑤山玉彩》。表上之，制賜物三萬段。」〔註199〕《冊府元龜》卷二百五十八《儲宮部》載：「唐高宗太子弘，初入東宮，請於崇賢館置學，並置生徒，詔許之。始置學生二十員，東宮三師三少、賓客詹事、少詹事、左右庶子、左右衛卒率及崇賢館三品學士子孫亦宜通取。弘嘗受《春秋左氏傳》於率更令郭瑜，又讀《禮記》。龍朔元年，命中書令兼太子賓客許敬宗、侍中兼太子右庶子許圉師、中書侍郎上官儀、太子中書舍人楊思儉等，於文思殿博探古今文集，摘其英詞麗句，以類相從，勒成五百卷，名曰《瑤山玉彩》。表上之，制賜物三萬段，敬宗以下加級，賜帛有差。」〔註200〕可見，《舊唐書》卷八十六《高宗中宗諸子》，《唐會要》卷二《雜錄》與《冊府元龜》的確是將《瑤山玉彩》的編纂時間記載於龍朔元年（651），但是這個龍朔元年究竟是開始編纂的時間，還是編纂完成的時間，還有待考察。

　　杜希德著，黃寶華譯《唐代官修史籍考》認為：「《瑤山玉彩》的編纂過程非常有趣。此書原非奉高宗之命而是應太子李弘之請修纂的。李弘請求在崇賢閣建立他自己的二十人的學士班子，從他們研讀《春秋》《左傳》與《禮記》。661年，他府中的若干成員，太子賓客許敬宗，太子右庶子許圉師，中書侍郎上官儀，太子中舍人楊思儉等受命編制了五百卷的《瑤山玉彩》。此書進呈於

潤先生將《瑤山玉彩》成書時間定為龍朔元年有不同意見，但是我們據其研究可知，龍朔元年（661）李弘的年齡是十歲，而龍朔三年（663）李弘的年齡是十二歲。

〔註198〕《舊唐書》卷八十六《高宗中宗諸子》，北京：中華書局，1975年，第2828～2829頁。

〔註199〕（宋）王溥：《唐會要》卷二《雜錄》，北京：中華書局，1955年，第20頁。

〔註200〕（宋）王欽若等編纂，周勳初等校訂：《冊府元龜》卷二百五十八《儲宮部》，南京：鳳凰出版社，2006年，第2936頁。

朝廷，許敬宗等纂修者獲得升遷並『賜帛有差』。」〔註201〕可見，《唐代官修史籍考》一書亦是採納了《瑤山玉彩》成書於龍朔元年的觀點，但是我們前文所見之《舊唐書》卷四《高宗上》卻明明將《瑤山玉彩》的編纂完成時間繫於龍朔三年二月，這是怎麼回事？就需要我們繼續考察。

對於《瑤山玉彩》的撰成時間，《新唐書》之《李弘傳》直接沒有說。《新唐書》卷九十四《三宗諸子》載：「孝敬皇帝弘，永徽六年始王代，與潞王同封。顯慶元年，立為皇太子……四年，加元服。又命賓客許敬宗、右庶子許圉師、中書侍郎上官儀、中舍人楊思儉即文思殿摘採古今文章，號《瑤山玉彩》，凡五百篇。書奏，帝賜物三萬段，餘臣賜有差。」〔註202〕可見，對於《瑤山玉彩》的編纂完成時間，有龍朔元年與龍朔三年兩種說法並存。

對於《瑤山玉彩》的參與編纂人員，根據上文記載可知，有許敬宗、許圉師、上官儀、楊思儉、孟利貞、郭瑜、顧胤、董思恭諸人。許敬宗此人，是唐初編纂類書的大家，多部類書在其領銜下完成，其本傳亦有記載。《舊唐書》卷八十六《許敬宗傳》載：「然自貞觀已來，朝廷所修《五代史》及《晉書》《東殿新書》《西域圖志》《文思博要》《文館詞林》《累璧》《瑤山玉彩》《姓氏錄》《新禮》，皆總知其事，前後賞賚，不可勝紀。」〔註203〕《舊唐書》卷八十二《許敬宗傳》又載：「顯慶元年，加太子賓客，尋冊拜侍中，監修國史。三年，進封郡公，尋贈其父善心為冀州刺史……其年，代李義府為中書令，任遇之重，當朝莫比。龍朔二年，從新令改為右相，加光祿大夫。三年，冊拜太子少師、同東西臺三品，並依舊監修國史。乾封初，以敬宗年老，不能行步，特令與司空李勣，每朝日各乘小馬入禁門至內省。」〔註204〕根據《許敬宗傳》之記載，我們可以發現，其在龍朔元年的任職是「中書令、太子賓客」，與《舊唐書》之《李弘傳》所載相同，故可知《瑤山玉彩》編纂開始時間就是在許敬宗取代李義府為中書令之後。並且《舊唐書》卷四《高宗上》載：「龍朔元年……六月庚寅，中書令許敬宗等進《累璧》六百三十卷，目錄四卷。」〔註205〕可

〔註201〕〔英〕杜希德著，黃寶華譯：《唐代官修史籍考》，上海：上海古籍出版社，2015年，第87頁。

〔註202〕《新唐書》卷八十一《三宗諸子》，北京：中華書局，1975年，第3588～3589頁。

〔註203〕《舊唐書》卷八十二《許敬宗》，北京：中華書局，1975年，第2764頁。

〔註204〕《舊唐書》卷八十二《許敬宗》，北京：中華書局，1975年，第2764頁。

〔註205〕《舊唐書》卷四《高宗上》，北京：中華書局，1975年，第82頁。

見，龍朔元年（661）六月之前，許敬宗等人在編纂《累璧》一書，故可猜測《瑤山玉彩》的編纂開始時間在龍朔元年六月之後。再者，因為龍朔元年是《累璧》的完成之年，故其不大可能也是《瑤山玉彩》的完成之年。而到了龍朔三年，許敬宗被冊拜為太子少師、同東西臺三品，我們猜測此事應在《瑤山玉彩》完成之後，或許就是由於《瑤山玉彩》的編纂完成，許敬宗才由太子賓客被拜為太子少師。

　　孟利貞在唐初亦是編纂了多部類書，而此時他的身份是參編。《舊唐書》卷一百九十上《文苑上·孟利貞傳》載：「孟利貞者，華州華陰人也。父神慶，高宗初為沁州刺史，以清介著名。利貞初為太子司議郎，中宗在東宮，深懼之。受詔與少師許敬宗、崇賢館學士郭瑜、顧胤、董思恭等撰《瑤山玉彩》五百卷，龍朔二年奏上之，高宗稱善，加級賜物有差。利貞累轉著作郎，加弘文館學士。垂拱初卒。又撰《續文選》十三卷。」〔註206〕此處所說之《瑤山玉彩》的完成時間是龍朔二年（662），也不失為一新觀點，而此龍朔二年奏上的記載，亦可見前文《瑤山玉彩》編纂完成於龍朔元年的記載或有問題。

　　《唐會要》卷三十六《修撰》載：「龍朔元年六月二十六日，許敬宗等撰《累璧》六百三十卷，上之。三年十月二日，皇太子宏遣司元太常伯竇德元，進所撰《瑤山玉彩》五百卷上之，詔藏書府。」〔註207〕此處《唐會要》之記載非常重要，他給我們提出了兩個新的問題，第一，此處《唐會要》言《瑤山玉彩》的編纂完成時間是龍朔三年，與《唐會要》卷二《雜錄》所載不一樣，與《舊唐書》卷四《高宗上》近似，即《瑤山玉彩》的編纂完成時間皆是龍朔三年，但是二者所載具體月份卻不一樣，《舊唐書》卷四《高宗上》認為是「二月」，而《唐會要》卷三十六《修撰》則說是「十月」。第二，按照記載，《瑤山玉彩》的進上者是司元太常伯竇德玄，他受皇太子李弘的委託，將此書獻給皇帝，並被藏於書府。此外，通過竇德玄獻書之事來看，或許竇德玄亦可能參與了《瑤山玉彩》的編纂工作。

　　《舊唐書》卷四《高宗上》載：「（龍朔）二年……二月甲子，改京諸司及百官名：尚書省為中臺，門下省為東臺，中書省為西臺，左右僕射為左右匡政，

〔註206〕《舊唐書》卷一百九十八《文苑上·孟利貞傳》，北京：中華書局，1975 年，第 4997 頁。

〔註207〕（宋）王溥：《唐會要》卷三十六《修撰》，北京：中華書局，1955 年，第 657 頁。

左右丞為肅機，侍中為左相，中書令為右相，自餘各以義訓改之。」〔註208〕
《舊唐書》卷四十二《職官一》載：「龍朔二年二月甲子，改百司及官名。改
尚書省為中臺，僕射為匡政，左右丞為肅機，左右司郎中為丞務，吏部為司列，
主爵為司封，考功為司績，禮部為司禮，祠部為司禋，膳部為司膳，主客為司
蕃，戶部為司元，度支為司度，倉部為司倉，金部為司珍，兵部為司戎，職方
為司域，駕部為司輿，庫部為司庫，刑部為司刑，都官為司僕，比部為司計，
工部為司平，屯田為司田，虞部為司虞，水部為司川，餘司依舊。尚書為太常
伯，侍郎為少常伯，郎中為大夫。中書門下為東西臺。侍中為左相，黃門侍郎
為東臺侍郎，給事中為東臺舍人，散騎常侍為左右侍極，諫議大夫為正諫大夫。
中書令為右相，侍郎為西臺侍郎，舍人為西臺舍人。」〔註209〕可見，司元太
常伯這一官職其實就是戶部尚書，唐高宗龍朔二年改京諸司及百官名，所以才
有了司元太常伯的官職，而司元太常伯竇德玄的奏上，更可證明《瑤山玉彩》
之完成時間必定在龍朔二年之後，更可見前文《瑤山玉彩》成書於龍朔元年的
記載是有問題的。

　　總之，我們目前可知的《瑤山玉彩》編纂完成時間有四種說法，即《舊唐
書》卷八十六《高宗中宗諸子》及《唐會要》卷二《雜錄》與《冊府元龜》所
言「龍朔元年」，《舊唐書》卷一百九十八《文苑上·孟利貞傳》所言「龍朔二
年」，《舊唐書》卷四《高宗上》所言「龍朔三年二月」，《唐會要》卷三十六《修
撰》言「龍朔三年十月」，而通過上文的考察，特別是許敬宗在龍朔三年，被
冊拜為太子少師之事來看，我們認為《瑤山玉彩》成書於龍朔三年的記載應該
是最可信的，究竟是「二月」還是「十月」，待考。而《瑤山玉彩》編纂開始
時間肯定在《累璧》編纂完成之後，即龍朔元年六月之後。

　　對於其他《瑤山玉彩》的編纂者，我們也略作考察，首先是許圉師。許圉
師官至宰相，《舊唐書》《新唐書》皆沒有立傳，故他的事蹟前後不連貫，散處
諸書。《舊唐書》卷四《高宗上》載：「（龍朔二年）十一月辛未左相許圉師下
獄……左相許圉師解見任。」「（龍朔）三年春……二月，前左相許圉師左遷虔
州刺史。太子弘撰《瑤山玉彩》成，書凡五百卷。」〔註210〕可見，此許圉師

〔註208〕《舊唐書》卷四《高宗上》，北京：中華書局，1975 年，第 83 頁。
〔註209〕《舊唐書》卷四十二《職官一》，北京：中華書局，1975 年，第 1786～1787
　　　　頁。
〔註210〕《舊唐書》卷四《高宗上》，北京：中華書局，1975 年，第 84 頁。

在龍朔二年十一月至龍朔三年二月之間，遭受了牢獄之災，之後被左遷虔州刺史，其在下獄乃至被貶期間，必然無法參與《瑤山玉彩》的編纂，可見，其必然是在下獄之前的龍朔二年十一月之前，參與過《瑤山玉彩》的編纂。

　　上官儀亦是大唐名臣，史書多有記載，但是對於其參與編纂《瑤山玉彩》一事，其本傳未有記載。《舊唐書》卷八十《上官儀傳》：「上官儀，本陝州陝人也。父弘，隋江都宮副監，因家於江都……太宗聞其名，召授弘文館直學士，累遷秘書郎。時太宗雅好屬文，每遣儀視草，又多令繼和，凡有宴集，儀嘗預焉。俄又預撰《晉書》成，轉起居郎，加級賜帛。高宗嗣位，遷秘書少監。龍朔二年，加銀青光祿大夫、西臺侍郎、同東西臺三品，兼弘文館學士如故。本以詞采自達，工於五言詩，好以綺錯婉媚為本。儀既貴顯，故當時多有效其體者，時人謂為上官體。儀頗恃才任勢，故為當代所嫉。麟德元年，宦者王伏勝與梁王忠抵罪，許敬宗乃構儀與忠通謀，遂下獄而死，家口籍沒。」〔註211〕上官儀麟德元年（664）下獄而死，《瑤山玉彩》應該是他參與編纂的最後的典籍，再者，許敬宗進言上官儀與梁王忠通謀，可見許敬宗與上官儀之間的關係是不融洽的，但是他們卻曾是《瑤山玉彩》同撰人員，可見這些人如上官儀或許圉師等，或許僅僅是掛名而已，並未真正的參與到《瑤山玉彩》的編纂之中，而許敬宗應該是《瑤山玉彩》的真正領修者，因為《通志》等書直接將許敬宗記載為《瑤山玉彩》的作者。《通志二十略·藝文略第七》子部「類書類」載：「許敬宗《瑤山玉彩》五百卷。」〔註212〕

　　郭瑜的事蹟散處諸書，其本是太子李弘的老師，當時的官職是太子洗馬。《舊唐書》卷八十六《高宗中宗諸子》載：「弘嘗受《春秋左氏傳》於率更令郭瑜，至楚子商臣之事，廢卷而歎曰：『此事臣子所不忍聞，經籍聖人垂訓，何故書此？』瑜對曰：『孔子修《春秋》，義薦褒貶，故善惡必書。褒善以示代，貶惡以誡後，故使商臣之惡，顯於千載。』太子曰：『非唯口不可道，故亦耳不忍聞，請改讀余書。』瑜再拜賀曰：『里名勝母，曾子不入；邑號朝歌，墨子回車。殿下誠孝冥資，睿情天發，凶悖之跡，黜於視聽。循奉德音，實深慶躍。臣聞安上理人，莫善於禮，非禮無以事天地之神，非禮無以辨君臣之位，

<hr>

〔註211〕　《舊唐書》卷八十《上官儀傳》北京：中華書局，1975 年，第 2743～2744
　　　　　頁。

〔註212〕　（宋）鄭樵：《通志二十略·藝文略第七》，北京：中華書局，1995年，第 1732
　　　　　頁。

故先王重焉。孔子曰：「不學《禮》，無以立。」請停《春秋》而讀《禮記》。』太子從之。」〔註213〕

對於郭瑜此人，史書中還有許多記載。《舊唐書》卷一百九十一《方伎傳》載：「顯慶元年，高宗又令左僕射于志寧、侍中許敬宗、中書令來濟李義府杜正倫、黃門侍郎薛元超等，共潤色玄奘所定之經，國子博士范義碩、太子洗馬郭瑜、弘文館學士高若思等，助加翻譯。凡成七十五部。奏上之。」〔註214〕可見，早在顯慶元年（656），太子李弘五歲之時，郭瑜已經是太子的老師，而此時他受命與諸人幫助玄奘法師翻譯佛經。《新唐書》卷五十九《藝文三》載：「郭瑜《修多羅法門》二十卷。」〔註215〕此《修多羅法門》的編纂，應該與郭瑜助玄奘法師翻譯佛經有關。

《新唐書》卷六十《藝文四》集部「總集類」載：「《芳林要覽》三百卷。許敬宗、顧胤、許圉師、上官儀、楊思儉、孟利貞、姚璹、竇德玄、郭瑜、董思恭、元思敬集。」〔註216〕杜希德著，黃寶華譯《唐代官修史籍考》認為：「《芳林要覽》三百卷幾乎由同一個班子編集而成：許敬宗、顧胤、許圉師、上官儀、楊思儉、孟利貞、姚璹（他也是一位史官，之後他開始撰修《時政記》）、竇德玄、郭瑜、董思恭、元思敬。」〔註217〕由此可見，郭瑜諸人在編纂《瑤山玉彩》之時，還編纂過一部《方林要覽》。〔註218〕《新唐書》卷六十《藝文

〔註213〕 《舊唐書》卷八十六《高宗中宗諸子》，北京：中華書局，1975年，第2828～2829頁。

〔註214〕 《舊唐書》卷一百九十一《方伎傳》，北京：中華書局，1975年，第5109頁。

〔註215〕 《新唐書》卷五十九《藝文三》，北京：中華書局，1975年，第1525頁。

〔註216〕 《新唐書》卷六十《藝文四》，北京：中華書局，1975年，第1621～1622頁。

〔註217〕 〔英〕杜希德著，黃寶華譯：《唐代官修史籍考》，上海：上海古籍出版社，2015年，第87頁。

〔註218〕 《芳林要覽》與《瑤山玉彩》《碧玉芳林《玉藻瓊林》之間的關係，應該是比較密切的，但是目前還沒有更多的材料，能夠將他們之間的關係解釋清楚，我們猜測《芳林要覽》與《碧玉芳林》或有關係，但是卻沒有證據，且二者在《新唐書》中明顯的分處不同類別，所以我們目前只能將他們分開對待，但是此《芳林要覽》在書目中是與《文館詞林》相鄰的，可見其性質是偏向於總集的，或者至少是純正的類文類書，而此《芳林要覽》的編纂時間從其與《瑤山玉彩》之編纂者人員相同這一點來看，只可能是比《瑤山玉彩》早，不可能比《瑤山玉彩》晚，因為後來許圉師被貶，上官儀被殺，已經不可能參與編纂工作，或者就是二書或許果真是同時編纂的，但是取向略有不同，故一個被置於類書，一個被置於總集。

四》集部「總集類」又載：「郭瑜《古今詩類聚》七十九卷。」〔註219〕通過郭瑜此人的著作《古今詩類聚》可見其在參與《瑤山玉彩》《芳林要覽》之外，自己還曾編纂過具有類文類書性質的新著作，即《古今詩類聚》，而隋唐時代多有人編纂此等類文類書之類的著作。

董思恭史書多有提及，但是其本傳卻十分簡短，未有關於編纂《瑤山玉彩》的記載。《舊唐書》卷一百九十上《文苑上・董思恭傳》載：「董思恭者，蘇州吳人。所著篇詠，甚為時人所重。初為右史，知考功舉事，坐預泄問目，配流嶺表而死。」〔註220〕宋計敏夫撰《唐詩紀事》卷三《董思恭》載：「思恭高宗時中書舍人，同撰《瑤山玉彩》。」〔註221〕

楊思儉無傳，故事蹟不明。《舊唐書》卷一百八十三《外戚傳》載：「又司衛少卿楊思儉女有殊色，高宗及則天自選以為太子妃，成有定日矣，敏之又逼而淫焉。」《玉海》卷一百二十八《官制・儲宮》載：「唐中舍人二員，掌侍從令書奏疏。虞世南、王珪、韋琨、崔弘武、楊思儉、賀德仁為之。」〔註222〕通過上述記載我們可以知道，此楊思儉曾做過中舍人、司衛少卿等官職，而其參與《瑤山玉彩》編纂時的官職就是中舍人。

顧胤亦曾參與過《瑤山玉彩》的編纂，此顧胤是位良史，曾編纂過《太宗實錄》等典籍，龍朔三年（663）去世。《舊唐書》卷七十三《令狐德棻傳》載：「自武德已後，有鄧世隆、顧胤、李延壽、李仁實前後修撰國史，頗為當時所稱。」〔註223〕《舊唐書》卷七十三《顧胤傳》載：「胤，永徽中歷遷起居郎，兼修國史。撰《太宗實錄》二十卷成，以功加朝散大夫，授弘文館學士。以撰武德、貞觀兩朝國史八十卷成，加朝請大夫，封餘杭縣男，賜帛五百段。龍朔三年，遷司文郎中。尋卒。胤又撰《漢書古今集》二十卷，行於代。」〔註224〕顧胤早年還曾參與過《括地志》的編纂。《舊唐書》卷七十六《太宗諸子》載：「濮王泰，字惠褒，太宗第四子也……十二年，司馬蘇勖以自古名王多引賓客，

〔註219〕《新唐書》卷六十《藝文四》，北京：中華書局，1975年，第1622頁。

〔註220〕《舊唐書》卷一百九十八《文苑上・孟利貞傳》，北京：中華書局，1975年，第4997頁。

〔註221〕（宋）計敏夫：《唐詩紀事》卷三《董思恭》，《文淵閣四庫全書》，第1479冊，上海：上海古籍出版社，2003年，第300頁。

〔註222〕（宋）王應麟：《玉海》卷一百二十八《官制・儲宮》，揚州：廣陵書社，2003年，第2375頁。

〔註223〕《舊唐書》卷七十三《令狐德棻傳》，北京：中華書局，1975年，第2599頁。

〔註224〕《舊唐書》卷七十三《顧胤傳》，北京：中華書局，1975年，第2600頁。

以著述為美，勸泰奏請撰《括地志》。泰遂奏引著作郎蕭德言、秘書郎顧胤、記室參軍蔣亞卿、功曹參軍謝偃等就府修撰。十四年，太宗幸泰延康坊宅，因曲赦雍州及長安大辟罪已下，免延康坊百姓無出今年租賦，又賜泰府官僚帛有差。十五年，泰撰《括地志》功畢，表上之，詔令付秘閣，賜泰物萬段，蕭德言等咸加給賜物。」〔註225〕《新唐書》卷五十八《藝文二》史部「地理類」載：「《括地志》五百五十卷。又《序略》五卷。魏王泰命著作郎蕭德言、秘書郎顧胤、記室參軍蔣亞卿、功曹參軍謝偃蘇勗撰。」〔註226〕

《新唐書》卷五十八《藝文二》史部「正史類」載：「顧胤《漢書古今集義》二十卷。」〔註227〕「《武德貞觀兩朝史》八十卷。長孫無忌、令狐德棻、顧胤等撰。」〔註228〕《新唐書》卷五十八《藝文二》史部「實錄」載：「《今上實錄》二十卷。敬播、顧胤撰，房玄齡監修。」〔註229〕通過顧胤的著述，我們可知此人對唐初歷史是十分熟悉的，因為他參與編纂了《武德貞觀兩朝史》與《太宗實錄》等重要典籍。而通過顧胤「龍朔三年，遷司文郎中」來看，或許顧胤在《瑤山玉彩》編纂完成之後，遷司文郎中，不幸的是，此後不久他就去世了。

高智周是前文不曾提及的參與編纂《瑤山玉彩》的又一人，或許由於當時其官職不顯，故不被記載，而其本傳則記載了其參與編纂《瑤山玉彩》之事。《舊唐書》卷一百八十五上《良吏上·高智周傳》載：「高智周，常州晉陵人。少好學，舉進士。累補費縣令，與丞、尉均分俸錢，政化大行，人吏刊石以頌之。尋授秘書郎、弘文館直學士，預撰《瑤山玉彩》《文館詞林》等。三遷蘭臺大夫。時孝敬在東宮，智周與司文郎中賀凱、司經大夫王真儒等，俱以儒學詔授為侍讀。總章元年，請假歸葬其父母，因謂所親曰：『知進而不知退，取患之道也。』乃稱疾去職。」〔註230〕《冊府元龜》卷六百七《學校部》亦載：「高智周為秘書郎，弘文直學士。預撰《瑤山玉彩》《文館詞林》，三遷蘭臺大

〔註225〕《舊唐書》卷七十六《太宗諸子》，北京：中華書局，1975年，第2653～2654頁。

〔註226〕《新唐書》卷五十八《藝文二》，北京：中華書局，1975年，第1506頁。

〔註227〕《新唐書》卷五十八《藝文二》，北京：中華書局，1975年，第1456頁。

〔註228〕《新唐書》卷五十八《藝文二》，北京：中華書局，1975年，第1458頁。

〔註229〕《新唐書》卷五十八《藝文二》，北京：中華書局，1975年，第1471頁。

〔註230〕《舊唐書》卷一百八十五上《良吏上·高智周傳》，北京：中華書局，1975年，第4792頁。

夫。」〔註231〕可見，與高智周俱以儒學詔授為侍讀的司文郎中賀凱、司經大夫王真儒，也極有可能參與了李弘的《瑤山玉彩》等典籍的編纂。

姚璹亦是如此，當時官職不顯的姚璹，亦是沒有被記載進入《瑤山玉彩》的編纂者之列，但是其本傳則記載了其參與編纂《瑤山玉彩》的事情。《舊唐書》卷八十九《姚璹傳》載：「姚璹字令璋，散騎常侍思廉之孫也。少孤，撫弟妹以友愛稱。博涉經史，有才辯。永徽中明經擢第。累補太子宮門郎。與司議郎孟利貞等奉令撰《瑤山玉彩》書，書成，遷秘書郎。」〔註232〕《冊府元龜》卷六百七《學校部》載：「姚璹，永徽中為太子宮門郎。博涉經史，有才辯。與司議郎孟利貞等，奉令修《瑤山玉彩》，書成，遷秘書郎。」〔註233〕

宋人吳縝發現《瑤山玉彩》的編纂者，《新唐書》之《孝敬皇帝傳》與《藝文志》所載不同。《新唐書糾謬》卷九載：「修《瑤山玉彩》人不同。《孝敬皇帝傳》云：命賓客許敬宗、右庶子許圉師、中書侍郎上官儀、中書舍人楊思儉，即文思殿，摘採古今文章，號《瑤山玉彩》。今案《藝文志》：《搖山玉彩》注云：孝敬皇帝令太子少師許敬宗、司議郎孟利貞、崇賢館學士郭瑜、右史董思恭等撰其姓名，惟許敬宗同，外皆與傳不同，未知孰是。」〔註234〕至於記載不同的原因，我們猜測應該與這些人當時的官職尊卑高低有關，這些人應該都曾參與過《瑤山玉彩》的編纂，只是由於官職不顯，有的就沒有被史書記載下來，《孝敬皇帝傳》所載許圉師、上官儀、楊思儉皆是相當於領修之人，他們官高位顯，而《藝文志》所載孟利貞、郭瑜、董思恭諸人應該是實際負責編纂的文學之士。

總之，目前可知的《瑤山玉彩》的編纂者主要有許敬宗、許圉師、上官儀、孟利貞、郭瑜、楊思儉、顧胤、董思恭、高智周、姚璹等人。龍朔年間，許敬宗、許圉師、上官儀等人的官職是比較高，且在當時政治中的地位亦是比較重要的，或許他們並未全力的投入到《瑤山玉彩》的編纂之中，其間許圉師就被下獄貶官，上官儀亦在麟德元年被殺，但是他們的出現，或者短時間的參與，

〔註231〕　（宋）王欽若等編纂，周勳初等校訂《冊府元龜》卷六百七《學校部十一‧
　　　　　撰集》，南京：鳳凰出版社，2006 年，第 7000 頁。
〔註232〕　《舊唐書》卷九十三《姚璹傳》，北京：中華書局，1975 年，第 2902 頁。
〔註233〕　（宋）王欽若等編纂，周勳初等校訂：《冊府元龜》卷六百七《學校部十一‧
　　　　　撰集》，南京：鳳凰出版社，2006 年，第 7000 頁。
〔註234〕　（宋）吳縝：《新唐書糾謬》卷九，《文淵閣四庫全書》，第 276 冊，上海：上
　　　　　海古籍出版社，2003 年，第 692 頁。

無疑展現了唐政府對《瑤山玉彩》編纂的重視。

二、《瑤山玉彩》的命名與輯佚

宋吳縝撰《新唐書糾謬》卷九載：「《搖山玉彩》字。《孝敬皇帝傳》云：摘採古今文章，號《搖山玉彩》，凡五百篇……又云：《搖山玉彩》五百卷，其搖字在傳則皆從木，而藝文志皆從手，未知孰是。」〔註235〕宋人吳縝早就發現，歷代典籍對《瑤山玉彩》的「瑤」字，有不同寫法，有「榣」與「搖」之分，但是目前多寫作「瑤」。《續通志》卷一百八十四《宗室傳》載：「又命賓客許敬宗，右庶子許圉師，中書侍郎上官儀，中舍人楊思儉，即文思殿摘採古今文章，號《榣山玉彩》，凡五百篇，書奏，帝賜物三萬段，餘臣賜有差。」可見，「榣」字應該是正字，而「搖」或許是有點問題的，但是目前我們多寫作「瑤」字。

袁珂校注《山海經校注》卷十一《大荒西經（山海經第十六）》載：「西海之外，大荒之中，有方山者，上有青樹，名曰櫃格之松，日月所出入也。西北海之外，赤水之西，有先民之國。食穀，使四鳥。有北狄之國。黃帝之孫曰始均，始均生北狄。有芒山。有桂山。有榣山。號曰太子長琴。顓頊生老童，老童生祝融，祝融生太子長琴，是處榣山，始作樂風。」〔註236〕郭郛《山海經注證》對上述文字有注釋與翻譯，其認為：「有芒山，有桂山，有榣山。郭璞注：此山多桂及榣木，因名云耳。郝注：《初學記》引此經作搖山，餘同。郭郛注：芒山，山多芒草，故名；桂山，山多桂樹；榣山，山多鍾乳洞穴，榣似為瑤之誤，瑤山是多玉石、鍾乳石的山。」〔註237〕「始作樂風。郭璞注：創制樂風曲也。郝注：《太平御覽》卷565引此經無風字。西次三經騩山云：『老童發音如鍾磬。』故知長琴解作樂風，其道亦有所受也。」〔註238〕「有芒山，有桂山，有榣山——玉石和鍾乳石洞穴多的山，山上有居住氏族，稱號是太子長琴。顓頊龍鳥圖騰族分出老童族，老童族又產生西方祝融管理火的氏族，祝融族又產生太子長琴，他們居住在榣山。太子長琴愛好音樂，開始創作出樂

〔註235〕（宋）吳縝：《新唐書糾謬》卷九，《文淵閣四庫全書》，第276冊，上海：上海古籍出版社，2003年，第688頁。

〔註236〕袁珂：《山海經校注（增補修訂本）》，成都：巴蜀書社，1993年，第451～452頁。

〔註237〕郭郛：《山海經注證》，北京：中國社會科學出版社，2004年，第832頁。

〔註238〕郭郛：《山海經注證》，北京：中國社會科學出版社，2004年，第833頁。

曲。」〔註239〕通過《山海經》的記載，我們可以知道，此「槐山」是有來源的，並且此槐山是多玉石、鍾乳石的山，而《瑤山玉彩》由此得名，並且此槐山是太子長琴所居住的山，與當時李弘為太子之事相合。

　　《瑤山玉彩》與唐初很多著名類書一樣，編纂完成之後就被藏於書府了，故其流傳情況如何，我們只能通過後世的目錄學著作來考察。《玉海》卷五十四《藝文》載：「唐《瑤山玉彩》。《志·類書類》：許敬宗《瑤山玉彩》五百卷。孝敬皇帝令太子少師許敬宗，司議郎孟利貞，崇賢館學士郭瑜、顧胤，右史董思恭等撰。《孝敬皇帝傳》：名弘，顯慶元年為皇太子，四年加元服。龍朔元年，命賓客許敬宗、右庶子許圉師、中書侍郎上官儀、中舍人楊思儉，即文思殿採摘古今文章，英詞麗句，以類相從，號《瑤山玉彩》，凡五百篇，奏之。帝賜帛三千段，餘臣賜有差。《會要》：龍朔三年十月一日，遣司元大常伯竇德玄進，詔藏書府。」〔註240〕《玉海》同時羅列了《新唐書》與《唐會要》的記載，未作出考辨。《玉海》之後的目錄學著作，對《瑤山玉彩》的記載不多，可見此書的流傳必然不廣。而通過下文所見之《瑤山玉彩》的兩則佚文，又可見此《瑤山玉彩》並不是被藏於秘府，無人知曉的。

　　唐段公路撰，崔龜圖注《北戶錄》卷三載：

　　　　羅州多棧香，樹身如櫃柳，其華繁白，其葉似橘皮，堪搗為紙，土人號為香皮紙，作灰白色，文如魚子箋，今羅辨州皆用之。《三輔故事》云：衛太子以紙蔽鼻，前漢已有之，非蔡倫造也，此蓋言其著，不云創也。又，和熹鄧后貢獻悉斷，歲時但供紙筆而已，然則其用久矣，但不知何物為之。按王隱《晉書》曰：王隱答華恒云：魏太和六年，河間張楫上《古今字詁》，其中部云：紙今帋也，古以素帛，依書長短，隨事裁之，其數重沓，即名幡紙，字從糸，此形聲也，貧者無之，故路溫舒裁蒲寫書也。和帝元興元年，中常侍蔡倫剉搗故布網，造作帋，字從巾義，是其聲雖同，糸巾則殊，不得言古帋為今帋。又，山謙之《丹陽記》曰：平準署有紙官造帋，古以縑素為書記，又以竹為簡牘，其貧諸生，或用蒲為牒也。《瑤山玉

〔註239〕郭郛：《山海經注證》，北京：中國社會科學出版社，2004 年，第 833 頁。
〔註240〕（宋）王應麟：《玉海》卷五四《藝文》，揚州：廣陵書社，2003 年，第 1019
　　　　～1020 頁；（宋）王應麟撰，武秀成、趙庶洋校證：《玉海藝文校證》卷二十
　　　　《總集文章》，南京：鳳凰出版社，2013 年，第 939 頁。

彩》亦具。小不及桑根竹膜紙。睦州出之。松皮紙。日本國出。側
理紙也。側理，陟釐也。後人訛呼陟釐為側理，即苔也。事見張華。
又《爾雅》曰：苔石衣也。郭璞注，水苔也。一名石發。江東食之。
**又，《瑤山玉彩》載：薛道衡《詠苔紙詩》云：昔時應春色，引綠泛
清流。今來承玉管，布字轉銀鉤。**〔註241〕

通過僅存的《瑤山玉彩》的佚文，我們來推測《瑤山玉彩》的內容，看看
唐初這些古人到底編纂了一部什麼樣的古籍，他的性質是類書還是總集？並
且他們編纂這部大書的意圖是什麼？當我們認真的研讀《瑤山玉彩》的這兩則
佚文的時候，很顯然會發現，一則是出於子部的山謙之《丹陽記》，一則是出
於集部的薛道衡《詠苔紙詩》，如果我們對上述佚文的斷定不錯的話，很顯然
的是，此《瑤山玉彩》並不是僅僅的只收錄詩詞歌賦的總集。由此可見，此《瑤
山玉彩》的內容至少是子部與集部並列的，有沒有收錄經部與史部之內容，我
們暫且不論，但是很顯然是有子部與集部的，故我們認為此《瑤山玉彩》之性
質是屬於「類事類書＋類文類書」的，與《藝文類聚》有點相似，但是其取向
亦是明顯的，即摘其英詞麗句。

三、小結

《瑤山玉彩》的名字是富有詩意的，此前的唐代類書之題名還沒有這般充
滿詩意，而此後的類書題名漸漸變得詩意盎然且多姿多彩，這是一個值得注意
的問題，這反映了唐代類書編纂的一個新特點，一個向著繁縟多彩發展的新特
點，而與這個特點相伴隨的就是類書編纂的新特點，即越來越重視詩文在類書
中的地位，越來越傾向於文章總集，而此趨勢發展到極致就是產生了我們所認
為的類文類書。類文類書是介於總集與一般類書之間的一種形態，當然類文類
書仍然是類書，絕對不是總集，只是詩文在其中變得比較受重視，而這個受重
視亦是相對於原來的類事類書而言的。但是，《瑤山玉彩》還不是純粹的類文
類書，通過對其佚文的考察，我們還可以見到類事類書部分的存在，故我們認
為此時的《瑤山玉彩》仍然是類事類書與類文類書的組合體，只不過類文部分
漸漸變得更為重要，且更多的受到編纂者的重視與關照，這應該就是唐初類書
編纂的實際情況或者真實模式，而隋唐時代，諸如此類具有類文類書性質的類

〔註241〕（唐）段公路撰，（唐）崔龜圖注：《北戶錄》卷三《香皮紙》，《叢書集成初
　　　　編》，第 3021 冊，北京：中華書局，1985 年，第 42 頁。

書典籍極多，如《碧玉芳林》《玉藻瓊林》等，他們的出現是時代的產物，是初唐時期的學術風氣、文化風氣與實際創作需求共同塑造出來的。

第六節　《碧玉芳林》《玉藻瓊林》

　　《碧玉芳林》與《玉藻瓊林》皆是署名孟利貞所編纂的類書，前者四百五十卷，後者一百卷，但是關於他們的具體情況，我們其實所知不多，需要做深入考察。《舊唐書》卷四十七《經籍下》子部「類事」載：「《碧玉芳林》四百五十卷。孟利貞撰。」〔註242〕《新唐書》卷五十九《藝文三》子部「類書類」載：「孟利貞《碧玉芳林》四百五十卷。」〔註243〕《通志二十略‧藝文略第七》子部「類書類」載：「《碧玉芳林》四千五十卷。」〔註244〕《舊唐書》《新唐書》皆言《碧玉芳林》為「四百五十卷」，而《通志》所載之《碧玉芳林》則為「四千五十卷」，應該是《通志》有誤。概而言之，明代以前的類書編纂，卷帙達到千餘卷，就已經是最大規模了，如《皇覽》一千卷，《華林遍略》六百餘卷，《修文殿御覽》三百六十卷，《文思博要》一千二百卷，《三教珠英》一千三百卷，《太平御覽》一千卷，《冊府元龜》一千卷，《秘府略》一千卷，可見，整個中古時期，所有的類書編纂，千餘卷已經是極致，而此《碧玉芳林》恐怕不會達到四千五十卷之巨。

　　對於《通志》所載之《碧玉芳林》為「四千五十卷」之事，明人胡應麟有過評論，胡應麟的觀點有兩個，第一個，相信《通志》所載為真，言類書卷帙之多；第二個，認為《通志》所載為假，不足為據。《少室山房筆叢》卷二《經籍會通二》載：「凡經籍緣起，皆至簡也，而其卒歸於至繁。經解昉自毛、韓，馬融、鄭玄浸盛，至梁武《三禮質疑》一千卷，極矣。編年昉自《春秋》，荀悅、袁宏浸盛，至李燾《長編》一千六十三卷，極矣。世史昉自《尚書》，司馬、班固浸盛，至脫脫《宋史》五百卷，極矣。實錄昉自周穆，魏、晉浸盛，至《開元起居注》三千六百八十二卷，極矣。譜牒昉自《世本》，梁、唐浸盛，至王僧孺《十八州譜》七百十二卷，極矣。地志昉自《山海》，陸澄、任昉浸盛，至蕭德言等五百五十五卷，極矣。字學昉自三蒼，許慎、周研浸

〔註242〕　《舊唐書》卷四十七《經籍下》，北京：中華書局，1975年，第2046頁。
〔註243〕　《新唐書》卷五十九《藝文三》，北京：中華書局，1975年，第1563頁。
〔註244〕　（宋）鄭樵：《通志二十略‧藝文略第七》，北京：中華書局，1995年，第1732頁。

盛，至顏真卿《字海鏡源》三百六十五卷，極矣。字法昉自《四體》（晉衛恒撰），周越、袁昂浸盛，至唐文皇《晉人書跡》一千五百一十卷，極矣。方書昉自張機，葛洪、褚澄浸盛，至隋煬帝《類聚方》二千六百卷，極矣。文選昉自摯虞，孔逭、虞綽浸盛，至許敬宗《文館詞林》一千卷，極矣。文集昉自屈原，蕭衍、沈約浸盛，至《樊宗師總集》二百九十三卷，極矣。小說昉自《燕丹》，東方朔、郭憲浸盛，至洪邁《夷堅志》四百二十多卷，極矣。類書昉自《皇覽》，歐陽、虞氏浸盛，至孟利貞《碧玉芳林》四千五十卷，極矣（孟書《舊唐志》作四百五十為近，今從《通志》。然《三教珠英》同時，亦一千三百也。）。」〔註245〕《少室山房筆叢》卷四《經籍會通四》載：「《中和堂隨筆》云：隋煬帝命虞世南等四十人選文章，自《楚辭》迄大業，共五千卷，此恐未然，自六朝《文選》，靡過五百卷者，非必當時選擇之嚴，實以文字尚希故也。至唐許敬宗《文館詞林》一千卷，可謂古今極盛，宋《文苑英華》，加以唐一代文，亦不能過千卷，隋煬以前，何得如許之多？唐類書惟孟利貞《碧玉芳林》四千五十卷，類書事蹟本繁，非文章比，然余猶疑非一人所辦，《舊唐》孟書止四百五十卷，蓋鄭氏《通志》之誤，今世南所選，不見諸《藝文志》中，大率記載之訛也。」〔註246〕

《欽定日下舊聞考》第十八云：「原昔人好取華麗字以名類事之書，如《編珠》《合璧》《雕金》《玉英》《玉屑》《密鑰》《寶匱》《寶海》《寶車》《龍筋鳳髓》《麟角》《天機錦》《五色線》《萬花谷》《青囊》《錦帶》《玉連環》《紫香囊》《珊瑚木》《金鑾香蕊》《碧玉芳林》之屬，未能悉數，聞國學鏤版，向有《玉浮屠》，不知何書，當亦屬類家也。」此則材料是研究書名學的好史料，論述古代喜歡取華麗字以名類事之書，附帶談及《碧玉芳林》之名，也沒有深究。

歷代典籍中，關於《玉藻瓊林》的記載更少，但是《舊唐書》《新唐書》《通志》皆有記載。《舊唐書》卷四十七《經籍下》子部「類事」載：「《玉藻瓊林》一百卷。孟利貞撰。」〔註247〕《新唐書》卷五十九《藝文三》子部「類書類」載：「《玉藻瓊林》一百卷。」〔註248〕《通志二十略·藝文略第七》子

〔註245〕（明）胡應麟：《少室山房筆叢》卷二《甲部經籍會通二》，北京：中華書局，1958年，第27～28頁。

〔註246〕（明）胡應麟：《少室山房筆叢》卷四《甲部經籍會通四》，北京：中華書局，1958年，第63頁。

〔註247〕《舊唐書》卷四十七《經籍下》，北京：中華書局，1975年，第2046頁。

〔註248〕《新唐書》卷五十九《藝文三》，北京：中華書局，1975年，第1563頁。

部「類書類」載：「《玉藻瓊林》一百卷。」〔註249〕由於流傳不廣，後世典籍對他的記載就很稀少了。

關於《碧玉芳林》與《玉藻瓊林》的編纂者孟利貞，《舊唐書》《新唐書》皆有傳記，前文已有簡單的介紹。《舊唐書》卷一百九十上《文苑上·孟利貞傳》載：「孟利貞者，華州華陰人也。父神慶，高宗初為沁州刺史，以清介著名。利貞初為太子司議郎，中宗在東宮，深懼之。受詔與少師許敬宗、崇賢館學士郭瑜、顧胤、董思恭等撰《瑤山玉彩》五百卷，龍朔二年奏上之，高宗稱善，加級賜物有差。利貞累轉著作郎，加弘文館學士。垂拱初卒。又撰《續文選》十三卷。」〔註250〕《玉海》亦云：「十五曰類書，自《皇覽》至《玉藻瓊林》十七家二十四部七千二百八十八卷。」孟利貞在當時「以文藻知名」，他雖然是《碧玉芳林》與《玉藻瓊林》的署名人，但是他的本傳卻沒有記載這個事情，倒是記載了他與諸學士一起編纂《瑤山玉彩》的事情，這就很奇怪，《碧玉芳林》與《玉藻瓊林》也是卷帙較大的類書，他們的編纂在當時肯定也是較為重要的大事，為何沒有記載清楚，且署名人孟利貞好像是被署名。

孟利貞在上述著作之外，還有《續文選》《封禪錄》二書傳世。《新唐書》卷六十《藝文四》載：「孟利貞《續文選》十三卷。」〔註251〕《舊唐書》卷四十六《經籍上》載：「《封禪錄》十卷。孟利貞撰。」〔註252〕《新唐書》卷五十八《藝文二》載：「孟利貞《封禪錄》十卷。」〔註253〕在古代，修撰圖書是很榮耀的事情，署名之事也是很嚴格的，所以上述《碧玉芳林》與《玉藻瓊林》二書肯定與孟利貞有著密切關係，但是其本傳不載，又說明《碧玉芳林》與《玉藻瓊林》二書不是孟利貞的得意之作，或者不是孟利貞的一人之作。

薛元超是備受唐太宗、唐高宗父子信任的，且與皇室亦有姻親。此外，薛元超作為高級官員，曾舉薦過許多文學之士，這些文學之士中的佼佼者即有孟利貞，此外還有任希古、高智周、郭正一、王義方、鄭祖玄、鄧玄挺、崔融等。《舊唐書》卷七十三《薛元超傳》載：「元超既擅文辭，兼好引寒俊，

〔註249〕（宋）鄭樵：《通志二十略·藝文略第七》，北京：中華書局，1995年，第1732頁。

〔註250〕《舊唐書》卷一百九十八《文苑上·孟利貞傳》，北京：中華書局，1975年，第4997頁。

〔註251〕《新唐書》卷六十《藝文四》，北京：中華書局，1975年，第1622頁。

〔註252〕《舊唐書》卷四十七《經籍下》，北京：中華書局，1975年，第2009頁。

〔註253〕《新唐書》卷五十八《藝文二》，北京：中華書局，1975年，第1490頁。

嘗表薦任希古、高智周、郭正一、王義方、孟利貞等十餘人，由是時論稱美。」
〔註254〕《新唐書》卷九十八《薛元超傳》載：「所薦豪俊士，若任希古、高
智周、郭正一、王義方、孟利貞、鄭祖玄、鄧玄挺、崔融等，皆以才自名於
時。」〔註255〕上述諸人是被薛元超推薦過的人，他們之間肯定有著千絲萬縷
的聯繫，這群文學之士更是當時文壇的風雲人物，劉禕之、孟利貞、高智周、
郭正一諸人號稱劉、孟、高、郭，並且這些文士多是幫助皇帝編纂各類典籍，
其中類書編纂是當時的潮流，他們必然毫無置疑的參與到其中。

　　《舊唐書》卷八十七《劉禕之傳》載：「禕之少與孟利貞、高智周、郭正
一俱以文藻知名，時人號為劉、孟、高、郭。尋與利貞等同直昭文館。上元中，
遷左史、弘文館直學士，與著作郎元萬頃，左史范履冰、苗楚客，右史周思茂、
韓楚賓等，皆召入禁中，共撰《列女傳》《臣軌》《百僚新誡》《樂書》，凡千餘
卷。時又密令參決，以分宰相之權，時人謂之『北門學士』。禕之兄懿之，時
為給事中，兄弟並居兩省，論者美之。」〔註256〕正如前文所言，這群文士是
聚攏在皇帝身邊的謀士集團，他們編纂了多部著述，如《列女傳》《臣軌》《百
僚新誡》《樂書》，並且，孟利貞、高智周早年還參與過《瑤山玉彩》的編纂，
關係如此緊密的一個文學集團，或許在編纂上述諸書之外，還曾一起編纂過
《碧玉芳林》與《玉藻瓊林》，但是，最後二書為何會署名孟利貞一人，也啟
人疑竇。我們認為《碧玉芳林》與《玉藻瓊林》的編纂絕不可能是孟利貞一人
所為，必然是一個團隊的功勞，而在武則天稱帝之前的某一段時間裏，也就是
《三教珠英》編纂之前的某一個時期，這群文士在參與政治活動之餘，集體編
纂了如《碧玉芳林》與《玉藻瓊林》之類的典籍。這些典籍為什麼沒有流傳下
來？這也是一個很奇怪的問題。史無明文，闕疑可也。

　　對於《碧玉芳林》與《玉藻瓊林》二書之內容，我們沒有找到佚文，只能
從他們的名字上來猜測其內容，二書的名字中皆有「玉」「林」，可見其題名應
有寶玉之林的含義。王應麟《玉海》對《碧玉芳林》《玉藻瓊林》二書的性質
做了一些推論，想必在王應麟時代，《碧玉芳林》與《玉藻瓊林》也是已經失
傳了，但是，王應麟還是做出了簡單的推斷。《玉海》卷五十四《藝文》載：
「唐《詞圃》。《志》類書：張仲素《詞圃》十卷。《書目》：張仲素編經傳，以

〔註254〕《舊唐書》卷七十三《薛元超傳》，北京：中華書局，1975年，第2590頁。
〔註255〕《新唐書》卷九十八《薛元超傳》，北京：中華書局，1975年，第3892頁。
〔註256〕《舊唐書》卷八十七《劉禕之傳》，北京：中華書局，1975年，第2846頁。

字數虛實等類相從，為十篇，為詞賦之備。《志》：孟利貞《碧玉芳林》四百五十卷，《玉藻瓊林》一百卷。劉綺莊《集類》一百卷。集傳記雜事一類者。」〔註257〕所謂「集傳記雜事一類者」的意思是彙集事類而成的類事之書，對於《詞圃》功能的推斷，說是為詞賦之備，而卷帙較大的《碧玉芳林》與《玉藻瓊林》是不是也是為詞賦之備，權做一說，還有待證明。

第七節　《策府》

　　《策府》也是一部大型官修類書，卷帙達五百八十二卷，且諸書目之記載皆無異議。《舊唐書》卷四十七《經籍下》子部「類事」載：「《策府》五百八十二卷，張大素撰。」〔註258〕《新唐書》卷五十九《藝文三》子部「類書類」載：「張大素《策府》五百八十二卷。」〔註259〕《通志二十略・藝文略第七》子部「類書類」載：「《冊府》五百八十二卷。」〔註260〕

　　對於《策府》的作者，有的文獻記載為張大素，有的文獻記載為張太素，我們認為應該是張大素，因為《舊唐書》《新唐書》皆有張大素家族之傳記，張大素是唐初名臣張公謹的兒子，而此張公謹是唐太宗圖形凌煙閣的功臣之一，張公謹的兒子都是「大」字輩，如張大象、張大安，張大安後來位至宰相，可見此敦煌張氏在唐初是極為顯赫的家族。《舊唐書》卷六十八《張公謹傳》載：「張公謹，字弘慎，魏州繁水人也……長子大象嗣，官至戶部侍郎。次子大素、大安，並知名。大素，龍朔中歷位東臺舍人，兼修國史，卒於懷州長史，撰《後魏書》一百卷、《隋書》三十卷。大安，上元中歷太子庶子、同中書門下三品。時章懷太子在春宮，令大安與太子洗馬劉訥言等注范曄《後漢書》。宮廢，左授普州刺史。光宅中，卒於橫州司馬。大安子浣，開元中為國子祭酒。」〔註261〕《新唐書》卷八十九《張公謹傳》載：「張公謹，字弘慎，魏州繁水人……

〔註257〕　（宋）王應麟：《玉海》卷五十五《藝文》，揚州：廣陵書社，2003 年，第 1047頁；（宋）王應麟撰，武秀成、趙庶洋校證：《玉海藝文校證》卷二十《總集文章》，南京：鳳凰出版社，2013 年，第 944 頁。

〔註258〕　《舊唐書》卷四十七《經籍下》，北京：中華書局，1975 年，第 2046 頁。

〔註259〕　《新唐書》卷五十九《藝文三》，北京：中華書局，1975 年，第 1563 頁。

〔註260〕　（宋）鄭樵：《通志二十略・藝文略第七》，北京：中華書局，1995 年，第 1732頁。

〔註261〕　《舊唐書》卷六十八《張公謹傳》，北京：中華書局，1975 年，第 2506～2508頁。

子大素，龍朔中，歷東臺舍人，兼修國史，著書百餘篇，終懷州長史。次子大安，上元中，同中書門下三品。章懷太子令與劉訥言等共注范曄《漢書》。太子廢，故貶為普州刺史，終橫州司馬。子恍，仕玄宗時為集賢院判官，詔以其家所著《魏書》《說林》入院，綴修所闕，累擢知圖書、括訪異書使，進國子司業，以累免官。」〔註262〕張大素作為家中次子，官職雖未能升至宰相，但是此張大素卻是一個著書立說的高手，他的著作極多，《策府》之外有《後魏書》一百卷，《隋書》三十卷，還有《說林》一書，另有《敦煌張氏家傳》二十卷。〔註263〕

張大素兒子張恒的墓誌，也沒有記載張大素編纂《策府》時的情況，但是對於張大素的任官情況，記載的更多一點。《張恒墓誌》載：

> 君諱恒，字承寂，魏州昌樂縣人也。其先軒轅帝之後即漢趙王耳之裔，□居燉煌，鬱為冠族……曾祖□儒，唐使持節深州諸軍事深州刺史諡曰昭。祖公謹……唐朝授公右武候長史，隨、鄒、虞三州別駕太子右內率，右武候將軍，定遠郡開國公，泉州、慶州、定襄三總管，雍州道安撫大使，代、襄二州都督鄒國公，食邑五千戶，別食綿州實封一千戶，贈左驍衛大將軍郯國公，諡曰哀……父大素，珪璋蘊德，冠冕士林，□□編詞，笙簧藝苑，唐任秘書□校左千牛蜀王府記室參軍事，遷越州都督府戶曹參軍事、著作佐郎、司文郎左史，除朝散大夫，守東臺舍人、幽州司馬、懷州長史。君……唐弘文□明經對冊甲科，授霍王府記室參軍事、恒州司兵參軍事、趙州司倉參軍事、并州士曹參軍事、朝散大夫、行益州郫縣令……以萬歲登封元年三月五日寢疾彌留，卒於私第，春秋五十有二……以大周神功元年歲次丁酉十月甲子朔廿二日乙酉，遷葬於合宮縣平樂鄉馬村東北二里邙山之原禮也。〔註264〕

明胡應麟撰《少室山房筆叢》卷二十九《九流緒論下》載：

> 今世傳大類書，如《太平御覽》《冊府元龜》，皆千卷，可謂富

〔註262〕《新唐書》卷八十九《張公謹傳》，北京：中華書局，1975 年，第 3755～3756 頁。

〔註263〕劉全波、吳園：《〈敦煌張氏家傳〉小考》，《文津學誌》總第 11 輯，北京：國家圖書館出版社，2018 年。

〔註264〕周紹良編：《唐代墓誌彙編·神功○○四》，上海：上海古籍出版社，1992 年，第 915 頁。

矣。然貞觀中編《文思博要》一千二百卷，金輪朝編《三教珠英》
一千三百卷，簡帙皆多於宋。又許敬宗編《瑤山玉彩》五百卷，張
太素編《冊府》五百八十二卷，視今傳《合璧事類》等書亦皆過之。
其始蓋昉於六朝，何承天《皇覽》一百二十二卷，劉孝標《類苑》
一百二十卷，徐勉《華林要略》六百卷，祖珽《修文御覽》三百六
十卷，然諸書惟孝標一二出自獨創，自餘皆聚集一時文學之士，奉
詔編輯者，非一人手裁也。今《博要》《珠英》等書俱久廢不傳，惟
唐人《初學記》三十卷、《藝文類聚》一百卷行世，二書採摭頗精，
第不備耳，中收錄詩文事蹟，往往出今史傳文集外，使諸大部傳，
必各有可觀，惜哉！〔註265〕

　　胡應麟所言非虛，歷代編纂的諸多類書，皆不能長久的流傳下來，我們今
天只知道他們的名字而已，而內容就只能靠想像或者猜測了。此《冊府》即《策
府》，亦是如此，我們甚至連此《策府》的體例也不能做出判斷，但是我們認
為此《策府》雖然署名張大素所作，但是很顯然，不是張大素一人所作，應是
成於眾人之手，且其時代應在龍朔（661～663）前後。此外，《策府》的署名
人為何會是張大素，也讓我們不解，遍觀張大素的履歷，其好像不會是領銜修
書之人，難道不是集體撰述，而是張大素自己的獨纂？但是我們更傾向於認為
此書是出於眾人之手。

　　敦煌文獻中有《兔園策府》一書，與此書或有淵源，我們只能猜測一二。
《兔園策府》又作《兔園冊府》《兔園策》《兔園冊》，唐杜嗣先奉蔣王李惲之
命撰，原書早已散佚，敦煌寫本《兔園策府》共有 5 個殘卷，保存了該書的序
文及第一卷。敦煌寫本《兔園策府》的 5 個殘卷散藏於英國倫敦博物館（編號
分別為 S.614、S.1086、S.1722）、法國巴黎國家圖書館（編號為 P.2573）、俄羅
斯科學院東方研究所聖彼得堡分所（編號為Дx.05438），其中略抄本有 S.614、
S.1722、P.2573、Дx.05438 共 4 個寫卷，雙行小注本僅 S.1086 號 1 個寫卷，
且 P.2573 與 S.1722 可綴合。〔註266〕《兔園策府》是一部記敘自然名物、社會
事物、人文禮儀、政事征討等掌故的賦體類書，《兔園策府》最初的用途是應

〔註265〕（明）胡應麟：《少室山房筆叢》卷二十九《九流緒論下》，北京：中華書局，
　　　　1958 年，第 379～380 頁。
〔註266〕屈直敏：《敦煌寫本〈兔園策府〉敘錄及研究回顧》，《敦煌學輯刊》2016 年
　　　　第 3 期，第 22～32 頁。

對試策，與當時的科舉制度有著深厚的聯繫，後來的流傳中，由於其本身的特點，切中時務，引經據典，以古為鑒，並且，《兔園策府》的篇幅也不大，便於學習、攜帶與使用，所以在很長一段時間裏極受讀書人重視並得到廣泛的流傳，甚至傳到了日本等周邊國家。再後來，由於政治環境的轉變，《兔園策府》中的文章漸漸失去了政治性，失去了所依賴的歷史背景，於是《兔園策府》變得不「實用」了。所幸的是，《兔園策府》那些華麗秀美的辭藻，旁徵博引的資料還在，失去了政治性的《兔園策府》開始凸顯知識性，無形中變成了一本教人知識、禮儀的蒙學教材，這也正是特定歷史背景下產生的《兔園策府》在新的歷史背景下的功能轉換。

在考察了《兔園策府》之後，我們對於《策府》一書的性質也做些推測，此書究竟是類事類書，還是賦體類書？如果此書果真與《兔園策府》一樣是賦體類書？那可是十分豐富的寶庫，是當時科舉與時事的匯合。這只是猜想，沒有證據。《策府》有的時候還被稱為《冊府》，與宋初之《冊府元龜》略有神似，如果果真是這樣的，那麼此《策府》還有可能是一部類事類書，因為《冊府元龜》是類事類書，並且唐初官修大類書多是類事類書或類事類書與類文類書之組合體，當然這還是猜測，沒有證據。此外，我們判斷諸如此類的官修類書甚至是唐代私纂類書的流傳情況的另外一個指標就是《日本國見在書目錄》有沒有收錄？如果有，是很好的一個證據，證明此書非但在中國流傳，而且流傳到了日本，並且在火災之後仍然有幸留存下來。而當我們去看《日本國見在書目錄》的時候，也沒有找到這些典籍，如《策府》《碧玉芳林》《玉藻瓊林》《東殿新書》，只能如前文所說，此類唐高宗時代編纂的大型官修類書之流傳是不廣的，甚至是極少的，抑或是僅僅作為唐高宗時代整理典籍的一個階段性產物，被束之高閣了，但是，《舊唐書》《新唐書》之《經籍志》《藝文志》等書目對他們記載又是明確無疑的，就是說，他們肯定是毫無置疑的存在過，所以官方藏書目錄中對他們進行了記載，但是，由於某種我們不知道的原因，他們只是被藏於秘府，而不是流傳於天下。

第八節 《三教珠英》

《三教珠英》是有唐一代編纂的卷帙最大的類書，卷帙達一千三百卷，但由於此書是張昌宗等人領銜編纂的，且是在剽襲《文思博要》的基礎上成

書的，故一直不被重視，甚至有些被人看不起。但是，目前來看，此《三教珠英》的流傳好像卻比《文思博要》要廣，也就是說，通過目前的輯佚情況來看，《三教珠英》是有過較為廣的流傳的，而《文思博要》的流傳還不如《三教珠英》，但是，在《文思博要》之編纂質量高下難定的情況下，此《三教珠英》究竟有沒有在《文思博要》的基礎上更上一層樓，或者此《三教珠英》與《文思博要》相比到底有哪些進步就需要我們進行一個考察。前輩學者對《三教珠英》的專門研究是很少的，目前僅可見論文兩篇，即桂羅敏《〈三教珠英〉考辨》，〔註267〕王蘭蘭〈《三教珠英》考補與發微〉，〔註268〕這兩篇論文對《三教珠英》進行了較為詳細的考察，我們計劃在他們研究的基礎上再做考索，以求加深對《三教珠英》的認知。

一、《三教珠英》的編纂者

《舊唐書》卷四十七《經籍下》子部「類事類」載：「《三教珠英》並目一千三百一十三卷。張昌宗等撰。」〔註269〕《新唐書》卷五十九《藝文三》子部「類書類」載：「《三教珠英》一千三百卷。《目》十三卷。張昌宗、李嶠、崔湜、閻朝隱、徐彥伯、張說、沈佺期、宋之問、富嘉謨、喬侃、員半千、薛曜等撰。」〔註270〕《通志二十略・藝文略第七》子部「類書類」載：「《三教珠英》一千三百卷。又《目》十二卷。」〔註271〕以上三目錄書，對於《三教珠英》的記載是較為簡單的，但是對於卷帙與目錄的記載則是一致的，《新唐書》所記載的作者信息最多，有張昌宗等12人。

宋王溥撰《唐會要》卷三十六《修撰》載：「大足元年十一月十二日，麟臺監張昌宗，撰《三教珠英》一千三百卷成。上之，初，聖曆中，以上《御覽》及《文思博要》等書，聚事多未周備，遂令張昌宗召李嶠、閻朝隱、徐彥伯、薛曜、員半千、魏知古、于季子、王無競、沈佺期、王適、徐堅、尹元凱、張說、馬吉甫、元希聲、李處正、高備、劉知幾、房元陽、宋之問、崔湜、常元

〔註267〕桂羅敏：《〈三教珠英〉考辨》，《圖書館雜誌》2008年第6期，第75〜78、52頁。

〔註268〕王蘭蘭：《〈三教珠英〉考補與發微》，《唐史論叢》2013年第2期，總第17輯，西安：陝西師範大學出版總社，2014年，第114〜130頁。

〔註269〕《舊唐書》卷四十七《經籍下》，北京：中華書局，1975年，第2046頁。

〔註270〕《新唐書》卷五十九《藝文三》，北京：中華書局，1975年，第1563頁。

〔註271〕（宋）鄭樵：《通志二十略・藝文略第七》，北京：中華書局，1995年，第1732頁。

旦、楊齊哲、富嘉謨、蔣鳳等二十六人同撰，於舊書外更加佛、道二教，及親屬、姓名、方域等部。」〔註272〕《唐會要》對於《三教珠英》編纂者的記載最為詳細，其將張昌宗、李嶠等26人姓名記載了下來，是我們瞭解《三教珠英》作者最重要的記載。

宋李昉等撰《太平御覽》卷六百一《文部十七‧著書上》載：「天后聖曆中，上以《御覽》及《文思博要》等書，聚事多未備，令麟臺監張昌宗與麟臺少監李嶠，廣召文學之士，給事中徐彥伯、水部郎中員半千等二十六人，增損《文思博要》，勒成一千三百卷。於舊書外更加佛教、道流及親屬、姓氏、方域等部，至是畢功，上親製名曰《三教珠英》，彥伯已下，改官加級賜物。」〔註273〕宋王欽若等撰《冊府元龜》卷六○七《學校部‧撰集》載：「張昌宗為麟臺監。聖曆中，則天以《御覽》及《文思博要》等書多未周備，令昌宗與麟臺少監李嶠，廣召文學之士。給事中徐彥伯、水部郎中員半千等二十六人，增損《文思博要》，勒成一千三百卷，於舊書外更加佛教、道教及親屬、姓氏、方域等部，至是畢功，帝親製名曰《三教珠英》。時左補闕崔湜同修。」〔註274〕總之，通過以上諸書的記載，我們可以大致瞭解《三教珠英》的編纂情況，卷帙為一千三百卷，不可謂不大，且有隨書目錄十三卷，更為重要的是，按照《太平御覽》《冊府元龜》的記載，此《三教珠英》之得名是武則天所定。下面我們就針對《三教珠英》的編纂者做一個詳細的梳理。

《舊唐書》卷七十八《張行成族孫易之昌宗》載：「以昌宗醜聲聞于外，欲以美事掩其跡，乃詔昌宗撰《三教珠英》於內。乃引文學之士李嶠、閻朝隱，徐彥伯、張說、宋之問、崔湜、富嘉謨等二十六人，分門撰集，成一千三百卷，上之。加昌宗司僕卿，封鄴國公，易之為麟臺監，封恒國公，各實封三百戶。俄改昌宗為春官侍郎。易之、昌宗皆粗能屬文，如應詔和詩，則宋之問、閻朝隱為之代作。」〔註275〕《新唐書》卷一○四《張行成族子易之、

〔註272〕（宋）王溥：《唐會要》卷三十六《修撰》，北京：中華書局，1955年，第657頁。

〔註273〕（宋）李昉等：《太平御覽》卷六百一《文部十七著書上》，《文淵閣四庫全書》，第898冊，上海：上海古籍出版社，2003年，第530頁。

〔註274〕（宋）王欽若等：《冊府元龜》卷六百七《學校部‧撰集》，南京：鳳凰出版社，2006年，第7000頁。

〔註275〕《舊唐書》卷七十八《張行成族孫易之昌宗》，北京：中華書局，1975年，第2707頁。

昌宗》載：「后每燕集，則二張諸武雜侍，撝博爭道為笑樂，或嘲詆公卿，淫蟲顯行，無復羞畏。時無檢輕薄者又諂言昌宗乃王子晉後身，后使被羽裳、吹簫、乘寓鶴，裴回庭中，如仙去狀，詞臣爭為賦詩以媚后。後知醜聲甚，思有以掩覆之，乃詔昌宗即禁中論著，引李嶠、張說、宋之問、富嘉謨、徐彥伯等二十有六人撰《三教珠英》。加昌宗司僕卿、易之麟臺監，權勢震赫。皇太子、相王請封昌宗為王，后不聽，遷春官侍郎，封鄴國公，易之恒國公，實封各三百戶。」〔註276〕《資治通鑒》卷二〇六載：「（久視元年）六月，改控鶴為奉宸府，以張易之為奉宸令。太后每內殿曲宴，輒引諸武、易之及弟秘書監昌宗飲博嘲謔。太后欲掩其跡，乃命易之、昌宗與文學之士李嶠等修《三教珠英》於內殿。武三思奏昌宗乃王子晉後身。太后命昌宗衣羽衣，吹笙，乘木鶴於庭中；文士皆賦詩以美之。」〔註277〕史書中總是說，武則天為了掩蓋二張的醜行，所以讓他們領銜修書，欲以美事掩其跡，好像主動權或者發起人是武則天，其實，或許事實恰好相反，或許是二張等人主動請纓，因為此前的唐代歷史中，編纂圖書典籍是一件很有榮光的事情，即上文所說「美事」，且從唐高祖、唐太宗、唐高宗三任君主來看，皆有大規模的編纂典籍的故事，尤其是唐高宗時代，皇帝、太子、諸王都在孜孜不倦地編纂典籍，欲成萬世之功，而此時甚得武則天寵幸的二張，必然也想做些事情，他們居然目不識字，毫無才學，後世的史家多說二張無才無德，如唐代張鷟《朝野僉載》卷六云：「張易之、昌宗目不識字，手不解書，謝表及和御製皆諂附者為之。所進《三教珠英》，乃崔融、張說輩之作，而易之竊名為首。」宋代劉克莊《後村詩話》卷三亦云：「張易之、昌宗目不識字，手不知書，謝表及和御製皆依附者為之。所進《三教珠英》，乃崔融、張說輩為之，而易之竊名為首。」儘管如此不堪，在武則天的支持下，二張等人很快組織了一個編纂班子，皆是一時之選。此次編纂的另外一個特點就是一批中青年才俊在其中起了較大作用。

　　《舊唐書》卷九十四《李嶠傳》載：「李嶠，趙州贊皇人，隋內史侍郎元操從曾孫也。代為著姓，父鎮惡，襄城令。嶠早孤，事母以孝聞。為兒童時，

〔註276〕《新唐書》卷一百四《張行成族子易之、昌宗》，北京：中華書局，1975年，第4014～4015頁。

〔註277〕《資治通鑒》卷二百六「則天順聖皇后中之下」條，北京：中華書局，1956年，第6544～6546頁。

夢有神人遺之雙筆，自是漸有學業。弱冠舉進士，累轉監察御史……則天深加接待，朝廷每有大手筆，皆特令嶠為之……聖曆初，與姚崇偕遷同鳳閣鸞臺平章事，俄轉鸞臺侍郎，依舊平章事，兼修國史……有文集五十卷。」〔註278〕《新唐書》卷一百二十三《李嶠傳》載：「李嶠字巨山，趙州贊皇人。早孤，事母孝。為兒時，夢人遺雙筆，自是有文辭，十五通《五經》，薛元超稱之。二十擢進士第，始調安定尉。舉制策甲科，遷長安。時畿尉名文章者，駱賓王、劉光業，嶠最少，與等夷。……嶠富才思，有所屬綴，人多傳諷。武后時，汜水獲瑞石，嶠為御史，上《皇符》一篇，為世譏薄。然其仕前與王勃、楊盈川接，中與崔融、蘇味道齊名，晚諸人沒，而為文章宿老，一時學者取法焉。」〔註279〕從唐高宗時期直至武則天時代，李嶠皆有功業，在武則天時代位列宰相，唐中宗時代更是朝廷之謀主，總之，李嶠在武則天時代是一位非常重要的人物。李嶠的學問與文章亦是很出色，所謂文思神敏，詩賦典麗，與杜審言、崔融、蘇味道並稱「文章四友」，與同鄉蘇味道並稱「蘇李」，並且李嶠詩歌在唐代以及後世均有相當大的影響，而此李嶠參與到《三教珠英》的編纂中，必然是此編纂團隊的學術帶頭人，故我們猜測，在二張之外，李嶠應該是最重要的編纂者之一，其一李嶠的地位高，其二李嶠是文章宿老。李嶠修《三教珠英》時的年齡，我們以公元700年為基點，〔註280〕判斷諸編纂者之年齡，李嶠的生卒年是645與714年，〔註281〕可見，編纂《三教珠英》之時，李嶠的年齡是55歲左右。

　　《新唐書》卷一百一十四《徐彥伯傳》載：「徐彥伯，兗州瑕丘人，名洪，以字顯。七歲能為文。結廬太行山下。薛元超安撫河北，表其賢，對策高第。調永壽尉、蒲州司兵參軍。時司戶韋皓善判，司士李叵工書，而彥伯屬辭，時稱『河東三絕』。遷職方員外郎，奉迎中宗房州，進給事中。武后撰《三教珠

〔註278〕《舊唐書》卷九十四《李嶠傳》，北京：中華書局，1975年，第2992～2995頁。

〔註279〕《新唐書》卷一百二十三《李嶠傳》，北京：中華書局，1975年，第4367頁，第4371頁。

〔註280〕王蘭蘭：《〈三教珠英〉考補與發微》，杜文玉主編《唐史論叢》2013年第2期，總第17輯，西安：陝西師範大學出版社，2014年，第114～130頁。王蘭蘭認為《三教珠英》的始撰時間是聖曆三年（700）改元久視前，撰成時間是長安元年（701）十一月。

〔註281〕馬茂元：《李嶠生卒年辯證》，《馬茂元說唐詩》，上海：上海古籍出版社，1999年，第98頁。

英》，取文辭士，皆天下選，而彥伯、李嶠居首。遷宗正卿，出為齊州刺史。帝復位，改太常少卿。以修《武后實錄》勞，封高平縣子。為衛州刺史，政善狀，璽書嘉勞。移蒲州，以近畿，會郊祭，上《南郊賦》一篇，辭致典縟。擢修文館學士、工部侍郎。歷太子賓客。以疾乞骸骨，許之。開元二年卒。」〔註282〕徐彥伯《舊唐書》本傳沒有記載其參與編纂《三教珠英》的事情，但是，《新唐書》本傳記載了他參與編纂《三教珠英》的事情，並且，選天下文辭之士，徐彥伯與李嶠居首，可見，徐彥伯之學識文章。《白孔六帖》卷七十三載：「撰《三教珠英》。徐彥伯進給事中。武后撰《三教珠英》，取文辭士，皆天下選，而彥伯、李嶠居首。」〔註283〕另外，通過此記載，我們亦可見到《三教珠英》的編纂在當時絕對是文壇盛事，並不像後世學者譏諷的那樣淺薄不經，因為除了二張兄弟之外，還是有一些文壇高手參與其中，但是，這也會帶來另外的問題，就是高手太多的情況下，縱橫捭闔高談闊論的多，踏踏實實勤勤懇懇做事的人少，而在這些文壇高手如李嶠、徐彥伯不操刀的情況下，那個時代的年輕人就要幹些事情了。對於徐彥伯編纂《三教珠英》時的年齡，我們也做一個補充。楊玉鋒《徐彥伯考》認為：「薛元超舉薦事在儀鳳二年（677），史載徐彥伯七歲能文，以此前推 30 年作為其生年參照，則可大致判斷其生於太宗貞觀二十一年（647）。徐彥伯官位顯要，新舊《唐書》載其卒年為開元二年（714），當無誤。」〔註284〕可見編纂《三教珠英》之時，徐彥伯的年齡是 53 歲左右。徐彥伯在部分典籍中，名字位列李嶠之前，可見，在編纂《三教珠英》這個事情上，徐彥伯之地位、作用與李嶠不相上下，他們二人是二張之外的真正的領修人。

　　《舊唐書》卷九七《張說傳》載：「張說字道濟，其先范陽人，代居河東，近又徙家河南之洛陽。弱冠應詔舉，對策乙第，授太子校書，累轉右補闕，預修《三教珠英》……長安初，修《三教珠英》畢，遷右史、內供奉，兼知考功貢舉事，擢拜鳳閣舍人。時臨臺監張易之與其弟昌宗構陷御史大夫魏元忠，稱其謀反，引說令證其事。說至御前，揚言元忠實不反，此是易之誣構耳。元忠由是免誅，說坐忤旨配流欽州。在嶺外歲餘。中宗即位，召拜兵部員外郎，累

〔註282〕《新唐書》卷一百一十四《徐彥伯傳》，北京：中華書局，1975 年，第 4201 ～4202 頁。

〔註283〕（唐）白居易原本，（宋）孔傳續撰：《白孔六帖》卷七十三，《文淵閣四庫全書》，第 892 冊，上海：上海古籍出版社，2003 年，第 207 頁。

〔註284〕楊玉鋒：《徐彥伯考》，《天中學刊》2017 年第 3 期，第 127～135 頁。

轉工部侍郎。景龍中，丁母憂去職，起復授黃門侍郎，累表固辭，言甚切至，優詔方許之。是時風教頹紊，多以起復為榮，而說固節懇辭，竟終其喪制，大為識者所稱。服終，復為工部侍郎，俄拜兵部侍郎，加弘文館學士。」〔註285〕《新唐書》卷一百二十五《張說傳》載：「永昌中，武后策賢良方正，詔吏部尚書李景諶糊名較覆，說所對第一，后署乙等，授太子校書郎，遷左補闕。久視中，后逼暑三陽宮，泛秋未還。說上疏……后不省。擢鳳閣舍人。張易之誣陷魏元忠也，援說為助。說廷對『元忠無不順言』，忤後旨，流欽州。中宗立，召為兵部員外郎，累遷工部、兵部二侍郎，以母喪免。既期，詔起為黃門侍郎，固請終制，祈陳哀到。時禮俗衰薄，士以奪服為榮，而說獨以禮終，天下高之。除喪，復為兵部，兼修文館學士。睿宗即位，擢中書侍郎兼雍州長史……明年，皇太子即皇帝位，太平公主引蕭至忠、崔湜等為宰相，以說不附己，授尚書左丞，罷政事，為東都留守。說知太平等懷逆，乃因使以佩刀獻玄宗，請先決策，帝納之。至忠等已誅，召為中書令，封燕國公，實封二百戶。」〔註286〕張說後來亦是官至宰相，為大唐名臣，文壇領袖，張說與徐堅等人，後來還編纂有《初學記》，而編纂《三教珠英》的參與人裏面亦有此張說，雖然，此時的張說還沒有達到政治上的高度，亦是有文名的才俊。對於張說的年齡仕宦履歷等，前輩學者多有探究，我們以周睿《張說研究》為主要依據，考察張說編纂《三教珠英》時的年齡，唐高宗乾封二年（667）張說出生，開元十八年（730）張說病逝，〔註287〕而張說修《三教珠英》時的年齡是 33 歲左右。

《舊唐書》卷一百二《徐堅傳》載：「徐堅，西臺舍人齊聃子也。少好學，遍覽經史，性寬厚長者。進士舉，累授太子文學。聖曆中，車駕在三陽宮，御史大夫楊再思、太子左庶子王方慶為東都留守，引堅為判官，表奏專以委之。方慶善《三禮》之學，每有疑滯，常就堅質問，堅必能征舊說，訓釋詳明，方慶深善之。又賞其文章典實，常稱曰：『掌綸誥之選也。』再思亦曰：『此鳳閣舍人樣，如此才識，走避不得。』堅又與給事中徐彥伯、定王府倉曹劉知幾、右補闕張說同修《三教珠英》。時麟臺監張昌宗及成均祭酒李嶠總領其事，廣引文詞之士，日夕談論，賦詩聚會，歷年未能下筆。堅獨與說構意撰錄，以《文

〔註285〕《舊唐書》卷九七《張說傳》，北京：中華書局，1975 年，第 3049〜3051 頁。
〔註286〕《新唐書》卷一百二十五《張說傳》，北京：中華書局，1975 年，第 4404 頁，第 4406 頁。
〔註287〕周睿：《張說研究》，四川大學博士學位論文，2007 年，第 19〜23 頁。

思博要》為本，更加姓氏、親族二部，漸有條流。諸人依堅等規制，俄而書成，遷司封員外郎。則天又令堅刪改《唐史》，會則天遜位而止。」〔註288〕《新唐書》卷一百九十九《儒學中·徐堅》載：「堅字符固，幼有敏性。沛王聞其名，召見，授紙為賦，異之。十四而孤，及壯，寬厚長者。舉秀才及第，為汾州參軍事，遷萬年主簿……聖曆中，東都留守楊再思、王方慶共引為判官。方慶善《禮》學，嘗就質疑晦，堅為申釋，常得所未聞。屬文典厚，再思每目為鳳閣舍人樣。與徐彥伯、劉知幾、張說與修《三教珠英》，時張昌宗、李嶠總領，彌年不下筆，堅與說專意撰綜，條匯粗立，諸儒因之乃成書。累遷給事中，封慈源縣子。」〔註289〕通過《徐堅傳》我們得到了新的認知，麟臺監張昌宗及成均祭酒李嶠總領編纂《三教珠英》的事情，他們廣引文詞之士，日夕談論，賦詩聚會，卻歷年未能下筆，徐堅與張說構意撰錄，以《文思博要》為本，更加姓氏、親族二部，漸有條匯，由此可見**徐堅與張說是《三教珠英》編纂的核心人物，是體例設定的中心人物，而此時的徐堅與張說皆是中年才俊。徐堅的生卒年為 660 年至 729 年，編纂《三教珠英》之時徐堅 40 歲左右。再者，我們要補充的一個問題是，武則天、張昌宗、李嶠諸人心中對編纂一部什麼樣的書，心中有底沒有，如果心中有底，編纂班子組建之後，直接開工就可以，為何要討論歷年，而不能下筆，這就是說，主要決策人員如武則天、張昌宗、李嶠等人，只是想編纂一部大書，成就他們的功業與文名，而具體編纂一部什麼樣的書，他們還是處於朦朧的狀態，而徐堅、張說等人在主要決策人員猶豫不定之時，提出了一個依據《文思博要》而成新書的計劃，最終這個計劃得到了肯定並付諸實施。

　　《舊唐書》卷一百二《劉子玄傳》載：「劉子玄，本名知幾，楚州刺史胤之族孫也。少與兄知柔俱以詞學知名，弱冠舉進士，授獲嘉主簿。證聖年，有制文武九品已上各言時政得失，知几上表陳四事，詞甚切直。是時官爵僭濫而法網嚴密，士類競為趨進而多陷刑戮，知幾乃著《思慎賦》以刺時，且以見意。鳳閣侍郎蘇味道、李嶠見而歎曰：『陸機《豪士》所不及也。』……自幼及長，述作不倦，朝有論著，必居其職。預修《三教珠英》《文館詞林》《姓族系錄》，論《孝經》非鄭玄注、《老子》河上公注，修《唐書實錄》，皆行於代，有集三

〔註288〕《舊唐書》卷一百二《徐堅傳》，北京：中華書局，1975 年，第 3175 頁。
〔註289〕《新唐書》卷一百九十九《儒學中·徐堅傳》，北京：中華書局，1975 年，第 5662 頁。

十卷。後數年，玄宗敕河南府就家寫《史通》以進，讀而善之，追贈汲郡太守；尋又贈工部尚書，諡曰文。」〔註290〕《新唐書》卷一百三十二《劉子玄傳》載：「與兄知柔俱以善文詞知名。擢進士第，調獲嘉主簿……子玄與徐堅、元行沖、吳兢等善，嘗曰：『海內知我者數子耳。』……累遷鳳閣舍人，兼修國史……會子貺為太樂令，抵罪，子玄請於執政，玄宗怒，貶安州別駕。卒，年六十一。」〔註291〕劉知幾亦是史學名家，與徐堅、元行沖、吳兢等善，可見，劉知幾在參與《三教珠英》編纂之時，是徐堅的好助手，並且相對於李嶠、徐彥伯而言，張說、徐堅、劉知幾諸人在當時皆是中青年才俊，而《三教珠英》的真正編纂人員，肯定就是他們無疑，當然，參與編纂《三教珠英》的絕不僅僅是他們。劉知幾的生卒年是 661 年至 721 年，可見其參與編纂《三教珠英》之時的年齡為 39 歲左右。〔註292〕

《舊唐書》卷七四《崔湜傳》載：「崔仁師，定州安喜人。武德初，應制舉，授管州錄事參軍。五年，侍中陳叔達薦仁師才堪史職，進拜右武衛錄事參軍，預修梁、魏等史。貞觀初，再遷殿中侍御史……二十二年，遷中書侍郎，參知機務。時仁師甚承恩遇，中書令褚遂良頗忌嫉之……永徽初，起授簡州刺史，尋卒，年六十餘。神龍初，以子挹為國子祭酒，恩例贈同州刺史。挹子湜。」「湜少以文辭知名，舉進士，累轉左補闕，預修《三教珠英》，遷殿中侍御史……湜美姿儀，早有才名。弟液、滌及從兄涖並有文翰，居清要，每宴私之際，自比東晉王導、謝安之家。」〔註293〕《新唐書》卷九十九《崔湜傳》載：「湜字澄瀾。少以文詞稱。第進士，擢累左補闕，稍遷考功員外郎。時桓彥範等當國，畏武三思櫱構，引湜使陰汙其奸。中宗稍疏功臣，三思日益寵，湜反以彥範等計告三思，驟遷中書舍人。彥範等被徙，又說三思速殺之以絕人望。三思問誰可使者，乃進其外兄周利貞。利貞往，彥範等皆死。擢利貞御史中丞。湜附託昭容上官氏，數與宣淫於外。景龍二年，遷兵部侍郎，而挹為禮部侍郎。武德以來，父子同為侍郎，惟挹、湜雲。俄拜中書侍郎、檢校吏部侍郎、同中書門

〔註290〕《舊唐書》卷一百二《劉子玄傳》，北京：中華書局，1975 年，第 3168 頁，第 3173～3174 頁。

〔註291〕《新唐書》卷一百三十二《劉子玄傳》，北京：中華書局，1975 年，第 4519～4520 頁，第 4522 頁。

〔註292〕許凌云：《劉知幾評傳》，南京：南京大學出版社，1994 年，第 314、330 頁。

〔註293〕《舊唐書》卷七四《崔湜傳》，北京：中華書局，1975 年，第 2620、2622、2624 頁。

下平章事，與鄭愔同典選。納賂遺，銓品無序，為御史李尚隱劾奏，貶江州司馬。上官與安樂公主從中申護之，改襄州刺史。未幾，入為尚書左丞。韋氏稱制，復以吏部侍郎同中書門下三品。睿宗立，出為華州刺史。俄除太子詹事……玄宗在東宮，數至其第申款密。湜陰附主，時人危之，為寒毛……初，在襄州，與譙王數相問遺。王敗，湜當死，賴劉幽求、張說護免。及為宰相，陷幽求嶺表，密諷廣州都督周利貞殺之，不克。又與太平公主逐張說。其猜毒詭險殆天性，雖蠆虺不若也。」〔註294〕崔湜出身名門，是世家子弟，自比東晉王導、謝安之家，可見其家族之勢力。崔湜學問亦佳，後來在唐中宗、唐睿宗時代官至宰相，一直處於權力的核心中，與武三思、上官婉兒、太平公主、安樂公主以及後來的唐玄宗皆有交集，而他早年亦曾參與過《三教珠英》的編纂，並且由其後來當死之時，劉幽求、張說護免他的事情來看，此人與張說的關係良好，而在參與編纂《三教珠英》之時，張說、徐堅、劉知幾、崔湜四人應是關係較為緊密的一個小群體。崔湜的生卒年史書亦有記載，即生於 671 年，卒於 713 年，而其參與編纂《三教珠英》時的年齡是 29 歲左右，是上述四人中最為年輕的。

　　《舊唐書》卷一百九十《文苑中・閻朝隱傳》載：「閻朝隱，趙州欒城人也。少與兄鏡幾、弟仙舟俱知名。朝隱文章雖無風雅之體，善構奇，甚為時人所賞。累遷給事中，預修《三教珠英》。**張易之等所作篇什，多是朝隱及宋之問潛代為之**。聖曆二年，則天不豫，令朝隱往少室山祈禱。朝隱乃曲申悅媚，以身為犧牲，請代上所苦。及將康復，賜絹彩百匹、金銀器十事。俄轉麟臺少監。易之伏誅，坐徙嶺外。尋召還。先天中，復為秘書少監。又坐事貶為通州別駕，卒官。朝隱修《三教珠英》時，成均祭酒李嶠與張昌宗為修書使，盡收天下文詞之士為學士，預其列者，有王無競、李适、尹元凱，並知名於時。自餘有事蹟者，各見其本傳。」〔註295〕《新唐書》卷二〇二《文藝中・閻朝隱傳》載：「閻朝隱字友倩，趙州欒城人，少與兄鏡幾、弟仙舟皆著名。連中進士、孝悌廉讓科，補陽武尉。中宗為太子，朝隱以舍人幸。性滑稽，屬辭奇詭，為武后所賞。累遷給事中、仗內供奉。後有疾，令往禱少室山，乃沐浴，伏身

〔註294〕《新唐書》卷九十九《崔湜傳》，北京：中華書局，1975 年，第 3921～3922 頁。

〔註295〕《舊唐書》卷一百九十《文苑中・閻朝隱傳》，北京：中華書局，1975 年，第 5026 頁。

俎盤為犧,請代後疾。還奏,會後亦愈,大見褒賜。其資佞諂如此。景龍初,
自崖州遇赦還,累遷著作郎。先天中,為秘書少監,坐事貶通州別駕,卒。」
〔註296〕閻朝隱年齡不詳,亦是當時的文學名士,但是他與上文所提及的文學
才俊相比,應是不同類型的人,他與二張兄弟關係更密切,因為史書中說二張
兄弟的表章多由他與宋之問捉刀。

《舊唐書》卷一百九十中《文苑中·王無競傳》載:「王無競者,字仲烈,
其先琅邪人,因官徙居東萊,宋太尉弘之十一代孫。父侃,棣州司馬。無競有
文學,初應下筆成章舉及第,解褐授趙州欒城縣尉,歷秘書省正字,轉右武衛
倉曹、洛陽縣尉,遷監察御史,轉殿中。舊例,每日更直於殿前正班。時宰相
宗楚客、楊再思常離班偶語,無競前曰:『朝禮至敬,公等大臣,不宜輕易以
慢恒典。』楚客等大怒,轉無競為太子舍人。神龍初,坐訶詆權倖,出為蘇州
司馬。及張易之等敗,以嘗交往,再貶嶺外,卒於廣州,年五十四。」〔註297〕
王無競是位不甚得志的文學之士,他在值班時斥責宰相宗楚客,可見此人之性
格,但是,他與張易之亦有交往,甚至在二張被殺之後,受到牽連,被貶嶺外,
死於廣州。

《舊唐書》卷一百九十《文苑中·李适傳》載:「李适者,雍州萬年人。
景龍中,為中書舍人,俄轉工部侍郎。睿宗時,天台道士司馬承禎被徵至京
師。及還,適贈詩,序其高尚之致,其詞甚美,當時朝廷之士,無不屬和,
凡三百餘人。徐彥伯編而敘之,謂之《白雲記》,頗傳於代。尋卒。」〔註298〕
《新唐書》卷二○二《文藝中·李适傳》載:「李适,字子至,京兆萬年人。
舉進士,再調猗氏尉。武后修《三教珠英》書,以李嶠、張昌宗為使,取文
學士綴集,於是適與王無競、尹元凱、富嘉謨、宋之問、沈佺期、閻朝隱、
劉允濟在選。書成,遷戶部員外郎,俄兼修書學士。景龍初,又擢修文館學
士。睿宗時,待詔宣光閣,再選工部侍郎。卒,年四十九,贈貝州刺史。」
〔註299〕李适亦是名臣,文辭優美,而其參與編纂《三教珠英》之時,亦屬

〔註296〕 《新唐書》卷二百二《文藝中·閻朝隱傳》,北京:中華書局,1975 年,第
　　　　　5751～5752 頁。
〔註297〕 《舊唐書》卷一百九十《文苑中·王無競傳》,北京:中華書局,1975 年,
　　　　　第 5026～5027 頁。
〔註298〕 《舊唐書》卷一百九十《文苑中·李适傳》,北京:中華書局,1975 年,第
　　　　　5027 頁。
〔註299〕 《新唐書》卷二百二《文藝中·李适傳》,北京:中華書局,1975 年,第 5747
　　　　　頁。

青年才俊。

　　《舊唐書》卷一百九十《文苑中·尹元凱傳》載：「尹元凱者，瀛州樂壽人。初為磁州司倉，坐事免，乃棲遲山林，不求仕進，垂三十年。與張說、盧藏用特相友善，徵拜右補闕。卒於并州司馬。」〔註300〕《新唐書》卷二○二《文藝中·尹元凱傳》「尹元凱，瀛州樂壽人。由慈州司倉參軍坐事免，棲遲不出者三十年。與張說、盧藏用厚，詔起為右補闕。」〔註301〕

　　《舊唐書》卷一百九十《文苑中·富嘉謨傳》載：「富嘉謨，雍州武功人也。舉進士。長安中，累轉晉陽尉，與新安吳少微友善，同官。先是，文士撰碑頌，皆以徐、庾為宗，氣調漸劣；嘉謨與少微屬詞，皆以經典為本，時人欽慕之，文體一變，稱為富吳體。嘉謨作《雙龍泉頌》《千蠋谷頌》，少微撰《崇福寺鐘銘》，詞最高雅，作者推重。并州長史張仁亶待以殊禮，坐必同榻。嘉謨後為壽安尉，預修《三教珠英》。中興初，為左臺監察御史，卒。有文集五卷。」〔註302〕《新唐書》卷二○二《文藝中·富嘉謨傳》載：「嘉謨，武功人，舉進士。長安中，累轉晉陽尉；少微，新安人，亦尉晉陽，尤相友善；有魏谷倚者，為太原主簿，並負文辭，時稱「北京三傑」。天下文章尚徐、庾，浮俚不競，獨嘉謨、少微本經術，雅厚雄邁，人爭慕之，號「吳富體」。豫修《三教珠英》。韋嗣立薦嘉謨、少微並為左臺監察御史。已而嘉謨死，少微方病，聞之為慟，亦卒。」〔註303〕富嘉謨本傳記載了他參與編纂《三教珠英》的事情，並且，富嘉謨之文章是當時之經典，為時人所欽慕。

　　《舊唐書》卷一百九十中《文苑中·宋之問傳》載：「宋之問，虢州弘農人。父令文，有勇力，而工書，善屬文。高宗時，為左驍衛郎將、東臺詳正學士。之問弱冠知名，尤善五言詩，當時無能出其右者。初征令與楊炯分直內教，俄授洛州參軍，累轉尚方監丞、左奉宸內供奉。易之兄弟雅愛其才，之問亦傾附焉。預修《三教珠英》，常扈從遊宴。則天幸洛陽龍門，令從官賦詩，左史

東方虬詩先成，則天以錦袍賜之。及之問詩成，則天稱其詞愈高，奪虬錦袍以賞之。」〔註304〕宋之問此人，亦是文采出眾，但是，宋之問與二張兄弟相依附，二張兄弟之表章亦是多由宋之問代作。

《舊唐書》卷一百九十《文苑中·沈佺期傳》載：「**沈佺期**，相州內黃人也。進士舉。長安中，累遷通事舍人，預修《三教珠英》。」〔註305〕沈佺期的傳記很簡單，仍然記載了其參與編纂《三教珠英》的事情，可見，編纂《三教珠英》對當時人來說，亦是無比榮耀的「美事」一樁。

《舊唐書》卷一百九十《文苑中·劉允濟傳》載：「**劉允濟**，洛州鞏人，其先自沛國徙焉。南齊彭城郡丞巘六代孫也。少孤，事母甚謹。博學善屬文，與絳州王勃早齊名，特相友善。弱冠本州舉進士，累除著作佐郎。允濟嘗採摭魯哀公後十二代至於戰國遺事，撰《魯後春秋》二十卷。表上之，遷左史，兼直弘文館。垂拱四年，明堂初成，允濟奏上《明堂賦》以諷，則天甚嘉歎之，手製褒美，拜著作郎。天授中，為來俊臣所構，當坐死，以其母老，特許終其餘年，仍留繫獄。久之，會赦免，貶授大庾尉。長安中，累遷著作佐郎，兼修國史。未幾，擢拜鳳閣舍人。中興初，坐與張易之款狎，左授青州長史，為吏清白，河南道巡察使路敬潛甚稱薦之。尋丁母憂，服闋而卒。」〔註306〕劉允濟與王勃齊名，亦是博學之人，後來，為酷吏所構，當死未死，肯定是武則天暗中保護的結果，從他後來與二張關係密切，並因此被貶可知，此劉允濟與二張乃至武則天的關係較為密切。

《舊唐書》卷一百九十《文苑中·員半千傳》載：「**員半千**，本名餘慶，晉州臨汾人。少與齊州人何彥先同師事學士王義方，義方嘉重之，嘗謂之曰：『五百年一賢，足下當之矣！』因改名半千。及義方卒，半千與彥先皆制服，喪畢而去……長安中，五遷正諫大夫，兼右控鶴內供奉。半千以控鶴之職，古無其事，又授斯任者率多輕薄，非朝廷進德之選，上疏請罷之。由是忤旨，左遷水部郎中，預修《三教珠英》。」〔註307〕員半千是王義方的學生，關於王義

〔註304〕《舊唐書》卷一百九十《文苑中·宋之問傳》，北京：中華書局，1975年，第5025頁。

〔註305〕《舊唐書》卷一百九十《文苑中·沈佺期傳》，北京：中華書局，1975年，第5017頁。

〔註306〕《舊唐書》卷一百九十《文苑中·劉允濟傳》，北京：中華書局，1975年，第5012～5013頁。

〔註307〕《舊唐書》卷一百九十《文苑中·員半千傳》，北京：中華書局，1975年，第5014～5015頁。

方後文還有介紹，由員半千上疏請罷控鶴監之事，可見此人之品行，雖然忤旨，仍然參與了《三教珠英》的編纂。

　　《舊唐書》卷一百九十《文苑中·喬知之傳》載：「**喬知之**，同州馮翊人也。父師望，尚高祖女廬陵公主，拜駙馬都尉，官至同州刺史。知之與弟侃、備，並以文詞知名。知之尤稱俊才，所作篇詠，時人多諷誦之。則天時，累除右補闕，遷左司郎中……備，預修《三教珠英》，長安中卒於襄陽令。」〔註308〕喬備兄弟，是唐高祖李淵的外孫，其父喬師望亦是一代名將，他們作為皇親國戚，在武則天時代也參與到了《三教珠英》的編纂之中。

　　《舊唐書》卷一百九十中《文苑中·王適傳》載：「初則天時，敕吏部糊名考選人判，以求才彥，憲與王適、司馬鍠、梁載言相次判入第二等。」「王適，幽州人。官至雍州司功。」〔註309〕王適本傳沒有記載其參與編纂《三教珠英》的事情，但是《唐會要》記載了他，並且其排名很靠前。

　　《舊唐書》卷七十三《薛元超傳》載：「子曜，亦以文學知名，聖曆中，修《三教珠英》，官至正諫大夫。」〔註310〕薛元超前文已提及，此人是皇親國戚，曾參與編纂《東殿新書》，並且他發現、提拔了諸多文學之士，而在編纂《三教珠英》之時，他的兒子薛曜也參與進來了。

　　《舊唐書》卷九十八《魏知古傳》載：「**魏知古**，深州陸澤人也。性方直，早有才名。弱冠舉進士，累授著作郎，兼修國史。長安中，歷遷鳳閣舍人、衛尉少卿。時睿宗居藩，兼檢校相王府司馬。神龍初，擢拜吏部侍郎，仍並依舊兼修國史，尋進位銀青光祿大夫。明年，丁母憂去職，服闋授晉州刺史。睿宗即位，以故吏召拜黃門侍郎，兼修國史。」〔註311〕「開元元年，官名改易，改為黃門監。二年，還京，上屢有顧問，恩意甚厚，尋改紫微令。姚崇深忌憚之，陰加讒毀，乃除工部尚書，罷知政事。三年卒，時年六十九。」〔註312〕開元三年（715）年，魏知古69歲，而聖曆三年（700），此編纂《三教珠英》時，魏知古的年齡是54歲，算是編纂團隊中的年齡較大者。

〔註308〕　《舊唐書》卷一九〇《文苑中·喬知之傳》，北京：中華書局，1975 年，第
　　　　　5011～5012 頁。諸書言修《三教珠英》者有「高備」，而王蘭蘭考證「高備」
　　　　　當是「喬備」。
〔註309〕　《舊唐書》卷一九〇《文苑中·王適傳》，北京：中華書局，1975 年，第 5017
　　　　　頁。
〔註310〕　《舊唐書》卷七三《薛元超傳》，北京：中華書局，1975 年，第 2591 頁。
〔註311〕　《舊唐書》卷九八《魏知古傳》，北京：中華書局，1975 年，第 3061 頁。
〔註312〕　《舊唐書》卷九八《魏知古傳》，北京：中華書局，1975 年，第 3064 頁。

　　元希聲（662～707），河南洛陽（今屬河南）人。少通五經百家之言，志趣沖淡，以此馳名當世。登進『士第，授相州內黃主簿。調補校書郎，轉右金吾兵曹參軍、萬年縣主簿。以文詞之美，徵拜司禮博士。聖曆中，武則天廣選文儒，編撰《三教珠英》，希聲亦榮獲其選。大足元年書成，以功遷太子文學。後歷主客、考功二員外郎。中宗即位，擢中書舍人，轉太常少卿，旋拜吏部侍郎。景龍元年卒，年四十六。希聲博學多能，三歲即善草隸，七歲能屬文，文思高遠，時人稱為神童。又妙於鼓琴，尤工幽居綠水之操。與當時著名文人張說、盧藏用、崔澂等人為至交。卒後，張說為撰墓銘，崔提為作碑文，盧藏用為其篆石。所作文原有三〇卷，至五代、宋時僅存一〇卷，故《舊唐書》卷四七《經籍志》、《新唐書》卷六〇《藝文志》均只著錄《元希聲集》一〇卷，今已佚。《全唐詩》卷一〇一錄存其詩八首，《全唐詩補編·補全唐詩》又補一首。生平事蹟見崔混《故吏部侍郎元公碑》、《元和姓纂》卷四、《唐會要》卷三六、卷七五、《書史會要》卷五。〔註313〕《舊唐書》卷一百八十四《宦官·李輔國傳》載：「肅宗又為輔國娶故吏部侍郎元希聲侄擢女為妻。」〔註314〕通過這個記載，我們可知元希聲曾經官至吏部侍郎，而李輔國娶其侄孫女是其去世後的事情。

　　常元旦，無傳記資料，《新唐書》載有「韋元旦」，王蘭蘭考證此「常元旦」當是「韋元旦」。韋元旦（？～771），京兆萬年（今陝西西安）人。天寶初釋褐白馬尉，五載任河南採訪支使。歷司勳員外郎。約乾元二年任江西觀察使。寶應元年任潤州刺史，永泰元年轉蘇州刺史、浙西觀察使。為政寬簡，所蒞有聲。大曆三年正月徵為尚書右丞，閏六月授淮南節度使。六年八月卒，諡昭。元甫工詩文，尤精於歎牘，與員錫並稱「員推韋狀」。《全唐詩》卷二七二存其詩一首，《全唐文》卷四三四存其文五篇。生平見《舊唐書》卷一一五本傳。〔註315〕《新唐書》卷二百二《文藝中·韋元旦傳》載：「韋元旦，京兆萬年人。祖澄，越王府記室，撰《女誡》傳於時。元旦擢進士第，補東阿尉，遷左臺監察御史。與張易之有姻屬，易之敗，貶感義尉。俄召為主客員外郎，遷中書舍

〔註313〕周祖譔主編：《中國文學家大辭典·唐五代卷》，北京：中華書局，1992 年，第 62 頁。

〔註314〕《舊唐書》卷一百八十四《宦官·李輔國傳》，北京：中華書局，1975 年，第 4760 頁。

〔註315〕周祖譔主編：《中國文學家大辭典·唐五代卷》，北京：中華書局，1992 年，第 70 頁。

人。舅陸頌妻，韋后弟也，故元旦憑以復進云。」〔註316〕王蘭蘭《〈三教珠英〉考補與發微》認為：「與韋元旦並列的均為《三教珠英》編寫人員，韋元旦又與張易之有姻親關係，參與編寫的可能性極大。」〔註317〕

于季子（生卒年不詳），齊郡歷城（今山東濟南）人。咸亨中登進士第。歷任侍御史、司封員外郎、中書舍人等職。預修《三教珠英》。《全唐詩》卷八○錄其詩七首。生平事蹟散見《元和姓纂》卷二、《國秀集》目錄、《唐詩紀事》卷七、《唐郎官石柱題名考》卷六。〔註318〕《奉和聖製夏日遊石淙山》：「九旗雲布臨嵩室，萬騎星陳集潁川。瑞液含滋登禹膳，飛流薦響入虞弦。山扉野徑朝花積，帳殿帷宮夏葉連。微臣獻壽迎千壽，願奉堯年倚萬年。」《早春洛陽答杜審言》：「梓澤年光往復來，杜霸遊人去不回。若非載筆登麟閣，定是吹簫伴鳳臺。路傍桃李花猶嫩，波上芙蕖葉未開。分明寄語長安道，莫教留滯洛陽才。」可見他既是皇帝身邊人，也是文壇領袖的密友。

馬吉甫（生卒年不詳），正平（今山西臨汾）人，郡望扶鳳（今屬陝西）。曾為修文學士。聖曆時，為崇文館學士，與沈佺期、徐堅等人預修《三教珠英》。後官中書舍人。擅詩，尤善賦。長安四年，作有《蝸牛賦》，又曾有《蟬賦》之作。《全唐詩補編·補全唐詩》錄存其詩二首及殘詩一首。《全唐文》卷六二二收其賦兩篇。生平事蹟見《朝野僉載》卷四、《元和姓纂》卷七、顏真卿《康使君神道碑銘》、《唐會要》卷三六。〔註319〕

房元陽（生卒年不詳），其先本出清河（今屬河北），後為河南（今河南洛陽）人。武則天時曾任司禮寺博士，預修《三教珠英》。後官水部郎中。《全唐詩補編·補全唐詩》收其詩二首。生平事蹟見《新唐書》卷七一下《宰相世系表》、《唐會要》卷三六。〔註320〕

楊齊哲（生卒年里不詳），一作楊齊惢。長安四年任洛陽縣尉。《全唐詩》

〔註316〕《新唐書》卷二百二《文藝中·韋元旦傳》，北京：中華書局，1975 年，第5749 頁。

〔註317〕王蘭蘭：《〈三教珠英〉考補與發微》，《唐史論叢》2013 年第 2 期，總第 17輯，西安：陝西師範大學出版總社，2014 年，第 114～130 頁。

〔註318〕周祖譔主編：《中國文學家大辭典·唐五代卷》，北京：中華書局，1992 年，第 7 頁。

〔註319〕周祖譔主編：《中國文學家大辭典·唐五代卷》，北京：中華書局，1992 年，第 16 頁。

〔註320〕周祖譔主編：《中國文學家大辭典·唐五代卷》，北京：中華書局，1992 年，第 538 頁。

卷七六九錄其《過函谷關》詩一首，《金唐詩補編・補全唐詩》補一首。《全唐文》卷二六〇錄其文一篇。〔註321〕

蔣鳳、李處正二人必然也是參與了《三教珠英》的編纂，並被史書記載下來，但是由於沒有找到他們的傳記資料，對他們的生平事蹟不清楚，闕疑待查。

朱敬則（635～709），字少連，亳州永城（今屬河南）人。性傭倘重節義，早以辭學知名。咸亨中，高宗聞其名召見之，將委以重任，為李敬玄所讒，景龍三年卒，年七十五。睿宗時，諡曰元。敬則善文，嘗採魏晉以來君臣成敗之事，著成《十代興亡論》。又以前代文士論廢五等，以秦為失，事未折衷，而撰《五等論》。《新唐書》卷一一五《朱敬則》載：「朱敬則字少連，亳州永城人。以孝義世被旌顯，一門六闕相望。敬則志尚恢博，好學，重節義然諾，善與人交，振其急難，不責報於人。與左史江融、左僕射魏元忠善。咸亨中，高宗聞其名，召見，異之，為中書令李敬玄所毀，故授洹水尉。久之，除右補闕……以老疾還政事，俄改成均祭酒、冬官侍郎。易之等集名儒撰《三教珠英》，又繪武三思、李嶠，蘇味道、李迥秀、王紹宗等十八人像以為圖，欲引敬則，固辭不與，世潔其為人。出為鄭州刺史，遂致仕。侍御史冉祖雍誣奏與王同皎善，貶涪州刺史。既明其非罪，改廬州。代還，無淮南一物，所乘止一馬，子曹步從以歸。卒年七十五。」〔註322〕宋王欽若等撰《冊府元龜》卷三百十七《宰輔部正直第二》載：「朱敬則，為鳳閣鸞臺平章事。時御史大夫魏元忠為張易之兄弟所謗，將陷重辟，當時宰相無敢言者，敬則獨抗疏理之，頗得明白。麟臺監張昌宗廣集當時學者，刪補《文思博要》，撰為《三教珠英》，又命畫工圖寫梁王武三思、納言李嶠、麟臺少監王紹宗等十八人形象，號為「高士圖」，每引敬則預其事，固辭不就。其高潔守正如此。〔註323〕朱敬則是個特例，朱敬則本來是可以參與《三教珠英》編纂的，但是朱敬則一直以來，對二張兄弟之所作所為不屑一顧，故堅決不予他們同流，並且不時上疏抨擊二張，故我們也將朱敬則附於此處，表

〔註321〕周祖譔主編：《中國文學家大辭典・唐五代卷》，北京：中華書局，1992年，第351頁。

〔註322〕《新唐書》卷一一五《朱敬則傳》，北京：中華書局，1975年，第4218頁，第4220頁。

〔註323〕（宋）王欽若等：《冊府元龜》卷三百十七《宰輔部・正直第二》，南京：鳳凰出版社，2006年，第3585頁。

明在《三教珠英》編纂之時，也是有反對聲音的，也是有不同意見的。但是朱敬則必然是個例，更多的文人學士、王公宰相則是在迎合二張，迎合武則天，當然這其中不乏陽奉陰違，出淤泥而不染的正直之士，他們中的很多人在後來的唐玄宗時代，仍然是做出來不少的功業，如我們所多次提及的張說、徐堅等人。

二、《三教珠英》的流傳

宋王溥《唐會要》卷三五《學校》載：「開元三年，右散騎常侍褚無量、馬懷素侍宴，言及內庫及秘書墳籍。上曰：內庫書，皆是太宗高宗前代舊書，省比日，常令宮人主掌，所有殘缺，未能補緝，篇卷錯亂，尋檢甚難，卿試為朕排比之。至七年五月，降勅於秘書省、昭文館、禮部、國子監、太常寺及諸司、并官及百姓等。就借善寫之，及整比四部書成，上令百姓官人入乾元殿東廊觀書，無不驚駭。七年九月勅，比來書籍缺亡及多錯亂，良由簿歷不明，綱維失錯，或須披閱，難可校尋。令麗正殿寫四庫書，各於本庫每部為目錄，其有與四庫書名目不類者，依劉歆七略，排為七志。其經史子集，及人文集，以時代為先後，以品秩為次第。其《三教珠英》既有缺落，宜依舊目，隨文修補。」〔註324〕根據這個記載，可見在開元三年（715）唐玄宗曾下令整理圖書典籍，至開元七年（719）令百姓、官人入乾元殿觀書，無不驚駭，可見此次整理典籍的成果之多，唐玄宗在此基礎上，再接再厲，於開元七年九月下令繼續整理圖書，而在詔令的最後提到了《三教珠英》，此時距離《三教珠英》編纂完成之時，不到二十年，而《三教珠英》竟然出現了缺落等現象，故唐玄宗派人修補《三教珠英》。此時，當年編纂《三教珠英》的人員尚在，修補工作應該較為容易，但是修補的結果如何，史書沒有記載。

到了唐文宗時期，也就是開成二年（837），唐文宗下令將《三教珠英》的名字改為《海內珠英》。《舊唐書》卷十七下《文宗下》載：「（開成二年）冬十月辛卯朔，詔改天后所撰《三教珠英》為《海內珠英》。」〔註325〕《新唐書》卷五十九《藝文三》子部「類書類」亦載：「開成初改為《海內珠英》，武后所

〔註324〕（宋）王溥：《唐會要》卷三十五《學校》，北京：中華書局，1955年，第644頁。

〔註325〕《舊唐書》卷十七下《文宗下》，北京：中華書局，1975年，第571頁。

改字並復舊。」〔註326〕宋王溥撰《唐會要》卷三十六《修撰》亦載:「二年……
其年十月,勅改天后朝所撰《三教珠英》為《海內珠英》。」〔註327〕可見,唐
文宗開成年間不僅僅將《三教珠英》的名字改為《海內珠英》,還將武后所改
字並復舊,而如此的動作,必然需要對整部書都作核查與檢閱,不然如何將所
有改字復舊。唐文宗對《三教珠英》一番整理之後,兩《唐書》中,沒有了對
這部大書的記載,不知唐末的戰亂中,這部大書的命運如何,而通過編纂《太
平御覽》時,提及《文思博要》,不提《三教珠英》來看,此《三教珠英》的
命運或許好不到哪裏去!並且歷代文人墨客對此書也不大看好,主要是二張
的緣故,如果我們拋棄此種鄙視之觀念,單純思考這部大書的質量,再看其流
傳,或許會更好一點。

　　《郡齋讀書志》卷十四《類書類》載:「《三教珠英》三卷(袁本後志卷二
類書類第四)。右唐張昌宗等撰,按《唐志》一千三百卷,今所存者止此。」
〔註328〕按照這個記載可知,到了南宋,《三教珠英》尚有三卷流傳。馬端臨《文
獻通考》卷二百二十八《經籍考五十五‧類書》載:「《三教珠英》三卷。晁氏
曰:唐張昌宗撰,按《唐志》一千三百卷,今所存者止此。」〔註329〕馬端臨
的記載肯定是因襲前書而來,到元代此書之亡佚與否,已不可知。

　　明胡應麟《少室山房筆叢正集》卷四《經籍會通四》載:「洪景盧云:國
初承五季亂離之後,所在書籍印板至少,宜其焚蕩,了無子遺。然太平興國中,
編次《御覽》,引用一千六百九十種,其《綱目》並載於首卷,而雜書古詩賦,
又不能具錄,以今考之,無傳者十之七八矣。此論未然,《太平御覽》蓋因襲
唐諸類書《文思博要》《三教珠英》等,仍其前引書目,非必宋初盡存也,亦
有宋世不存而近時往往迭出者,又以抄拾類書得之,此皆余所自驗,故知之最
真。洪以博洽名,而早列清華,或未曉此曲折,諸家亦鮮論及,漫爾識之。」
〔註330〕胡應麟對古今典籍的流傳之事所論甚多,而此處我們或可得到一點啟

〔註326〕《新唐書》卷五十九《藝文三》,北京:中華書局,1975年,第1563頁。

〔註327〕(宋)王溥:《唐會要》卷三十六《修撰》,北京:中華書局,1955年,第662
　　　　頁。

〔註328〕(宋)晁公武撰,孫猛校證:《郡齋讀書志校證》卷十四《類書類》,北京:
　　　　中華書局,2011年,第655頁。

〔註329〕(元)馬端臨:《文獻通考》卷二百二十八《經籍考‧子類書》,北京:中華
　　　　書局,1986年,第1828頁。

〔註330〕(明)胡應麟:《少室山房筆叢》卷四《經籍會通四》,北京:中華書局,1958
　　　　年,第冊,第61頁。

發，就是雖然前文說，《太平御覽》編纂之時，提及《文思博要》，不提《三教珠英》，也不能說明編纂《太平御覽》之時就沒有參考《三教珠英》，南宋之時尚有三卷《三教珠英》，北宋之時或許有更多卷帙可供參閱，只是由於二張之醜名，使人不願提及此書而已。

王士禎撰《居易錄》卷二載：「後村云：『張易之、昌宗目不識字，手不知書，謝表及和御製，皆依附者為之。所進《三教珠英》，乃崔融、張說輩為之，而易之竊名為首。』（見《詩話》）適見李日華《紫桃軒雜綴》云：張昌宗粉面膏唇，以媚女主，其人疑優伶不齒然，亦名擅文翰之譽，有《三教珠英》一千三百餘卷，其所著，恐亦未可以人廢也。則以編著果出昌宗之手，亦愚矣。」《三教珠英》之編纂質量不敢說很高，但是其基本的質量還是可以相信的，何則？因為《文思博要》的編纂質量是可以信賴的，而《三教珠英》就是《文思博要》的升級版，且有張說、徐堅、徐彥伯諸人在，他們這些英才的存在，或許可為《三教珠英》背書。

三、《三教珠英》的輯佚

宋陸佃《埤雅》卷十《釋蟲》載：

> 《三教珠英》曰：蜈蚣見蛇能以氣禁之，蓋土勝水，故蝍蛆搏蛇。舊說蟾蜍食蝍蛆，蝍蛆食蛇，蛇食蟾蜍，三物相值，莫敢先動，是亦騎虎之義，不得下也。〔註331〕

> 《三教珠英》曰：蒿成蟥蛻。〔註332〕

宋陸佃《埤雅》卷十一《釋蟲》載：

> 《三教珠英》云：守宮鱗，色如蛇，而四足亦與魚合。〔註333〕

《陸氏詩疏廣要》卷下之下《胡為虺蜴》載：

> 《三教珠英》云：守宮鱗，色如蛇，而四足亦與魚合。〔註334〕

《六家詩名物疏》卷三十八《小雅節南山之什一》載：

〔註331〕（宋）陸佃：《埤雅》卷十《釋蟲》，《文淵閣四庫全書》，第222冊，上海：上海古籍出版社，2003年，第144頁。

〔註332〕（宋）陸佃：《埤雅》卷十《釋蟲》，《文淵閣四庫全書》，第222冊，上海：上海古籍出版社，2003年，第145頁。

〔註333〕（宋）陸佃：《埤雅》卷十一《釋蟲》，《文淵閣四庫全書》，第222冊，上海：上海古籍出版社，2003年，第157頁。

〔註334〕（吳）陸機撰，（明）毛晉廣要：《陸氏詩疏廣要》卷下之下《胡為虺蜴》，《文淵閣四庫全書》，第70冊，上海：上海古籍出版社，2003年，第157頁。

《三教珠英》云：守宮鱗，色如蛇，而四足亦與魚合。〔註335〕

通過僅有的幾條佚文，我們還是可以看到《三教珠英》的體例，如《太平御覽》，是典型的類事類書，這也再次證明我們對唐前期官修類書的整體認知，即官修類書還是沿著類事類書的體例在向前發展，而發展的極致就是此《三教珠英》，故我們認為，《三教珠英》的質量也不容小覷。

四、小結

王蘭蘭《〈三教珠英〉考補與發微》認為《三教珠英》的始撰時間是聖曆三年（700）改元久視前，撰成時間是長安元年（701）十一月，可見，如此卷帙浩瀚的《三教珠英》編纂時間僅一年多。王蘭蘭還從《三教珠英》與武則天時期的政治關係方面，對《三教珠英》的編纂做了深入的分析，其認為：「武則天欲以編修掩飾自己內心的轉折與無奈。」「《三教珠英》的始撰與書成時間恰在聖曆三年至長安元年，其底本又是太宗朝高士廉編寫的《文思博要》，這恐怕並不能如《新唐書》所說，僅僅用武則天為面首改善形象來解釋吧。是否可以理解成武則天回歸李唐的心理在文化活動方面的折射？抑或可以理解為武則天通過思想文化方面的活動傳遞出的改周歸唐的信號？」「回歸李唐需要調和矛盾，做好充分的思想和輿論準備，編寫《三教珠英》正是其中一個重要組成部分。」〔註336〕誠然，王蘭蘭的論斷是很有意義的，很有啟發，與當時的政治局勢做關聯，可以稱為一家之言。但是，誠如上文我們所說，主要決策人員武則天、張昌宗、李嶠等人在編纂初期，對於編纂一部什麼樣的大書是沒有計劃的，他們只是要編纂一部大書，而具體編纂一部怎麼樣的大書，心中沒底，又哪來如此多的政治意味的暗示？就算武則天真要暗示什麼，立太子一事已經是明白無誤的昭告天下了，而《三教珠英》的暗示作用好像比較弱。但是，《三教珠英》的編纂無疑是武則天時代的大事，尤其是文化上的大事，集合了如此多的文人學士，並且是各個不同政治立場的文人學士，對當時政治生態的影響肯定是比較大的。

《舊唐書》卷六《則天皇后》載：

聖曆元年……春三月，召廬陵王哲於房州……八月……魏王承

〔註335〕（明）馮復京：《六家詩名物疏》卷三十八《小雅節南山之什一》，《文淵閣四庫全書》，第80冊，上海：上海古籍出版社，2003年，第413頁。

〔註336〕王蘭蘭：《〈三教珠英〉考補與發微》，杜文玉主編《唐史論叢》2013年第2期，總第17輯，西安：陝西師範大學出版社，2014年，第114～130頁。

嗣卒。庚子，梁王三思為內史，狄仁傑為納言。九月……丙子，盧陵王哲為皇太子，令依舊名顯，大赦天下，大酺五日……辛巳，皇太子謁太廟……冬十月，夏官侍郎姚元崇、麟臺少監李嶠並同鳳閣鸞臺平章事。

二年春二月，封皇嗣旦為相王。初為寵臣張易之及其弟昌宗置控鶴府官員，尋改為奉宸府，班在御史大夫下……秋七月，上以春秋高，慮皇太子、相王與梁王武三思、定王武攸寧等不協，令立誓文於明堂。

三年正月戊寅，梁王三思為特進，天官侍郎吉頊配流嶺表。臘月辛巳，封皇太子男重潤為邵王……春三月，李嶠為鸞臺侍郎，知政事如故。夏四月戊申，幸三陽宮。五月癸丑，上以所疾康復，大赦天下，改元為久視，停金輪等尊號，大酺五日。……秋七月，至自三陽宮。天官侍郎張錫為鳳閣侍郎、同鳳閣鸞臺平章事；其甥鳳閣鸞臺平章事李嶠為成均祭酒，罷知政事。……九月，內史狄仁傑卒。冬十月甲寅，復舊正朔，改一月為正月，仍以為歲首，正月依舊為十一月，大赦天下……十二月，開屠禁，諸祠祭令依舊用牲牢。

大足元年……九月，邵王重潤為易之讒構，令自死。冬十月，幸京師，大赦天下，改元為長安。

二年……十一月，相王旦為司徒。

三年……夏四月庚子，相王旦表讓司徒，許之。改文昌臺為中臺。李嶠知納言事。……秋九月，正諫大夫朱敬則同鳳閣鸞臺平章事。戊申，相王旦為雍州牧。是月，御史大夫兼知政事、太子右庶子魏元忠為張昌宗所譖，左授端州高要尉……冬十月丙寅，駕還神都。乙酉，至自京師。

四年春正月……朱敬則請致仕，許之。三月，進封平恩郡王重福為譙王，夏官侍郎宗楚客同鳳閣鸞臺平章事。夏四月，韋安石知納言事，李嶠知內史事……李嶠為國子祭酒，知政事如故……冬十月，秋官侍郎張柬之同鳳閣鸞臺平章事。十一月，李嶠為地官尚書，張柬之為鳳閣鸞臺平章事。

神龍元年春正月，……癸亥，麟臺監張易之與弟司僕卿昌宗反，皇太子率左右羽林軍桓彥範、敬暉等，以羽林兵入禁中誅之。甲辰，

皇太子監國，總統萬機，大赦天下。是日，上傳皇帝位於皇太子，
徙居上陽宮。〔註337〕

通過對《則天皇后本紀》的考察，我們可以發現從聖曆元年（698），武則天已經開始有了新的政治轉向，召廬陵王哲於房州就是最大的決定，不久廬陵王哲為皇太子，很顯然，這一年中，武則天已經做了最重要的政治安排，但是，情況如何呢？好像效果並不好，武氏與李氏好像都不買帳，武氏諸人是不滿，李氏諸人是不敢，但是，都不能表現出來，內心卻都是不滿的，並且，武則天也發現了這個問題，所以，聖曆二年秋七月，上以春秋高，慮皇太子、相王與梁王武三思、定王武攸寧等不協，令立誓文於明堂，讓他們在明堂發誓，這個肯定是要調和二者之間的矛盾，而這個矛盾調和的結果好像還不錯，聖曆三年的年初，梁王武三思為特進，封皇太子男李重潤為邵王，雙方皆有封賞，緊張關係得到緩和，而在這樣的形勢下，聖曆三年武則天果然採取了很多積極措施，即恢復李唐原來的政策。

而編纂《三教珠英》與其說是武則天的表演，倒不如說是張昌宗、張易之兄弟的表演。試看聖曆元年，立李顯為皇太子之後的大周朝局，很顯然，各方都在沉默中聚集力量，大局已定，當然，接班人無論是誰，李氏或者武氏？二張之結局都不會好到哪裏去！而在此時，尤其是定了接班人之後，二張兄弟難道沒有察覺出變化？所以，聖曆元年之後的二張兄弟，當然也包括武則天，一方面變得更為積極與活躍，一方面又表現為沉淪與沉溺，二張兄弟要在武則天還活著的時候瘋狂一下，他們此時之囂張乃至跋扈，可從不斷的陷害、排擠、拉攏朝臣看出來，而大足元年，張易之進讒言害死邵王李重潤之事，則是二張之跋扈最為顯著的表現。李重潤是唐中宗李顯嫡長子，當時的嫡長孫，韋皇后所生，而在《三教珠英》編纂的第二年，李重潤還有妹妹李仙蕙、妹夫武延基，卻因為議論二張兄弟，被武則天賜死，很明顯，這是二張對武則天接班人的進攻，是二張跋扈乃至陰毒的集中表現，此時如此有權勢，如此有影響力的二張，要做點可以炫耀一下的事情，難道不是常理？他們難道沒有立功業的需求與想法？而給他們增光添彩的修書「美事」，恰在此時前後開啟與完成，難道說不是他們的刻意謀劃？難道還有其他緣由？並且，此時張昌宗的官職就是麟臺監。武則天在最後的歲月中，尤其是立李顯為皇太子之後，變得更加的沉淪與沉溺，其對二張的偏信也達到頂峰，這是二張跋扈的根源，而二張修書與其

〔註337〕《舊唐書》卷六《則天皇后》，北京：中華書局，1975 年，第 127～132 頁。

說是為了自己，不如說是為了討好武則天，他們是為大周的文化事業在做貢獻，而不是為大唐，從其卷帙非要超過《文思博要》一百卷，即可看出其用意。當然，在武則天的支持下，被二張網羅的皆是天下才俊，而當時敢與他們唱反調的只有一個朱敬則，幾十位朝廷官員，既有宰相王公，更有文士大大，一起參與到如此規模的集會中，不會是簡單的事情，必然有整個王朝的虛榮心在裏面作怪，他們必然知曉他們的使命，他們必然在不斷的高唱，他們是在為大周的輝煌文化事業做貢獻，而一旦上升到這個境界，所有的人都要為完成這個事業做出自己的努力，而實際的情況亦是如此。後來張說、徐堅、劉知幾哪個不是名垂青史的人中龍鳳、傑出俊才？而在此時，他們亦是不自覺的加入這場大周文采秀的比試之中，只不過這些參與編纂人員，一部分是真心投靠，一部分是假意逢迎，還有一部分是等待觀望。

附錄一　2000～2013 年類書研究綜述

　　類書是我國古代極具特色的一種典籍類型，對古人的社會生活產生了極大地影響，類書編纂與流通曾經盛極一時，但古代對類書的研究卻相對薄弱。近代以來，學界開始重視對類書的研究，但多以對類書的評介為主，研究深度仍需加強。本文通過對 2000 年至 2013 年之間學界對於類書的綜合研究、斷代研究、專書研究、基本問題研究的評述，總結了當前類書研究的特點與存在的問題。

一、類書的綜合研究

（一）論文

　　高長青、楊麗梅《古類書衰落探源》一文則從乾嘉學術的證據規範與類書的關係方面分析了類書自乾嘉之後逐漸衰落的原因。〔註1〕王同江《古類書消亡再思考》認為編纂類書的目的是粉飾太平以及作為求取功名的捷徑，且其內容呆板，分類機械，可續性發展差，這些都是導致類書滅亡的內在缺陷。〔註2〕於翠玲《論官修類書的編輯傳統及其終結》從「標榜文治的編輯理念」、「文獻一統的編輯體例」、「以類相從的編排方法」三個角度分析了中國古代官修綜合性類書的特點，認為自《古今圖書集成》之後，官修類書傳統便已終結，其原因有：乾隆時修《四庫全書》改變了官修典籍的體例，西方自然科學知識及新式百科全書的衝擊，而傳統類書文本仍有生命力，類書

〔註1〕高長青、楊麗梅：《古類書衰落探源》，《圖書與情報》2001 年第 3 期，第 36～39 頁。
〔註2〕王同江：《古類書消亡再思考》，《圖書與情報》2002 年第 4 期，第 60～61 頁。

的文獻價值仍待發掘。〔註3〕戴建國《以類書為例看漢宋之間人文的嬗變》從漢宋八百年間類書的編纂、閱讀的嬗變為視角，提出其編纂由唐前的抄錄事類嬗變為唐及五代十國的事文兼用，閱讀上由「覽」嬗變為「記」，認為唐前重學術競爭，學風高熾，有高尚的人文底蘊；唐及五代十國重智力較量，文風盛行，有真率的人文意蘊。〔註4〕李雲《試論傳統類書的當代轉換》認為當代類書的編纂目的、功能、編纂內容、分類體系以及載體等方面都應該有所轉換，類書的傳統功能正逐漸消失，當代類書應以繼承人類文化遺產和繁榮社會主義文化為目的，其功能應向文化保存、文化傳播、支持學術研究等方面轉換，類書的編纂內容應增加對自然科學方面知識的採錄，編排形式應由類編型、韻編型向按學科分類編排型轉換，而類書的載體也應該逐漸數字化。〔註5〕桂羅敏《中國古代類書編撰的人類學解讀》從人類學角度，探討了中國類書的修撰及其分類體系對人類思維模式的影響，認為類書編纂的原旨是通過發展和強化一種預設的分類體系，以求為思想統一、統治穩固作文化上的呼應。〔註6〕桂愷《中國古代類書編纂研究》（華中師範大學 2011 年碩士論文）主要對歷代的重要類書的編纂人員、編纂背景和編纂過程進行了考察，所涉及的類書包括《皇覽》、《修文殿御覽》、《北堂書鈔》、《藝文類聚》、《太平御覽》、《冊府元龜》、《永樂大典》、《古今圖書集成》八種，認為在《古今圖書集成》之後，「類書的編纂方式再難有所創新，它的時代也隨之過去」。〔註7〕唐光榮《歷代類書的形態》從類書編纂過程中處理材料的角度，將類書分為摘抄和組纂兩種形態，前者近於書鈔、詞典，只對舊籍進行節錄，後者則以編者的語言串連舊籍中典故、辭藻，有對子、詩歌、賦、散文諸種文體。〔註8〕

〔註3〕 於翠玲：《論官修類書的編輯傳統及其終結》，《北京師範大學學報》2002 年第 6 期，第 118～125 頁。

〔註4〕 戴建國：《以類書為例看漢宋之間人文的嬗變》，《蘇州大學學報》2008 年第 3 期，第 75～78 頁。

〔註5〕 李云：《試論傳統類書的當代轉換》，《蘭臺世界》2009 年第 22 期，第 66～67 頁。

〔註6〕 桂羅敏：《中國古代類書編撰的人類學解讀》，《焦作師範高等專科學校學報》2011 年第 3 期，第 69～71 頁。

〔註7〕 桂愷：《中國古代類書編纂研究》（華中師範大學 2011 年碩士論文），第 52 頁。

〔註8〕 唐光榮：《歷代類書的形態》，《阜陽師範學院學報》2012 年第 4 期，第 150～153 頁。

（二）專著

　　這一時期關於類書綜合研究的專著有夏南強《類書通論》、趙含坤《中國類書》、孫永忠《類書淵源與體例形成之研究》。

　　夏南強《類書通論》一書討論了類書的性質、起源、類型、歸類、分類體系、發展演變以及類書對封建文化的影響，他認為：「類書是一種資料彙編性質的圖書，也是一種工具書。它既有供人查檢的功用，也具備供讀者系統閱讀的功能。」〔註9〕並為類書下一定義：「類書是一種將文獻或文獻中的資料，按其內容分門別類，組織撮述；或者條分件繫，原文照錄或摘錄的圖書。」〔註10〕提出「政書」如《通典》之類、「總集」如《文選》之類也屬類書的觀點，未免失之過寬；認為《皇覽》產生的歷史背景與曹丕的文學需求、對漢代尊儒的恢復以及作為曹丕拉攏人心的手段有關〔註11〕；認為類書的歸類應該借鑒明代林世勤的處理，「古籍書目，如果仍按經史子集四部編排，應在各部分設類書類目。將綜合性的類書如《太平御覽》、《古今圖書集成》等，仍然放入子部類書類；專門性的類書，則根據其內容體系的不同，分別歸入經、史、集各部類書類」。〔註12〕認為**百科全書式的大型類書已逐漸失去編纂價值，而應轉向編纂小而專的新型類書。**

　　趙含坤所編《中國類書》一書，則按時序編排，分「編纂類書的傳統」、「類書的開端」（魏晉南北朝）、「類書的逐步興起」（隋唐五代）、「類書之風初盛」（宋遼金元）、「類書的彌盛造極」（明）、「類書的摒棄編纂舊軌」（清）、「類書的消歇」（民國）、「類書的大總結和新發展」（新中國）八部分，收錄「凡是古今經籍志、經籍考、圖書目錄、辭書、史書和其他工具書列入類書類的古籍」，〔註13〕凡 1600 餘種，並作簡明介紹，是一部收錄類書最全的目錄書。

　　孫永忠《類書淵源與體例形成之研究》從歷代書目對類書歸部之差異入手，認為學界囿於傳統的四部分類成見，不無牽湊籠統之弊，並進一步界定類書：「凡輯錄各種古籍中某科、多科或各科知識材料篇、段、句、詞的原文，以分類或分韻的方式，編次排比於從屬類目，並標明出處，從而形成專科性或綜合性的資料彙編，編者無意藉之成一家之言，為專供讀者翻檢考察的工具

〔註 9〕夏南強：《類書通論》，湖北人民出版社 2001 年版，第 15 頁。
〔註 10〕夏南強：《類書通論》，湖北人民出版社 2001 年版，第 16 頁。
〔註 11〕夏南強：《類書通論》，湖北人民出版社 2001 年版，第 20～38 頁。
〔註 12〕夏南強：《類書通論》，湖北人民出版社 2001 年版，第 51 頁。
〔註 13〕趙含坤：《中國類書》，河北人民出版社 2005 年版，第 2 頁。

書，稱為類書。」〔註14〕並將類書與現代百科全書、辭書、叢書、政書加以區別，如認為政書「十通、會典、會要等雖在政事範圍之內容廣泛，分類編纂，但端賴編纂者編寫解述方成，故應如史部，不應歸入類書」，〔註15〕較之夏南強將政書歸入類書為善。關於類書歸部問題，提出：「類書歸部立目的課題，到鴉片戰爭後，學界引進西方圖書分類法才有較大的突破。民國之後採用杜威十類分發，將類書歸為『總類』，與百科全書等並列，雖然未必完全正確，盧荷生先生稱其為不分之分，倒不失為一較適當的處理方式。」〔註16〕孫氏已認識到傳統四部分類法並不能包含類書這一特殊的圖書編纂類型。學界之所以對類書在四部中的歸類多有分歧，關鍵在於未能認識到類書與叢書及所轄四部之間的關係。此外，本書還探討了類書的淵源諸說、類書創始於曹魏的因素、魏晉南北朝類書的體例、隋唐之後類書體例的創新等問題。

（三）綜述

關於類書研究的綜述的文章有劉剛《八十年類書研究之檢討》和李小彤《類書研究現狀綜述》，前者主要從有關類書的研究專著和研究論文兩個方面對類書的研究狀況作了介紹，認為從 20 世紀 80 年代起，學界對類書的研究主要關注對類書產生和發展原因的分析以及對類書功用的探討，研究領域單一，學科交叉不夠，系統的斷代研究尚未進行。〔註17〕後者則主要側重於敘述類書與文學關係的研究，認為在類書與文學的關係以及類書與賦的關係討論較為充分，而類書與詩歌創作的關係仍待進一步深入研究。〔註18〕

二、類書的斷代研究

雷敦淵的《隋代以前類書之研究》（《古典文獻研究輯刊》十三編四冊，花木蘭文化出版社 2011 年版）主要對隋代以前的《皇覽》、《史林》、《四部要略》、

〔註14〕孫永忠：《類書淵源與體例形成之研究》，花木蘭文化出版社 2007 年版，第 39 頁。

〔註15〕孫永忠：《類書淵源與體例形成之研究》，花木蘭文化出版社 2007 年版，第 46 頁。

〔註16〕孫永忠：《類書淵源與體例形成之研究》，花木蘭文化出版社 2007 年版，第 33 頁。

〔註17〕劉剛：《八十年類書研究之檢討》，《大學圖書館學報》2006 年第 2 期，第 35～45 頁。

〔註18〕李小彤：《類書研究現狀綜述》，《中國詩歌研究動態》（第 2 輯），學苑出版社 2007 年版，第 176～183 頁。

《壽光書苑》、《類苑》、《華林遍略》、《法寶聯璧》、《要錄》、《圖書泉海》、《修文殿御覽》等十部類書的編纂、內容等情況進行了考述，認為類書和搜尋引擎同樣是分類查詢知識和資料的來源，會條列收集到的資料，會注明原資料的出處。

劉剛《隋唐時期類書的編纂及分類思想研究》（東北師範大學 2004 年碩士論文）分析了隋唐時期類書的發展原因、編纂特點、編纂觀念、分類體系和佚因，探究了隋唐類書分類思想的源流、概況、成因及特點；如關於隋唐時期類書的編纂觀念，提出類書的編修者已經有了類書是文獻工具書的意識，而對類書與某些詩集的界限卻很難區分，對類書的編纂有著批判繼承、推陳出新的態度，並開始引入目錄學的方法，且官修類書的編修體現出封建帝王天下一統、文獻一統的觀念；隋唐時期的類書在類部的設立上，重視「人」的地位，而未能涉及到科學技術，其分類體系擇反映了當時儒、道、佛並重的社會思想特徵。

何志華對於唐宋類書徵引先秦兩漢典籍問題編有多本資料集，如《唐宋類書徵引〈淮南子〉資料彙編》（中文大學出版社 2005 年版）、《唐宋類書徵引〈莊子〉資料彙編》（中文大學出版社 2006 年版）、《唐宋類書徵引〈呂氏春秋〉資料彙編》（中文大學出版社 2006 年版）、《唐宋類書徵引〈孔子家語〉資料彙編》、《唐宋類書徵引〈韓詩外傳〉資料匯》（合訂本，中文大學出版社 2009 年版）、《唐宋類書徵引〈國語〉資料彙編》（中文大學出版社 2010 年版）等書，都是利用香港中文大學中國文化研究所漢達古文獻數據庫，以計算機檢索系統，輯錄《北堂書鈔》、《藝文類聚》、《群書治要》、《初學記》、《一切經音義》、《白孔六帖》、《太平廣記》、《太平御覽》、《續一切經音義》、《事類賦注》、《冊府元龜》、《海錄碎事》、《錦繡萬花谷》、《記纂淵海》、《事林廣記》、《重廣會史》等類書所引《淮南子》、《莊子》、《呂氏春秋》、《孔子家語》、《韓詩外傳》、《國語》原文及佚注而成的。郭萬青《唐宋類書引〈國語〉研究》（南京師範大學 2013 年博士論文）通過比較今傳《國語》各本與《玉燭寶典》、《北堂書鈔》、《藝文類聚》、《群書治要》、《初學記》、《白氏六帖事類集》、《太平御覽》、《冊府元龜》等類書徵引《國語》條目，為《國語》的進一步深入研究和精校精注提供了參證，並為探討《國語》公序本系統和明道本系統之外的傳本提供了線索。

　　何忠禮、鄭瑾《略論宋代類書大盛的原因》一文從帝王重視文治、科舉制度的需求以及雕版印刷的興盛三個方面分析了宋代類書興盛的原因。〔註19〕慈波《宋代文化與類書繁榮》則從宋代崇儒右文的文化政策、類書的教化作用、編撰類書以羈縻人才、宋代學術的昌隆、科舉制度改革的導向以及便捷的刊印條件等六個方面討論了宋代類書興盛的原因。〔註20〕張圍東的《宋代類書之研究》(《古典文獻研究輯刊》初編五冊,花木蘭文化出版社 2005 年版)一書主要分析了宋代類書的成因、發展、分類體系和文獻價值,並將宋代類書分為官修、私修兩種類型。王利偉《宋代類書研究》(四川大學 2005 年碩士論文)從文獻編纂學的角度,探討了宋代類書的概況、基本類型、類目體系、取材、編排及檢索系統及其在中國古代類書編纂史上的地位,認為兩宋初期和南宋中期是宋代類書編纂的高峰,應試類書繁盛,民俗類書發端,宋代類書的類目體系是一種橫向擴展、縱向深入的多維立體結構,而其取材的具有廣泛性、專科性、通俗性、應用性等特點,其編排方式則實現了分類檢索與主題檢索的深入結合,而文獻積累與文獻利用之間的矛盾、印刷術和出版業的興盛、科舉內容擴大的需求、文學創作的深入發展都是促進宋代類書繁榮發展的原因。

　　賈慧如《元代類書考述》通過對歷代書目的梳理,考辨出元代類書現存 27 種,散佚不存 18 種,並考證了年代誤為元代的《群書類編故事》、《歷代蒙求》、《群書會元截江網》、《聲律關鍵》以及誤入類書類的《言行龜鑑》。〔註21〕其《元代類書存佚考》又進一步考證元代類書現存 27 種,散佚不存 23 種,共計 50 種。〔註22〕其《元代類書的類型、特點與影響》一文將元代類書分為綜合博覽、科舉作文、通俗日用和童蒙教育四大類,具有實用性、商品性和普及性的特點,開啟了通俗日用類書編纂的先河。〔註23〕《元代類書在元代社會史研究中的價值初探》認為元代類書中關於衣食、日常雜占、養生療病、休閒娛樂和文書契約、耕作、畜養、製作和染作的材料,對於探究元代人社會生活、社

〔註19〕　何忠禮、鄭瑾:《略論宋代類書大盛的原因》,《浙江大學學報》2003 年第 1 期,第 32～39 頁。
〔註20〕　慈波:《宋代文化與類書繁榮》,《江淮論壇》2004 年第 1 期,第 130～135 頁。
〔註21〕　賈慧如:《元代類書考述》,《圖書館理論與實踐》2009 年第 7 期,第 53～57 頁。
〔註22〕　賈慧如:《元代類書存佚考》,《圖書館雜誌》2009 年第 9 期,第 63～67 頁。
〔註23〕　賈慧如:《元代類書的類型、特點與影響》,《內蒙古社會科學》2011 年第 6 期,第 86～90 頁。

會生產具有重要的文獻價值。〔註24〕《元代類書在元史研究中的價值初探》認為元代類書對於研究元代的典章制度、語言文字、宗教藝術也具有重要的文獻價值。〔註25〕

劉天振《明代通俗類書研究》（齊魯書社 2006 年版）認為明代市民的日常生活對實用型的追求、刻書業的商業化是促成明代通俗類書繁榮的原因，明代的通俗類書可大致分為日用類書、道德故事類書和娛樂性通俗類書三類，並對各類型通俗類書作專題研究，認為通過研究日用類書可以瞭解明代的思想狀況、社會心理、生活哲學；而道德故事類書則傳播了歷史、倫理的人文知識，是民間意識和價值系統的來源地，也是民間迷信現象和宿命思想的發源地；而娛樂性通俗類書在思想內容上則有旌揚女子才能、濃重的寒儒意識、強烈的現實批判意識的特點。涂媚《明代類書考論》（江西師範大學 2012 年碩士論文）從歷史文獻編纂的角度，闡述了明代類書的概況、基本類型、取材與編纂、類目體系、編排與檢索系統及其在中國古代類書編纂史上的地位。

尤陳俊《法律知識的文字傳播：明清日用類書與社會日常生活》（上海人民出版社 2013 年版）一書，從日用類書與民間契約書寫、訟學知識、律例知識的關係，探究了民間法律知識借助明清日用類書而傳播的狀況，並發現由明至清，由於民間契約趨同化成都加強、官方對訟學知識的查禁以及科舉對法學教育的壓抑，導致法律知識在日用類書中所佔比例逐漸減少。

三、類書專書研究

對於歷代類書專書的研究成果較多，如對早期的《皇覽》、《華林遍略》、《修文殿御覽》，以及此後的《北堂書鈔》、《法苑珠林》、《藝文類聚》、《初學記》、《太平御覽》、《冊府元龜》、《事類賦注》、《玉海》、《事林廣記》、《永樂大典》、《古今圖書集成》等，都有較多研究成果。

（一）《皇覽》、《華林遍略》、《修文殿御覽》

日人津田資久《漢魏之際的〈皇覽〉編纂》一文，在反駁了鈴木啟造、木島史雄《皇覽》「非類書說」後，提出《皇覽》是曹魏政權擴展其宇宙模式

〔註24〕賈慧如：《元代類書在元代社會史研究中的價值初探》，《內蒙古大學學報》2011年第 4 期，第 105～110 頁。

〔註25〕賈慧如：《元代類書在元史研究中的價值初探》，《史學史研究》2011 年第 4 期，第 37～45 頁。

並賦予秩序的類聚體書籍。〔註26〕劉春寶《論徐勉對蕭統〈文選〉編纂的影響》一文，認為蕭統編纂《文選》詩、賦「事類」的編錄方法源於徐勉領編《華林遍略》的啟發，〔註27〕力之《〈文選〉事類編錄受〈華林遍略〉重要影響說駁議》一文對劉說論據逐一反駁，認為其理由難以證明徐勉領編《華林遍略》對《文選》詩、賦「事類」編錄方法產生過任何實質性的影響。〔註28〕劉全波《〈華林遍略〉編纂考》一文，考證參與編纂《華林遍略》的學者有劉杳、顧協、鍾岏、何思澄、王子雲五人，而領修者為徐勉，又考察了其流傳情況，又輯有佚文一則。〔註29〕桂羅敏《〈修文殿御覽〉考辨》一文，考證了修纂《修文殿御覽》的過程、人員、流傳及影響等，並從其他典籍中輯出佚文9則。〔註30〕

（二）《北堂書鈔》

郭醒《〈北堂書鈔〉成書年代考論》一文從《大唐新語》所載、隋唐秘書省制度、虞世南創作風格三個方面證明《北堂書鈔》成書於唐代，〔註31〕孟祥娟、曹書傑《〈北堂書鈔〉編撰於隋考》一文，則從避諱、著錄情況以及編撰的主客觀條件等方面證明《北堂書鈔》編撰於隋大業年間，以駁正郭醒之說。〔註32〕桂羅敏《知識分類對天人秩序的映照——以類書〈北堂書鈔〉為例》，以《北堂書鈔》為樣本，借助分類學說區分世界萬象的能力，揭示古代類書的分類是如何隱性地解釋包括宇宙秩序、社會秩序與生活秩序在內的天人秩序的。〔註33〕此外，研究《北堂書鈔》的學位論文有梁玲華《〈北堂書鈔〉初探》

〔註26〕 （日）津田資久：《漢魏之際的〈皇覽〉編纂》，《魏晉南北朝史論文集》，巴蜀書社2006年版，第319～324頁。

〔註27〕 劉寶春：《論徐勉對蕭統〈文選〉編纂的影響》，《文學遺產》2010年第5期，第17～25頁。

〔註28〕 力之：《〈文選〉事類編錄受〈華林遍略〉重要影響說駁議》，《河南師範大學學報》2012年第2期，第195～200頁。

〔註29〕 劉全波：《〈華林遍略〉編纂考》，《敦煌學輯刊》2013年第1期，第85～94頁。

〔註30〕 桂羅敏：《〈修文殿御覽〉考辨》，《圖書情報工作》2009年第1期，第135～138頁。

〔註31〕 郭醒：《〈北堂書鈔〉成書年代考論》，《社會科學輯刊》2010年第3期，第262～264頁。

〔註32〕 孟祥娟、曹書傑：《〈北堂書鈔〉編撰於隋考》，《古籍整理研究學刊》2013年第3期，第35～38頁。

〔註33〕 桂羅敏：《知識分類對天人秩序的映照——以類書〈北堂書鈔〉為例》，《圖書情報知識》2013年第2期，第48～57頁。

（四川大學 2004 年碩士論文）、王飛飛《〈北堂書鈔〉引經考》（廣西師範大學
2011 年碩士論文）、呂玉紅《〈北堂書鈔·樂部〉中的音樂文獻學研究》（山西
大學 2012 年碩士論文）。

（三）《法苑珠林》

關於《法苑珠林》的學位論文主要有張小講《〈法苑珠林〉與佛教的民間
化──簡論兩晉南北朝佛教的發展》（陝西師範大學 2001 年碩士論文）、安正
燻《〈法苑珠林〉敘事結構研究》（復旦大學 2003 年博士論文）、吳福秀《〈法
苑珠林〉研究》（廣西師範大學 2006 年碩士論文）、劉麗娜《〈法苑珠林·感應
緣〉中的鬼》（上海師範大學 2008 年碩士論文）、蔣瑋《〈法苑珠林〉中的女性
故事研究》（華東師範大學 2008 年碩士論文）、吳福秀《〈法苑珠林〉分類思想
研究》（華中師範大學 2009 年博士論文）、倪贇岳《從〈法苑珠林〉佛教傳道
故事看佛教對「地方」的建構》（華東師範大學 2010 年碩士論文）、禹建華《〈法
苑珠林〉異文研究》（湖南師範大學 2011 年碩士論文）、劉秋堯《〈法苑珠林〉
「感應緣」涉夢故事研究》（陝西師範大學 2012 年碩士論文）。安正燻《〈法苑
珠林〉敘事結構研究》主要從敘事文學的角度，探究了《法苑珠林》中的感應
緣故事，認為其深受佛教文學的影響，在敘事方式和結構上都發生了變化，而
這種變化的內在軌跡和表達方式，正展示了六朝志怪向唐人小說轉變的過程。
吳福秀《〈法苑珠林〉研究》主要對《法苑珠林》的撰者、成書以及其徵引志
怪小說文獻進行了考論，認為釋道世生於隋開皇十五年（595）之前，卒於唐
弘道元年（683），幼年即出家，現本《諸經要集》即道世自錄《善惡業報論》，
是《法苑珠林》的初本；《法苑珠林》徵引的志怪小說文獻有佛化特徵和以史
弘法的編纂傾向，其文獻學價值表現在對類書體制的創新和中古志怪小說輯
佚上。《〈法苑珠林〉分類思想研究》主要比較了《法苑珠林》與《藝文類聚》、
《經律異相》、《道教義樞》在分類上的差異，以及從《諸經要集》到《法苑珠
林》分類上的變化，並論述了《法苑珠林》中內典、「感應緣」、《傳記篇》、徵
引《搜神記》的分類情況，認為《法苑珠林》的分類在完善佛教知識體系、拓
展古代的知識視野、促進佛學的發展、加速不同文化之間的融合等方面具有重
要的意義。

（四）《藝文類聚》

關於《藝文類聚》研究的學位論文有韓建立的《〈藝文類聚〉編纂研究》

（吉林大學 2008 年博士論文）、孫麟《〈藝文類聚〉版本研究》（復旦大學 2008
年博士論文）、呂維彬《〈藝文類聚〉詩賦收錄分類研究》（廣西師範大學 2010
年碩士論文）、武良成《〈藝文類聚〉引〈漢書〉研究》（廣西師範大學 2011 年
碩士論文）、鄭聲《〈藝文類聚・樂部〉中的音樂史料研究》（山西大學 2011 年
碩士論文）。其中韓建立《〈藝文類聚〉編纂研究》以《〈藝文類聚〉纂修考論》
於 2012 年由臺灣花木蘭文化出版社出版，此書對《藝文類聚》的編纂原因與
過程、編纂結構與體例以及與分類學、目錄學、文體學之間的關係進行了多維
度的考察。

（五）《初學記》

關於《初學記》研究的著作、學位論文有江秀梅《〈初學記〉徵引集部典
籍考》、劉張傑《〈初學記・樂部〉研究》（華中師範大學 2006 年碩士論文）、
藺華《〈初學記〉與〈白孔六帖〉比較研究》（華東師範大學 2006 年碩士論文）、
李玲玲《〈初學記〉引經考》（浙江大學 2009 年博士論文）、黎麗莎《〈初學記〉
詩賦收錄分類研究》（廣西師範大學 2011 年碩士論文）。李玲玲《〈初學記〉引
經考》以《初學記》所引《十三經》相關內容為研究封象，全面整理了《初學
記》所引經文，考鏡文字源流，剖析詞彙變遷，輯錄佚文佚注，並分析了《初
學記》在引經方面存在的錯誤，並列附表，將《初學記》所引經文按原序排列，
以便利用。

（六）《太平御覽》

周生傑《太平御覽研究》（巴蜀書社 2008 年版）「對《太平御覽》的纂修背
景、成書過程、版本源流、基本面貌、引用文獻、文獻價值、編纂思想、對前
代類書的利用與對後代類書的影響、海外流傳情況以及存在的缺陷等問題作了
全面、深入、系統的探討，頗多創獲」，「該書為類書研究的一部力作，在拓寬
與加深類書研究領域方面作出了貢獻，對我們深入瞭解類書，特別是《太平御
覽》的史料價值與存在問題，極有參考價值」。〔註 34〕溫志拔《〈太平御覽〉引
「唐書」之性質考論》一文，認為《太平御覽》所引「唐書」是通名，包含《舊
唐書》、唐國史實錄、《通典》、《唐會要》以及唐代雜史筆記等。〔註 35〕而唐雯

〔註34〕徐有富：《太平御覽研究序》，《太平御覽研究》，巴蜀書社 2008 年版，第 3～
　　　　5 頁。
〔註35〕溫志拔：《〈太平御覽〉引「唐書」之性質考論》，《史學史研究》2010 年第 2
　　　　期，第 33～38 頁。

《《太平御覽》引「唐書」再檢討》一文也認為，《太平御覽》所引「唐書」並非某書的專名，而是包括劉昫《唐書》、吳兢等所編一百三十卷本《唐書》及歷朝實錄在內的官方史料文獻的通名。〔註36〕其他相關學位論文還有林海鷹《《太平御覽》引〈釋名〉校釋》（東北師範大學 2003 年碩士論文）、龔碧虹《《太平御覽》引〈史記〉考校》（南京師範大學 2008 年碩士論文）、趙思木《《太平御覽》引〈說文〉考》（華東師範大學 2011 年碩士論文）、韓囡《《太平御覽》引〈詩〉考論》（南京師範大學 2012 年碩士論文）。韓囡《《太平御覽》引〈詩〉考論》對《太平御覽》引《毛詩》之外的三家《詩》異文、六朝古本異文及通假字、異體字等《詩經》常見異文現象，進行了詳細的校勘，分析；並比對《藝文類聚》、《初學記》的引《詩》情況，發現《御覽》引《詩》與前代類書有明顯因襲關係。

（七）《冊府元龜》

馬維斌《《冊府元龜〉的撰修以及其中唐代部分的史料來源與價值》（陝西師範大學 2002 年碩士論文）、劉玉峰《《冊府元龜〉中契丹史料輯錄》（東北師範大學 2006 碩士論文）、劉景玲《《冊府元龜·外臣部〉有關東北史料輯校（一）》（東北師範大學 2007 碩士論文）、王丹丹《《冊府元龜·外臣部〉東北史料輯校（二）》（東北師範大學 2008 碩士論文）、王鑫玉《《冊府元龜·外臣部〉東北史料輯校（三）》（東北師範大學 2007 碩士論文）、英秀林《《冊府元龜〉中的〈三國志〉異文研究》（復旦大學 2010 年碩士論文）、蔣倩《校訂本〈冊府元龜·掌禮部〉引「三禮」考》（南京師範大學 2011 年碩士論文）、馬維斌《《冊府元龜〉研究──以唐史史源學為中心》（陝西師範大學 2012 年博士論文）、潘倩《《冊府元龜〉類序研究》（華中師範大學 2013 年碩士論文）。馬維斌《《冊府元龜〉研究》從史源學角度重點考察了《冊府元龜》的來源問題，認為其史料多來源於唐代諸帝實錄、韋述等撰 130 卷《唐書》、《舊唐書》、《通典》、蘇冕《會要》、崔鉉等《續會要》、王溥《唐會要》。

（八）《事類賦注》

程章燦《《事類賦注〉引漢魏六朝賦考》一文，將《事類賦注》所引漢魏六朝賦與嚴可均《全上古三代秦漢三國六朝文》所輯賦相比勘，列可補嚴氏輯

〔註36〕唐雯：《《太平御覽〉引「唐書」再檢討》，《史林》2010 年第 4 期，第 70～76 頁。

佚者 6 條，可為校勘者 19 條。〔註37〕魏小虎對程文有商榷之作，認為其程氏「或徑引嚴氏所輯，而未查其誤；或《事類賦》與《御覽》引文全同，而僅據前者出校」，並引及《太平御覽》等類書，對程文失誤之處，逐條考辨。〔註38〕崔成宗《吳淑〈事類賦〉初探》一文，認為《事類賦》是《太平御覽》的精要讀本；〔註39〕而魏小虎《〈事類賦注〉的文獻學研究》（華東師範大學 2004 年碩士論文）通過對《事類賦注》及相關文獻的研究，認為其引文絕大部分抄自《太平御覽》，而其所據又是異於傳世本《太平御覽》的另一「定本」，可相互比勘，並通過實例闡述其文獻價值。周生傑在論及《事類賦》與《太平御覽》關係時，認為《事類賦》「注文則與《御覽》的引文有很大的重合性，假如除去正文，將注文單獨成書，則視為《御覽》的縮寫本亦無不可」。〔註40〕

（九）《玉海》

劉躍進《〈玉海・藝文〉的特色及其價值》一文，從目錄學、史料學、學術史三個方面討論了《玉海・藝文》的價值，認為「它不僅為我們提供了豐富的資料，更重要的是向我們展示了如何搜集資料，如何進入學問領域的若干途徑與方法」。〔註41〕關於《玉海》的學位論文有劉圓圓《〈玉海〉實錄問題研究》（上海師範大學 2010 年碩士論文）、肖光偉《〈玉海〉所引隋唐五代文獻研究》（上海師範大學 2011 年博士論文）、李潤鶴《〈玉海・藝文〉的圖書分類法及現代價值研究》（鄭州大學 2012 年碩士論文）。肖光偉《〈玉海〉所引隋唐五代文獻研究》主要從隋唐五代的禮樂文獻、實錄文獻以及雜史、雜傳、職官、地理文獻等方面考察了《玉海》的文獻來源問題，認為《玉海》在保存隋唐五代文獻方面具有重要價值。

（十）《事林廣記》

胡道靜《元至順刊本〈事林廣記〉解題》，認為陳元靚先後著有《博聞錄》、

〔註37〕程章燦：《〈事類賦注〉引漢魏六朝賦考》，《古籍整理研究學刊》2000 年第 2 期，第 62～64 頁。

〔註38〕魏小虎：《〈事類賦注引漢魏六朝賦考〉疏誤考——與程章燦先生商榷》，《津圖學刊》2004 年第 1 期，第 21～22 頁。

〔註39〕崔成宗：《吳淑〈事類賦〉初探》，《海峽兩岸古典文獻學學術研討會論文集》，上海古籍出版社 2002 年版。

〔註40〕周生傑：《〈太平御覽〉研究》，巴蜀書社 2008 年版，第 413 頁。

〔註41〕劉躍進：《〈玉海・藝文〉的特色及其價值》，《復旦學報》2009 年第 4 期，第 38～42 頁。

《歲時廣記》、《事林廣記》三書。〔註42〕而宮紀子《對馬宗家舊藏元刊本〈事林廣記〉について》（《東洋史研究》第六十七卷第一號）則提出陳元靚《博文錄》與《事林廣記》為同書異名之作。王珂《〈事林廣記〉源流考》一文，鑒於宮紀子尚未做出嚴密論證，從外證、內證兩個方面，進一步論證宮紀子觀點。〔註43〕對《事林廣記》研究的學位論文有喬志勇《〈事林廣記〉研究》（復旦大學 2008 年碩士論文）、王珂《宋元日用類書〈事林廣記〉研究》（上海師範大學 2010 年博士論文）、李佳佳《和刻本〈事林廣記〉飲饌部分研究》（內蒙古師範大學 2012 年碩士論文）、田薇《陳元靚的〈事林廣記〉及其史料中的教育思想初探》（內蒙古師範大學 2012 年碩士論文）。王珂《宋元日用類書〈事林廣記〉研究》是對《事林廣記》較為系統的研究，文中對陳元靚生平重新梳理，以糾正了前人之誤，並著重考察《事林廣記》諸版本，並作解題與比較研究；此外，還對《事林廣記》的插圖以及與其他類書進行了對比研究。

（十一）《永樂大典》

對於《永樂大典》的研究，有中國國家圖書館編《〈永樂大典〉編纂 600 週年國際研討會論文集》（北京圖書館出版社 2003 年版），此論文集共收大陸、臺灣、美、日等地學者論文 29 篇，對《永樂大典》的館藏、保護、整理以及《大典》的輯佚等問題都有較深探討。李紅英、汪桂海《〈永樂大典〉錄副諸人考略》一文，據所存《永樂大典》殘冊，考證抄錄《永樂大典》副本諸人，分重錄總校官、重錄分校官、寫書官、書寫官生、圈點監生五類，凡 166 人。〔註44〕黃權才《〈永樂大典〉若干問題新論析》認為，朱棣修《永樂大典》並非一般的「右文」之舉，而是控制改造文人的「修人工程」；並詳細分析了《文獻大成》與《永樂大典》的編修關係，並指出「《永樂大典》修書時間為永樂三年至永樂五年十一月」，不存在永樂年間重錄一部的可能。〔註45〕

〔註42〕 胡道靜：《元至順刊本〈事林廣記〉解題》，《中國古代典籍十講》，復旦大學出版社 2004 年版，第 160～178 頁。

〔註43〕 王珂：《〈事林廣記〉源流考》，《古典文獻研究》（第十五輯）2012 年，第 342～352 頁。

〔註44〕 李紅英、汪桂海：《〈永樂大典〉錄副諸人考略》，《文獻》2008 年第 3 期，第 107～117 頁。

〔註45〕 黃權才：《〈永樂大典〉若干問題新論析（上）》，《圖書館界》2007 年第 2 期，第 43～47 頁；黃權才：《〈永樂大典〉若干問題新論析（下）》，《圖書館界》2007 年第 3 期，第 51～54 頁。

此外，對《永樂大典》的研究主要集中在輯佚方面，如史廣超《〈永樂大典〉輯佚研究》（復旦大學 2006 年博士論文，以《〈永樂大典〉輯佚述稿》由中州古籍出版社於 2009 年出版）分別從四庫館之前的學者、四庫館臣、全唐文館臣三個方面論述了《永樂大典》的輯佚成果；崔偉《〈永樂大典〉本江蘇佚志研究》（安徽大學 2010 年博士論文）對南京、淮安、揚州、鎮江、常州、無錫、蘇州七大地域的六十部方志的編纂及其佚文進行了系統研究；張昇《〈永樂大典〉流傳與輯佚研究》（北京師範大學出版社 2010 年版）為作者對於《永樂大典》研究的論文集，書中考察了《永樂大典》正本、副本的流傳情況，並對《永樂大典》在四庫館之前和四庫館臣的輯佚的部分成果，如《名公書判清明集》、《折獄龜鑑》等作了論述，還論及《永樂大典》與方志的問題；蒲霞《〈永樂大典〉徽州方志研究》（安徽大學出版社 2013 年版）對《永樂大典》收錄的十部徽州方志——《新安續志》、《新安後續志》、《延祐新安後續志》、《新安志》、《徽州府新安志》、《徽州府志》、《星源志》、《休寧縣新安志》、《休寧縣彰安志》和《黃山圖經》的編修時間進行了探討，提出：「《新安續志》實際上包括兩部書，一部是宋代端平二年（1235 年）李以申編修的八卷本的《新安續志》，另一部是元代延祐六年（1319 年）洪焱祖編修的十卷本的《新安後續志》。《新安後續志》和《延祐新安後續志》是同一部書，是元代延祐六年（1319 年）洪焱祖編修的十卷本《新安後續志》，亦被稱為《新安續志》或《續新安志》。《新安志》、《徽州府新安志》和《徽州府志》三部方志是同一部志書，是明代洪武九年（1376 年）朱同編修的十卷本《新安志》，亦被稱為《新安府志》。《永樂大典》實際上收錄了三部徽州府志。」〔註46〕

（十二）《古今圖書集成》

裴芹《〈古今圖書集成〉研究》（北京圖書館出版社 2001 年版）為作者研究《古今圖書集成》的論文集，書中對《古今圖書集成》與古代類書編纂、清初編書風氣的關係以及《古今圖書集成》的編纂、體例、按注、版本等皆有研究，並輯錄出所引方志書目。曹紅軍《〈古今圖書集成〉版本研究》一文認為，《古今圖書集成》由陳夢雷主持印刷大部分內容，而蔣廷錫印刷部分不足 4%，又對陳氏印刷部分有少量審核校改；《古今圖書集成》實際成書數量為 64 部，

〔註46〕 蒲霞：《〈永樂大典〉徽州方志研究》，安徽大學出版社 2013 年版，第 238 頁。

其銅活字是刊刻而非鑄造，數量約 20 餘萬。〔註47〕吳承學《論〈古今圖書集成〉的文學與文體觀念——以〈文學典〉為中心》一文，分析了《古今圖書集成·文學典》中所反映的康熙年間主流社會的文學觀念和風氣。〔註48〕此外對《古今圖書集成》文本本身進行研究的學位論文有滕黎君《論〈古今圖書集成〉及其索引的應用價值》（廣西大學 2003 年碩士論文）、詹惠媛《古今圖書集成·經籍典》體制研究（臺灣輔仁大學 2008 年碩士論文，《古典文獻研究輯刊》八編二冊，花木蘭文化出版社 2009 年版）、姚玉《古今圖書集成·箏部〉研讀》（西安音樂學院 2009 年碩士論文）、郭韻雯《古今圖書集成〉中的竟陵派》（黑龍江大學 2009 年碩士論文）、田甜《古今圖書集成·樂律典〉的編纂研究》（武漢音樂學院 2010 年碩士論文）、徐麗娟《古今圖書集成·樂律典·歌部〉初探》（天津音樂學院 2012 年碩士論文）。

　　此外，對其他類書專書研究的學位論文或著作，還有吳蕙芳《萬寶全書：明清時期的民間生活實錄》（《古典文獻研究輯刊》初編三十七、三十八冊）、王淑靜《馮琦與〈經濟類編〉》（山東師範大學 2005 年碩士論文）、何小宛《〈經律異相〉詞彙專題研究》（安徽師範大學 2006 年碩士論文）、牛會娟《陳元靚與〈歲時廣記〉》（四川大學 2006 年碩士論文）、莊麗麗《〈孔氏六帖〉研究》（陝西師範大學 2006 年碩士論文）、唐雯《晏殊〈類要〉研究》（復旦大學 2006 年博士論文，上海古籍出版社 2012 年版）、丁育豪《徐元太〈喻林〉研究》（臺灣東吳大學 2006 年碩士論文，《古典文獻研究輯刊》五編三冊，花木蘭文化出版社 2007 年版）、胡華平《〈重廣會史〉研究》（南昌大學 2007 年碩士論文）、趙爽《綜合性蒙學讀物〈幼學瓊林〉研究》（吉林大學 2008 年碩士論文）、朱曉蕾《〈古今合璧事類備要〉初探》（上海師範大學 2009 年碩士論文）、賈智玲《〈名醫類案〉、〈續名醫類案〉宋金元時期醫案的脈學研究》（河北醫科大學 2009 年碩士論文）、劉磊《〈群書考索〉所引宋代史料研究》（華東師範大學 2009 年碩士論文）、戴建國《〈淵鑒類函〉研究》（華東師範大學 2009 年博士論文）、張赫《〈新箋決科古今源流至論〉研究》（河北大學 2010 年碩士論文）、黃麗明《〈玉燭寶典〉研究》（上海師範大學 2010 年碩士論文）、全建平《〈新編事文

〔註47〕曹紅軍：《〈古今圖書集成〉版本研究》，《故宮博物館院刊》2007 年第 3 期，第 53～66 頁。

〔註48〕吳承學：《論〈古今圖書集成〉的文學與文體觀念——以〈文學典〉為中心》，《文學評論》2012 年第 3 期，第 29～39 頁。

類聚翰墨全書〉研究》（陝西師範大學 2010 年博士論文，寧夏人民出版社 2011
年版）、董志翹《〈經律異相〉整理與研究》（巴蜀書社 2011 年版）、翁振山《二
十卷本〈倭名類聚抄〉研究》（廣西大學 2011 年碩士論文）、丁之涵《明清〈四
書〉專題類書研究》（華東師範大學 2011 年碩士論文）、熊鷹《〈佩文韻府〉研
究》（江西師範大學 2011 年碩士論文）、章友彩《〈國色天香〉研究》（暨南大
學 2011 年碩士論文）、戴含悅《〈文奇豹斑〉研究》（上海師範大學 2012 年碩
士論文）、鄭超《古代類書中的器物設計史料研究——以〈淵鑒類函〉為例》
（湖南工業大學 2012 年碩士論文）、周珊《王圻〈稗史彙編〉初探》（山東大
學 2012 年碩士論文）、戴儉宇《〈名醫類案〉、〈續名醫類案〉從腎論治醫案系
統研究》（遼寧中醫藥大學 2012 年博士論文）、高振超《西夏文〈經律異相〉
（卷十五）考釋》（陝西師範大學 2012 年碩士論文）、李珊珊《〈北平風俗類
徵〉「歲時」部分民俗詞語研究》（山東大學 2012 年碩士論文）、楊敏《〈亙史
抄〉研究》（安徽大學 2013 年碩士論文）。

四、類書基本問題研究

（一）類書與文學關係的研究

文學觀念：張瀾《中國古代類書的文學觀念：〈事文類聚翰墨全書〉與〈古
今圖書集成〉》一書，以應用型類書的代表作《事文類聚翰墨全書》和綜合性
類書的代表作《古今圖書集成》為個案，從文學文章學的角度分析了其各自的
內容和編排體制，認為前者之中的「諸式門、活套門的設置以及獨特的摘選作
品方式反映出編者對文體文本形態特徵的重視」，而其編排體制又「體現出編
者對文體行為方式特徵和文體功用性的多角度把握」；後者之中的《文學典》
「彙編文學家、文學批評、文本形態、相關制度等方面的資料，正反映出編者
極具系統性的文學觀念」，其體系的「精密性和邏輯性不僅遠勝於歷代類書，
更是許多專門性文學理論著作難以企及的」。〔註 49〕

小說：劉天振《類書編纂與章回小說的標目》一文認為，章回小說雙句對
偶的標目形式是借用傳統類書編纂體例而來的。〔註 50〕而其《類書與文言小說

〔註 49〕張瀾：《中國古代類書的文學觀念：〈事文類聚翰墨全書〉與〈古今圖書集成〉》，
　　　　九州出版社 2013 年版，第 277～278 頁。
〔註 50〕劉天振：《類書編纂與章回小說的標目》，《浙江師範大學學報》2003 年第 4 期，
　　　　第 62～66 頁。

總集的編纂》則提出，「古代文言小說總集分層分類的編輯方法不是發端於《世說新語》，而是借鑒了類書的編輯經驗，主要表現在兩個方面：『分層分類』的編排體例和『標題隸事』的編輯方法。」〔註51〕其《類書體例與明代類書體文言小說集》認為，類書的分類體系有助於小說文體與正統價值系統的結合，其分類方式在客觀上推動時人對小說文體分類的探索與嘗試。〔註52〕

　　詩詞：吳夏平《論類書與唐代櫽括體詩》認為，李嶠「百詠詩」將所簡括之「標題」在音律、對仗等方面進行調整，使其符合一定的格式，與類書的編慕有相似之處，可視為唐代的「櫽括體詩」。〔註53〕焦亞東《互文性視野下的類書與中國古典詩歌——兼及錢鍾書古典詩歌批評話語》一文檢討了類書之於文學以及文學批評的意義，認為類書構築了極為豐富的互文性空間，加劇了詩歌的孳生現象，為後世提供了大量的互文性詩歌文本和文學批評的範式（互文批評）。〔註54〕劉天振《試論明代民間類書中歌訣的編輯功能——以明刊日用類書與通俗故事類書為考察中心》一文從考察了明代用歌訣形式編纂類書的特殊形式，並從文本體制和文化屬性方面探討了民間類書和通俗文學的共通性。〔註55〕劉天振《明刊日用類書所輯詩歌初探》一文，探討了明代類書中所收詩歌在選材傾向、欣賞旨趣、文化屬性等方面不同於傳統詩學觀念的特徵，認為這些打油詩、文字遊戲、笑談詩之類的作品是建構明代詩歌史所不可缺失的基石。〔註56〕張巍《論唐宋時期的類編詩文集及其與類書的關係》一文則考察了類書與詩文集之間的一種中介形態——類編詩文集，認為類書與類編詩文集的區別在於：「嚴格意義上的類編總集只錄全篇詩文，原則上不錄散句斷篇，更不錄字詞典故，而類書的範圍卻廣泛得多，既可以收錄典故，也可

〔註51〕 劉天振：《類書與文言小說總集的編纂》，《華中科技大學學報》2003 年第 5 期，第 45～48 頁。

〔註52〕 劉天振：《類書體例與明代類書體文言小說集》，《明清小說研究》2010 年第 3 期，第 81～93 頁。

〔註53〕 吳夏平：《論類書與唐代櫽括體詩》，《貴州師範大學學報》2006 年第 3 期，第 108～112 頁。

〔註54〕 焦亞東：《互文性視野下的類書與中國古典詩歌——兼及錢鍾書古典詩歌批評話語》，《文藝研究》2007 年第 1 期，第 66～71 頁。

〔註55〕 劉天振：《試論明代民間類書中歌訣的編輯功能——以明刊日用類書與通俗故事類書為考察中心》，《中國典籍與文化》2007 年第 3 期，第 89～94 頁。

〔註56〕 劉天振：《明刊日用類書所輯詩歌初探》，《齊魯學刊》2010 年第 3 期，第 121～124 頁。

以節錄或全錄詩文。」〔註57〕汪超《論明代日用類書與詞的傳播》一文簡要考
察了類書中詞作的來源，並從傳播者和受眾兩個方面分析了其對詞作傳播的
影響，認為編者的思想觀念、書坊的成本控制等營銷行為以及受眾的需求及閱
讀興趣都會影響到其詞的傳播。〔註58〕

　　文賦：楊忠《〈四六膏馥〉與南宋四六文的社會日用趨向》一文，在對比
宋本《四六發遣膏馥集》和《永樂大典》基本《四六膏馥》的基礎上，認為前
者多出的內容反映了四六文在寫作上由北宋之淡雅自然漸變為南宋之工巧繁
碎，在社會應用方面日趨實用。〔註59〕慈波《宋四六與類書》認為宋代應試類
書的興盛，雖然方便了四六文的創作，但也使其流於俗套，基本格式配合適當
語料即可拼湊成文，日趨程式化。〔註60〕施懿超《宋代類書類四六文敘錄》則
從文獻學角度，對《聖宋名賢四六叢珠》、《聖宋千家名賢表啟翰墨大全》、《翰
苑新書》、《四六膏馥》四部四六文類書進行題解，介紹了其版本流傳、編纂體
例等情況。〔註61〕祝尚書《論賦體類書及類事賦》一文，以宋人所撰賦體類書
及類事賦為對象，考察了其用途、類別、撰寫原則及特徵，認為它們是科舉考
試的產物，進而成為科舉時代的一種文化現象。〔註62〕許結《論漢賦「類書
說」及其文學史意義》一文，從廣義文化觀的角度分析「賦代類書」說，認為
漢賦的「文類」特徵不僅影響到「類書」的編纂，而且具有中國文學從「文言」
到「文類」的歷史轉捩意義。〔註63〕

（二）類書與其他學科關係的研究

　　藝術：彭礪志《唐宋類書中保存的書學文獻及其學術價值》一文，對唐宋
類書中隱性書學文獻進行了統計、編目、比勘、舉例、分析，為深入研究書法

〔註57〕張巍：《論唐宋時期的類編詩文集及其與類書的關係》，《文學遺產》2008 年第
　　　3 期，第 56～62 頁。
〔註58〕汪超：《論明代日用類書與詞的傳播》，《圖書與情報》2010 年第 2 期，第 140
　　　～144 頁。
〔註59〕楊忠：《〈四六膏馥〉與南宋四六文的社會日用趨向》，《北京大學學報》2005 年
　　　第 3 期，第 139～143 頁。
〔註60〕慈波：《宋四六與類書》，《濟南大學學報》2006 年第 1 期，第 38～42 頁。
〔註61〕施懿超：《宋代類書類四六文敘錄》，《古籍整理研究學刊》2007 年第 3 期，8
　　　～14 頁。
〔註62〕祝尚書：《論賦體類書及類事賦》，《四川大學學報》2008 年第 5 期，第 78～
　　　84 頁。
〔註63〕許結：《論漢賦「類書說」及其文學史意義》，《社會科學研究》2008 年第 5 期，
　　　第 168～173 頁。

史、書法理論提供了進一步的文獻支撐。〔註64〕方波《民間書法知識的建構與傳播——以晚明日用類書中所載書法資料為中心》則以晚明的綜合性日用類書中的書學文獻為對象，探究了書法知識在民間的需求、傳播與接受過程。〔註65〕楊婷婷《從四部類書樂部看唐人音樂思想的特別樣態》（西安音樂學院 2009年碩士論文）以唐代四大類書（《北堂書鈔》、《藝文類聚》、《初學記》、《白氏六帖》）中樂部文獻為對象，探究了唐代文人的音樂思想世界、認知結構，認為其內容編纂深受以儒家禮樂思想為核心的文化價值觀念的影響，對雅樂文化極為推崇，而同時又對作為異質音樂的胡俗新樂頗有興趣，「崇雅」與「愛俗」的審美態度發生衝突，唐人的音樂審美心理結構也正是在這種矛盾的化解中逐漸走向成熟。

法律：尤陳俊《明清日用類書中的律學知識及其變遷》、《明清日用類書中的法律知識變遷》、《明清日常生活中的訟學傳播——以訟師秘本與日用類書為中心的考察》三文從明清時期的日用類書流傳的角度，考察了律學知識、訟學知識在民間的傳播，日用類書在為普通百姓提供律學常識、詞狀撰寫方法等方面起到了重要作用。〔註66〕

倫理：方彥壽《朱熹的道統論與建本類書中的先賢形象》以陳元靚所編《事林廣記》中的先賢圖為例，分析了朱熹道統論在民間的傳播、普及。〔註67〕**魏志遠**《道德與實用：從日用類書看明朝中後期的民間倫理思想》從個人品性修養、家庭倫理、為人處世三個方面考察了明朝中後期日用類書中的民間倫理思想，認為其相較官方的教化倫理思想更強調倫理規範的實用性。〔註68〕

社會管理：陳學文《明代中葉以來農村的社會管理——以日用類書的記載來研究》則從社會管理角度，通過對明代日用類書中有關鄉俗民約的二十二件

〔註64〕彭礪志：《唐宋類書中保存的書學文獻及其學術價值》，《古籍整理研究學刊》2007 年第 6 期，第 38～44 頁。

〔註65〕方波：《民間書法知識的建構與傳播——以晚明日用類書中所載書法資料為中心》，《文藝研究》2012 年第 3 期，第 118～126 頁。

〔註66〕尤陳俊：《明清日用類書中的律學知識及其變遷》，《法律文化研究》2007 年，第 424～436 頁；尤陳俊：《明清日用類書中的法律知識變遷》，《法律和社會科學》2007 年，第 128～150；尤陳俊：《明清日常生活中的訟學傳播——以訟師秘本與日用類書為中心的考察》，《法學》2007 年第 3 期，第 71～80 頁。

〔註67〕方彥壽：《朱熹的道統論與建本類書中的先賢形象》，《孔子研究》2011 年第 5期，第 42～49 頁。

〔註68〕魏志遠：《道德與實用：從日用類書看明朝中後期的民間倫理思想》，《廣西大學學報》2012 年第 6 期，第 109～113 頁。

契約文書，分析了晚明農村社會的巨變，如訂立契約關係、維護農業生態、人倫的商品化傾向等。〔註69〕其《從日用類書記載來看明清時期的家庭與婚姻形態》擇從社會學的角度，通過研究明清日用類書中民間自發制訂的鄉規民約探究明清家庭、婚姻的形態，認為鄉規民約對完善鄉村自治管理起了良好作用，補充了政府律令的不足。〔註70〕

此外，陳東輝《類書與漢語詞彙史研究》一文從詞彙史角度，發掘了類書的價值，認為類書的相關材料可以作為詞彙研究的語料，也可為漢語詞彙史研究提供書證，而個別類書中的漢語史史料也是漢語詞彙史研究的參證文獻，類書應該在漢語詞彙的研究中起到更大的作用。〔註71〕

（三）類書與叢書、百科全書的關係

劉辰《類書、叢書、百科全書及其比較》一文，在批評「以《四庫全書》為類書」說、「以百科全書為類書」說以及分析類書、叢書、百科全書三種書體的概念後，認為《四庫全書》是叢書，而非類書；類書與百科全書有質的區別，前者是輯錄原文以為條目，編輯而成，後者是按學科整體要求撰寫條目，著述而成，且類書與百科全書並無淵源關係。〔註72〕金常政《類書與百科全書》一文從整體而探究，認為「囊括當時已有知識，加以分類整理並編纂起來」是百科全書最基本的性質和最起碼的條件，所以類書是百科全書性質的著作，而中西百科全書之間的差異只是兩種不同的文化傳統造成的。〔註73〕

五、類書研究的特點與問題

（一）類書研究的特點

通過以上幾部分的敘述，我們認為近年來類書研究的特點有四：

（1）瓶頸依舊，對類書基本問題的認識仍存在爭議，進展不大。由於學者在對類書的性質的認識上，存在許多分歧，學界對類書並未有較為統一的認

〔註69〕陳學文：《明代中葉以來農村的社會管理——以日用類書的記載來研究》，《中國農史》2013 年第 1 期，第 70～78 頁。

〔註70〕陳學文：《從日用類書記載來看明清時期的家庭與婚姻形態》，《江南大學學報》2013 年第 5 期，第 33～38 頁。

〔註71〕陳東輝：《類書與漢語詞彙史研究》，《古漢語研究》2004 年第 1 期，第 80～85 頁。

〔註72〕劉辰：《類書、叢書、百科全書及其比較》，《出版科學》2001 年第 3 期，第 30～34 頁。

〔註73〕金常政：《類書與百科全書》，《出版科學》2004 年第 3 期，第 17～19 頁。

識，對於部分典籍是否歸入類書存在不同意見，如對部分政書、總集與類書的區別仍存分歧；而對於類書在中國古代典籍中的地位及歸屬更是缺乏深入認識，無法體現類書這一中國典籍的特殊編纂形式的歷史地位。

（2）一枝獨秀，類書專書的研究興盛。雖然學界對類書的一些基本問題未能完全取得一致意見，但對於部分學界公認的類書，如《北堂書鈔》、《法苑珠林》、《藝文類聚》、《初學記》、《太平御覽》、《冊府元龜》、《事類賦注》、《玉海》、《事林廣記》、《永樂大典》、《古今圖書集成》等，卻有較多專門研究，近年來學界更是有學者轉向對部分知名度較低的類書的研究，如上文提及的對於《類要》、《重廣會史》、《古今合璧事類備要》、《新箋決科古今源流至論》、《事文類聚翰墨全書》等類書的研究。

（3）多元視野，開始關注對類書中專門知識的研究。隨著學界對類書專書研究的深入，學者們也開始關注對類書中專門的門類知識的研究，如從書法、音樂、法律、倫理、社會管理等角度對類書的深入研究；並且學者們也開始關注日用類書，從而將研究的視角下移到普通民眾，從日用類書中探討他們的日常生活。

（4）類書的整理滯後。類書的影印情況：故宮博物館所編《故宮珍本叢刊》於 2001 年由海南出版社出版，其子部類書部分共收類書 33 冊，李勇先所編《類書類地理文獻集成》（《中國歷史地理文獻輯刊》第八編）於 2009 年由上海交通大學出版社出版，共二十三冊，僅收類書中與地理相關的部分。西南師範大學出版社、東方出版社於 2011 年出版《明代通俗日用類書集刊》，共收明代日用類書 44 種。而在類書的標點整理方面，僅有零星的幾種，如周叔迦、蘇晉仁校點的《法苑珠林校注》（中華書局 2003 年版）、李永晟校點的《雲笈七籤》（中華書局 2003 年版）、周勳初等校訂《冊府元龜》（鳳凰出版社 2006年版）、周延良的《重廣會史箋證》（齊魯書社 2010 年版）。可見，相對於類書專書研究的興盛，類書的整理工作還非常滯後，需要引起學界的重視。

（二）類書研究存在的問題

近年來，關於類書研究的論文很多，雖然取得了一定的成績，但同時也存在一些問題。

（1）一稿多投。如《略論類書在中醫學術發展中的作用》一文，作者董少萍、臧守虎發表於《長春中醫學院學報》（2000 年第 2 期），後又署名董少萍，發表於《中醫文獻雜誌》（2000 年第 4 期）；《唐宋類書「文部」的文體文

獻學價值》一文，作者黨聖元、任競澤發表於《中國文化研究》（2010年第4期），後又署名黨聖元，發表於《文化與詩學》（2011年第1期）；何任《〈永樂大典〉醫藥內容述略》（《天津中醫藥》2007年第2期）一文曾以相同名稱發表於《浙江中醫學院學報》（1989年第1期）；韓建立《〈藝文類聚〉類目編排新探》一文發表於《新世紀圖書館》2009年第3期，又發表於《圖書館理論與實踐》2009年第7期。

（2）低水平重複。如關於解縉與《永樂大典》的關係問題，耿實柯《解縉與〈永樂大典〉》（《江西社會科學》1981年第4期）、張國朝《解縉和〈永樂大典〉》（《辭書研究》1983年第1期）、黃榮祥《解縉與〈永樂大典〉》（《江西圖書館學刊》1997年第2期）等文章；近年來，更有龔花萍《解縉與〈永樂大典〉》（《圖書館理論與實踐》2001年第6期）、陳儀《〈永樂大典〉的編修與解縉的坎坷人生》（《蘭臺世界》2009年第1期）、尤小平《解縉與〈永樂大典〉》（《福建師大福清分校學報》2013年第1期）等文章，大多引據常見文獻，並無新意。

（3）類書的基本理論問題沒有取得突破性進展。前面兩點不過是學術規範方面的問題，而這才是最為根本的瓶頸問題，制約了類書的研究。為了走出困境，必須在基礎理論方面下工夫，從知識論、信息論、文化學等方面尋求突破。

本文為教育部基地重大招標項目「古代類書的文化歷程」（12JJD750012）的階段性成果，發表於《人文論叢》2014年第1期

附錄二　2014 年類書研究綜述

　　類書是一种輯錄各種門類或某一門類的資料,按照一定的方法加以編排,以便於尋檢、徵引的一種知識性資料彙編。一千多年來,類書作為典籍之薈萃,知識之精華,對文獻保存、知識傳播和學術研究都產生了重要作用。近年來,類書研究漸有升溫之趨勢,各種論著層出不窮,為了展現類書研究的新狀況、新進展,筆者計劃以年為單位梳理近年來的類書研究,本章即是針對 2014 年類書研究狀況的梳理。

一、類書通論

　　羅恰《由出土文獻論古代「類書」之起源》一文認為《說苑・談叢》是格言和諺語的材料彙編,類似於後來類書的體例,故作者認為《說苑・談叢》開啟了類書的編纂體例。〔註1〕吳承學、何詩海《類書與文體學研究》一文主要考證了類書對於文體學研究的意義,作者認為類書不專主一門,故能包羅萬有,往往體現了編撰者對於整個知識體系的總結,自然也反映出對文學學術的認識,是文學研究的重要史源。〔註2〕劉芙蓉《雕版印刷與類書漫談》主要論述了宋代雕版印刷的發展情況以及宋代雕版的特點,並且通過北宋四大類書說明了雕版印刷術的應用和貢獻。〔註3〕劉全波《論敦煌類書的分類》一文通

〔註1〕　羅恰《由出土文獻論古代「類書」之起源》,《中國典籍與文化》2014 年第 3
　　　　期,第 4~9 頁。
〔註2〕　吳承學、何詩海《類書與文體學研究》,《古典文學知識》2014 年第 1 期,第
　　　　117~123 頁。
〔註3〕　劉芙蓉《雕版印刷與類書漫談》,《圖書館學刊》2014 年第 11 期,第 108~109
　　　　頁。

過對中古類書發展史的梳理，將類書當然也包括敦煌類書分為類事類書、類文類書、類句類書、類語類書、賦體類書與事文並舉類書六種體例，並認為類事類書是類書發展的主流，其他類書體例是重要組成部分。〔註4〕

何躒《從〈四庫全書總目〉看類書的特質》一文從《四庫全書總目·類書類》出發考察了清人對類書的學理認識，其言類書在經史子集中獨關子部、集部而無關經史，經史子集中文學與非文學的類分意識，使得類書的歸類也帶上了文與非文的色彩。〔註5〕何躒《從〈四庫全書總目〉論類書的二元屬性與學理源流》主要是根據《四庫全書總目》對於類書既博又雜的特性進行了探討，作者認為類書有兩重性使得類書同時要追求博和精，結果使得大部分類書具有冗雜的特點，類書在發展中始終存在著這種學理的二元對立，這是與歷史上文學與經學的發展相關聯的。〔註6〕崔潔《〈四庫全書總目·子部·雜家類〉研究》一文從學術史的角度梳理了清代之前的重要目錄書中雜家類演變發展的情況，隨之重點分析了《四庫全書總目·子部·雜家類》的由來及其中所體現的創新，文章對雜家類下的雜說、雜纂同與之相近的其他類目如史部雜史、小說類、類書等皆做了考證分析，作者認為類書是將古書分為一定單位大小的條目，按門類將其編排，雜抄卻是將諸家之說摘取其精要部分彙編成書，《意林》《紺珠集》《類說》屬於雜抄，而《事實類苑》《仕學規範》《自警編》《言行龜鑑》《說郛》屬於類書。〔註7〕王林飛《略論子部的此消彼長與學術變遷》主要討論了從《漢志》到《隋志》再到《四庫全書總目》子部類目與子部內容的變化，陰陽家、名家、墨家、縱橫家逐漸消亡，增加了藝術、譜錄、類書、釋家四個類別，作者認為子部類目的增減與子部內容的調整，不只是數目的變化，其實還是中國古代學術發展的一個縮影。〔註8〕

〔註4〕劉全波《論敦煌類書的分類》，王三慶、鄭阿財主編《2013 敦煌、吐魯番國際學術研討會論文集》，臺南：成功大學中國文學系出版，2014 年，第 547～579 頁。

〔註5〕何躒《從〈四庫全書總目〉看類書的特質》，《圖書館學刊》2014 年第 1 期，第 126～128 頁。

〔註6〕何躒《從〈四庫全書總目〉論類書的二元屬性與學理源流》，《樂山師範學院學報》2014 年第 6 期，第 136～140 頁。

〔註7〕崔潔《〈四庫全書總目·子部·雜家類〉研究》，碩士學位論文，首都師範大學，2014 年。

〔註8〕王林飛《略論子部的此消彼長與學術變遷》，《西華大學學報（哲學社會科學版）》2014 年第 5 期，第 43～47 頁。

　　楊靖康《論目錄書與類書關照下的先唐時期典籍分類學》認為先唐時期是古代典籍分類學從起源、發展逐漸走向定型的關鍵時期，作者探討了學術分類法與事物分類法，並且認為目錄書與類書是其兩種載體。〔註9〕楊靖康《古代典籍分類中之事物分類法探源》主要討論了儒家「六藝」典籍分類法以及他的侷限性，而隨著書籍的不斷增加以及抄撮之學的興起，原來按典籍名稱進行分類的方法就顯得落伍了，受抄撮之學的影響，事物分類法增添了新內容，其表現形式即為中國古代特有的類書。〔註10〕王欣妮、崔建利、黃燕《「類書纂輯法」與「別裁法」之辨析》主要討論「類書纂輯法」與「別裁法」的區別與相似之處，作者認為類書重在「抄」，述而不作，但類書的這種抄錄往往支離破碎，不關注著錄源流的意義，別裁在裁篇別出之後往往在每個篇目之下標有子注，申明所自，能夠達到旨存統要，顯著專篇的功效。〔註11〕

　　宋一明《〈茶經・七之事〉採摭類書考》主要是對於陸羽《茶經・七之事》編寫來源的考證，作者認為《茶經・七之事》可能出自某類書。〔註 12〕趙謙《〈四庫全書〉類書中楊柳的多種意象分析》通過搜集類書中關於楊柳的條目，從楊柳的自然屬性、情感寄託和人格指代三個方面進行了分析。〔註 13〕劉張傑《再論八音——從類書出發談八音之外的古代樂器分類方法》以類書為主探究除了八音分類法之外的古代樂器分類法，作者認為民間主要是以演奏方式進行分類。〔註 14〕陳晨《日本辭書〈倭名類聚抄〉研究》主要以《倭名類聚抄》為研究對象，從性質特點、編撰價值、部類結構、解說體例、引用典籍等方面進行探討，然後以《倭名類聚抄》引用中國典籍《玉篇》和日本典籍《楊氏漢語抄》為例進行系統對照分析，通過對比揭示《倭名類聚抄》的文獻引用情況

〔註 9〕楊靖康《論目錄書與類書關照下的先唐時期典籍分類學》，《文教資料》2014 年第 15 期，第 19～20 頁。

〔註10〕楊靖康《古代典籍分類中之事物分類法探源》，《語文學刊》2014 年第 18 期，第 58～59 頁；楊靖康《古代典籍分類中之事物分類法探源》，《黑龍江史志》2014 年第 17 期，第 48～49 頁。

〔註11〕王欣妮、崔建利、黃燕《「類書纂輯法」與「別裁法」之辨析》，《晉圖學刊》2014 年第 6 期，第 51～53 頁。

〔註12〕宋一明《〈茶經・七之事〉採摭類書考》，《農業考古》2014 年第 2 期，第 171～176 頁。

〔註13〕趙謙《〈四庫全書〉類書中楊柳的多種意象分析》，《天水師範學院學報》2014 年第 3 期，第 75～78 頁。

〔註14〕劉張傑《再論八音——從類書出發談八音之外的古代樂器分類方法》，《人民音樂》2014 年第 11 期，第 60～65 頁。

以及他在漢語史上的地位。〔註15〕

二、魏晉南北朝類書

　　劉全波《〈皇覽〉編纂考》主要對《皇覽》的編纂者、編纂背景、編纂時間等問題進行了考證，作者認為《皇覽》開創了一個新的圖書編纂模式，並被後世沿襲至今，但是《皇覽》類書之祖的名號卻是後人追封的，《皇覽》編纂的時代還不知道類書為何物，魏文帝曹丕等人應該是將《皇覽》看作文獻大成、資料彙編的，《皇覽》的流傳歷經千餘年，南北朝時期何承天、徐爰、蕭琛皆有抄合本，而今則有王謨、孫馮翼、黃奭等輯佚本流傳。〔註16〕劉全波《〈修文殿御覽〉編纂考》一文對《修文殿御覽》的編纂背景、編纂過程、編纂者以及流傳、輯佚等情況做了較為全面的梳理，旨在展現《修文殿御覽》在傳世文獻中的流傳情況，作者認為《修文殿御覽》的編纂是在北齊文化繁榮的背景下進行的，由於北齊君臣的主觀目的是沽名釣譽，所以在編纂《修文殿御覽》時以《華林遍略》為藍本，因襲而成，《修文殿御覽》與《華林遍略》相比增加的主要內容是《十六國春秋》、《魏史》和《六經拾遺錄》等北朝著作，但由於顏之推等學者的存在，一定程度上也保證了《修文殿御覽》的編纂質量。〔註17〕

　　本井牧子撰，桂弘譯《東亞的唱導中的〈金藏論〉——以朝鮮版〈釋氏源流〉空白頁上的填寫內容為端緒》一文認為中國南北朝末年編纂的《金藏論》是抄錄佛經中各種記事而彙集成的一部古籍，雖然他在形式上被稱作類書，但是與中國傳統意義上的類書是有區別的，因為他收錄的內容都是以宣揚善惡因果的譬喻因緣譚為中心的，並且從內容及篇章分布上可知，《金藏論》的著眼點是教化世俗之人從而將其導向向佛之道；文章還認為寫在日本天理圖書館藏朝鮮版《釋氏源流》一書裏的內容是抄自或引用自《金藏論》，這些夾寫在書中的文字表明，一直到《釋氏源流》刊行的 17 世紀為止，《金藏論》在朝鮮半島上仍然在得到奉讀，並且很可能是用在法會唱導的時候，這就為《金藏論》在東亞區域的普及性又增添了一份佐證。〔註18〕

〔註15〕陳晨《日本辭書〈倭名類聚抄〉研究》，碩士學位論文，山西大學，2014 年。

〔註16〕劉全波《〈皇覽〉編纂考》，《中國典籍與文化》2014 年第 1 期，第 57～69 頁。

〔註17〕劉全波《〈修文殿御覽〉編纂考》，《敦煌學輯刊》2014 年第 1 期，第 31～45 頁。

〔註18〕本井牧子著，桂弘譯《東亞的唱導中的〈金藏論〉——以朝鮮版〈釋氏源流〉空白頁上的填寫內容為端緒》，《中國俗文化研究》第 9 輯，成都：巴蜀書社，2014 年，第 12～28 頁。

敦煌寫本類書《語對》自藏經洞發現以來，便以其文學文獻價值備受學者關注。王祺《敦煌寫本類書〈語對〉詞彙研究》側重《語對》的詞彙考釋，將《語對》中所呈現的複音詞與大型工具書相對照，把失收的複音詞羅列起來儘量給予正確釋義，並分析了《語對》的詞彙特點及意義。〔註 19〕《良吏傳》為南朝梁鍾岏所撰，今已亡佚，該書內容零星保存在《太平御覽》《職官分紀》等傳世類書中。陳光文《〈良吏傳〉輯考——以敦煌遺書與傳世類書為中心》對抄寫於唐代的敦煌遺書 P.4022＋P.3636、P.5544、S.2053V 進行了研究，結合敦煌遺書與傳世類書對《良吏傳》內容進行了輯考。〔註 20〕王馳《敦煌寫本類書徵引史籍研究》一文首先對敦煌寫本類書徵引的傳世史籍作以排比、辨析，排除、糾正誤引條目，分析徵引特點，並利用敦煌寫本類書中保留的相關條目對一些亡佚的六朝史籍作進一步的輯佚工作，即利用敦煌類書校勘傳世史籍。〔註 21〕今人劉緯毅的《漢唐方志輯佚》是目前輯錄六朝地志較為全面的著作，王馳《敦煌類書補擴〈漢唐方志輯佚〉三則》主要是通過對三件敦煌類書寫本的研究考證，新發現三則關於六朝地志的佚文，補充了《漢唐方志輯佚》之漏。〔註 22〕

三、隋唐五代類書

王璐《〈兔園策府〉與唐代類書的編纂》一文認為《兔園策府》代表了唐初類書編纂的一個趨勢，即文學性與學術性並重，這和唐初修纂類書的目的和方法有關，作者認為《兔園策府》成書時間在《初學記》前，因而偶句之體例不是自徐堅始，很有可能始自《兔園策府》。〔註 23〕毛陽光《洛陽偃師新出土〈杜嗣儉閻夫人墓誌〉及相關問題研究》主要是對洛陽新出墓誌《杜嗣儉閻夫人墓誌》及相關問題的研究，《杜嗣儉閻夫人墓誌》誌主是唐代類書《兔園策府》作者杜嗣先的兄長，墓誌內容可以和此前流散臺北的《徐州刺史杜嗣先墓

〔註 19〕王祺《敦煌寫本類書〈語對〉詞彙研究》，碩士學位論文，西北師範大學，2014年。

〔註 20〕陳光文《〈良吏傳〉輯考——以敦煌遺書與傳世類書為中心》，《中國典籍與文化》2014 年第 3 期，第 64～71 頁。

〔註 21〕王馳《敦煌寫本類書徵引史籍研究》，碩士學位論文，蘭州大學，2014 年。

〔註 22〕王馳《敦煌類書補擴〈漢唐方志輯佚〉三則》，《黑龍江史志》2014 年第 9 期，第 78 頁。

〔註 23〕王璐《〈兔園策府〉與唐代類書的編纂》，《西安文理學院學報（社會科學版）》2014 年第 5 期，第 24～27 頁。

誌》相印證，證實了《杜嗣先墓誌》的真實性，同時對於瞭解唐代偃師杜氏家族有重要意義。〔註24〕

　　林曉光《論〈藝文類聚〉存錄方式造成的六朝文學變貌》認為有大量六朝文學文本賴《藝文類聚》得以保存，但其存錄方式卻並非忠實抄錄原文，而是有意識地加以刪略改造，作者通過對六朝作品在《藝文類聚》和其他文獻中所保存文本的對比，可以看到《藝文類聚》基於其「藝文」宗旨及類書功能、體例，而對原作進行了刪節縮略甚至必要的改寫，六朝文學文本因此發生構造性的變異，文體遭到破壞弱化，其中的歷史性內容及與類書條目無關的部分則往往被隱滅捨棄，故在六朝文學研究中，不能直接將這些鏡中影像視同六朝文學本體，而應當充分考慮其存錄方式乃至規律，對「六朝文學」和「六朝文學鏡像」採取二重性的研究模式。〔註25〕韓建立《〈藝文類聚〉中的「互著」與「別裁」》認為在《藝文類聚》中自覺而有意識地借鑒並大量運用「互著」與「別裁」之法，這從一個側面說明，最晚在唐初，古典目錄運用「互著」和「別裁」已經相當普遍，並且作者認為在「互著」與「別裁」起源諸說中，只有起源於《七略》一說較為合理。〔註26〕韓建立、黃春華《〈藝文類聚〉領修人考辨》認為歐陽詢是當然的領修人，但不是唯一的，另外三位領修人是陳叔達、裴矩和袁朗。〔註27〕韓建立《〈藝文類聚〉編撰人員考辨》認為《藝文類聚》是多人分工主導編撰而成，目前可知的編撰人員有歐陽詢、令狐德棻、陳叔達、裴矩、趙弘智、袁朗六人，且其中四位留下了主導編撰的痕跡，即歐陽詢、陳叔達、裴矩和袁朗是《藝文類聚》實際上的領修人。〔註28〕黃婷、許建平《〈藝文類聚〉所引〈詩經〉的學術價值》認為《藝文類聚》保存了珍貴的古本《詩經》的面貌，文章將《藝文類聚》所引《詩經》與宋刻本對照，並從保存《詩經》之本字、佐證先賢之成說、據知傳本之誤改、提供失傳之文句、保存《韓詩》之佚文五個方面

〔註24〕毛陽光《洛陽偃師新出土〈杜嗣儉閤夫人墓誌〉及相關問題研究》，《敦煌學輯刊》2014 年第 1 期，第 71～75 頁。

〔註25〕林曉光《論〈藝文類聚〉存錄方式造成的六朝文學變貌》，《文學遺產》2014 年第 3 期，第 34～44 頁。

〔註26〕韓建立《〈藝文類聚〉中的「互著」與「別裁」》，《圖書館學刊》2014 年第 4 期，第 117～119 頁。

〔註27〕韓建立、黃春華《〈藝文類聚〉領修人考辨》，《社會科學戰線》2014 年第 8 期，第 275～276 頁。

〔註28〕韓建立《藝文類聚〉編撰人員考辨》《南京郵電大學學報（社會科學版）》2014 年第 4 期，第 96～101 頁。

論述《藝文類聚》所引《詩經》的學術價值。〔註29〕

　　王樂《〈初學記〉與初唐文學研究》認為《初學記》引選了不少本朝人的作品，可謂是一手材料，故其文字可信程度較高，故可以以現存的宋本及排印本《初學記》來校勘《全唐詩》和《全唐文》。再者，《初學記》的選文特色和文藝傾向可以反映出初唐文學的流行情況，可以看出某些作家在當時的文學地位和作品的接受程度，從而總結出在《初學記》視角下所映像的初唐百年間不同時期主流文學的發展走向。最後，作者通過《文苑英華》的十卷科舉應試詩的題目來比對《初學記》的內容，論證以《初學記》為代表的類書與唐代科舉文學及國家選官制度的密切聯繫，進而延伸討論官修類書與當時文學和政治精神實質的一致性，及對其促進和制約作用。〔註30〕李玲玲《〈初學記〉徵引文獻體例探討——以經部文獻為中心》對《初學記》所引經部文獻的體例進行了歸納，得出其引文有意引、合引、選引、補足省略成分等方式，引文標識上，往往採用小字加注、「又曰」、句末總結等方式。〔註31〕蘇國偉、智延娜《〈初學記〉引〈論衡〉考略》一文主要是對於《初學記》中引自《論衡》的內容作了考訂，一一與原文對正，並探究《初學記》在編纂中的體例與取捨原則。〔註32〕郜同麟《類書專書研究的新範式——讀李玲玲〈初學記〉引經考》一文先對於類書的專書研究做了一個學術史回顧，從校勘學和異文研究兩方面敘述了當下的研究，然後談到李著的優點和缺點，作者認為李玲玲《〈初學記〉引經考》是一部類書專書研究的佳作。〔註33〕張小豔《類書引經研究的典範之作——讀〈初學記〉引經考》對李玲玲《〈初學記〉引經考》進行了評論，認為《〈初學記〉引經考》是一部類書引書研究的典範之作，作者主要從語言文字、內容考辨、發現謬誤、研究價值等幾個方面進行探討，認為李玲玲這部書內容詳實考證精當，是一部很有價值的書。〔註34〕

〔註29〕黃婷、許建平《〈藝文類聚〉所引〈詩經〉的學術價值》，《中國典籍與文化》2014 年第 4 期，第 11～16 頁。

〔註30〕王樂《〈初學記〉與初唐文學研究》，博士學位論文，復旦大學，2014 年。

〔註31〕李玲玲《〈初學記〉徵引文獻體例探討——以經部文獻為中心》《浙江師範大學學報（社會科學版）》2014 年第 3 期，第 80～84 頁。

〔註32〕蘇國偉、智延娜《〈初學記〉引〈論衡〉考略》，《河北大學學報（哲學社會科學版）》2014 年第 4 期，第 57～61 頁。

〔註33〕郜同麟《類書專書研究的新範式——讀李玲玲〈初學記〉引經考》，《參花（下）》2014 年第 7 期，第 93～94 頁。

〔註34〕張小豔《類書引經研究的典範之作——讀〈初學記〉引經考》，《寧波大學學報（教育科學版）》2014 年第 6 期，第 124～128 頁。

　　李文瀾《〈白孔六帖〉校補劄記》一文認為陸心源藏宋刻本《白氏六帖事類集》不避宋仁宗諱，而避宋真宗諱，斷定該本是宋真宗時刊本，其刊刻時間當在真宗即位（997）以後，大中祥符五年（1012）之前，無疑是存世最早的善本。再者，《孔氏六帖》成書於南宋高宗紹興初年，版刻於孝宗即位之後，目前可知海內僅存一部《孔氏六帖》，分藏臺北「故宮博物院」和北京國家圖書館，文章認為《白孔六帖》對其祖本之一的《孔氏六帖》刪節閹割之多，在存世古籍中尚不多見，作為私人編纂的類書，《孔氏六帖》不僅具有一般類書特殊的輯佚和校勘作用，而且還充滿了時代精神，蘊涵編書人孔傳的價值取向，他被併入《白孔六帖》後的省佚，又體現了時代的變遷，諸如此類為歷史學提供了研究的空間。〔註35〕

　　李華偉《〈法苑珠林〉研究——晉唐佛教的文化整合》一文認為《法苑珠林》之《輪王篇》《君臣篇》《納諫篇》意在體現佛教對王者責任與福德的多種規範，以及其至高之德與至善之治相統一的政治理想，其《審察篇》《思慎篇》《儉約篇》《懲過篇》《和順篇》等篇重在把握佛教與儒家君子人格相契的內容，並以佛教精神與之作互釋溝通，《法苑珠林》所把握的這幾點也是後來理學於君子心性修養方面尤為重視的。作者認為《法苑珠林》相關篇章的編撰，一方面介紹佛教業報因果論的本來面貌，一方面表露了以因果來理解中土社會現象的意圖，以及強調因果懲戒對社會秩序的規範作用。〔註36〕韓海振《宋版〈法苑珠林〉隨函音義字形研究》一文對宋元時期的《磧砂藏》載《法苑珠林》隨函音義的版刻字形存在的書寫變易現象進行探索，為漢字俗寫字形研究提供更多樣式的實際材料，有助於推動漢字構形研究的細緻化、多元化。〔註37〕張龍飛、周志鋒《〈漢語大字典〉失收俗字字形補遺——以〈法苑珠林〉俗字為例》以《法苑珠林》語料為例，為《漢語大字典》補充若干失收俗字字形。〔註38〕

〔註35〕李文瀾《〈白孔六帖〉校補劄記》，《魏晉南北朝隋唐史資料》第30輯，上海：上海古籍出版社，2014年，第246～263頁。

〔註36〕李華偉《〈法苑珠林〉研究——晉唐佛教的文化整合》，博士學位論文，南開大學，2014年。

〔註37〕韓海振《宋版〈法苑珠林〉隨函音義字形研究》，碩士學位論文，河北大學，2014年。

〔註38〕張龍飛、周志鋒《〈漢語大字典〉失收俗字字形補遺——以〈法苑珠林〉俗字為例》，《現代語文（語言研究版）》2014年第6期，第96～97頁。

　　宋軍朋《論佛教類書的博物學特色》主要從從博物學的角度對四部佛教類書《經律異相》《諸經集要》《法苑珠林》《釋氏六帖》進行了討論，論述佛教類書博物學特色的演變過程，力求豐富中國古代科技史研究的內容，拓展其研究領域。〔註39〕宋軍朋《〈釋氏六帖〉在古代科技方面的主要貢獻》一文從現代科學的角度，即天文曆法、地理、數學和物理、生物、醫藥衛生、紡織、工藝製造七個方面，分類總結《釋氏六帖》在古代科技方面的主要成就和貢獻，以豐富和深化中國古代科技史的研究。〔註40〕趙玉琦、劉同軍《〈釋氏六帖〉引〈古今注〉的文獻價值》認為《釋氏六帖》引用了許多《古今注》釋義，與今通行本《古今注》多有出入，故作者從辨偽、版本、輯佚、校勘四個方面入手，分析了其徵引情況。〔註41〕

　　王龍睿《〈小名錄〉研究》認為《小名錄》是以小名為對象，通過摘抄史傳書籍中的小名及其相關故事編撰而成一部類書，文章分析了《小名錄》的內容、作者、著錄、版本、流傳與影響，通過對其校勘，分析了其文獻價值，文章認為晚唐至宋時詩文創作追求典故的風氣和晚唐知識分子對博物和知識的極致追求是其產生的主要背景。〔註42〕

四、宋元類書

　　申慧青《皇權觀念在類書編纂中的映像——以〈太平御覽・皇王部〉的編纂為例》認為宋代類書的編修目的從唐代應對科舉的「場屋」之書轉變為皇帝御用的「資政」之作，這就使得宋代類書中關於君主和君臣關係的內容成為重點，《太平御覽》中《帝王部》的編寫和前代類書中的《帝王部》有很大不同，在《太平御覽》中對唐代部分特別重視，內容也比較多，並且材料的記錄與編排，都反映了編纂者的正統意識。〔註43〕吳娛《試論宋初諫諍的修己觀——以

〔註39〕宋軍朋《論佛教類書的博物學特色》，《科學技術哲學研究》2014 年第 2 期，第 73～77 頁。
〔註40〕宋軍朋《〈釋氏六帖〉在古代科技方面的主要貢獻》，《華北水利水電大學學報（社會科學版）》2014 年第 1 期，第 139～142 頁。
〔註41〕趙玉琦、劉同軍《〈釋氏六帖〉引〈古今注〉的文獻價值》，《北方工業大學學報》2014 年第 2 期，第 78～82 頁。
〔註42〕王龍睿《〈小名錄〉研究》，碩士學位論文，西南交通大學，2014 年。
〔註43〕申慧青《皇權觀念在類書編纂中的映像——以〈太平御覽・皇王部〉的編纂為例》，《宋史研究論叢》第 15 輯，保定：河北大學出版社，2014 年，第 498～509 頁。

〈太平御覽〉的「諫諍」門為例》認為「諫諍」門的設置，可看出宋初統治者對「諫諍」的重視和開國時推崇儒教、施行仁政的統治策略，儘管在宋代後來的政治中，諫諍的政治功能日益衰微，然而「諫諍」事例中體現的修己、內省的思想，能發現宋初文臣對統治者提高個人修養的刻意要求。〔註44〕

李文娟《〈太平御覽〉引〈論語〉考》對《太平御覽》所引《論語》與皇侃《論語集解義疏》、定州竹簡《論語》、正平本《論語》、漢熹平石經所刻《論語》、唐寫本《論論鄭氏注》等文本對比，並於不同或有疑異處詳加校勘。〔註45〕段偉、孫越《〈太平御覽‧工藝部‧畫類〉文獻揭引》認為《太平御覽‧工藝部‧畫類》是一部重要的美術文獻，通過考察《太平御覽》的文獻結構及其美術史料的表現形式，指出《太平御覽‧工藝部‧畫類》對人們校勘宋代以前的美術典籍有著重要的文獻參考價值。〔註46〕韓志遠《淺談北宋時期的「揚杜抑李」思想──以〈太平御覽〉對李杜的記載為例》通過《太平御覽》對李杜的記載與詩作的選錄情況加以分析，為北宋人的「揚杜抑李」思想尋找依據。〔註47〕高文智《〈太平御覽〉中與「冬」相關人事活動解析》通過對《太平御覽》的研究分析，考察了「冬」的本身含義及涉及的意象，並對與「冬」相關的人事活動進行分析研究，考察了古人活動與「冬」的關係和冬季對人們生產生活的影響。〔註48〕李沛雷《試析〈太平御覽〉中的「秋」》通過對《太平御覽》中時序部卷二四和二五的分析來瞭解「秋」在古代文章典籍中的記錄情況，從而知曉「秋」的含義及其所蘊含的文化意蘊。〔註49〕

楊欣華《〈文苑英華〉賦卷研究》考察了《文苑英華》的編纂情況，通過《文苑英華》和其他賦集比較分析其特色，《文苑英華》收賦一共分為四十二

〔註44〕吳娛《試論宋初諫諍的修己觀──以〈太平御覽〉的「諫諍」門為例》，《山西大同大學學報（社會科學版）》2014 年第 4 期，第 30～33 頁。

〔註45〕李文娟《〈太平御覽〉引〈論語〉考》，碩士學位論文，曲阜師範大學，2014 年。

〔註46〕段偉、孫越《太平御覽‧工藝部‧畫類〉文獻揭引》，《遼寧工業大學學報（社會科學版）》2014 年第 6 期，第 82～84 頁。

〔註47〕韓志遠《淺談北宋時期的「揚杜抑李」思想──以〈太平御覽〉對李杜的記載為例》，《菏澤學院學報》2014 年第 4 期，第 44～47 頁。

〔註48〕高文智《太平御覽〉中與「冬」相關人事活動解析》，《齊齊哈爾師範高等專科學校學報》2014 年第 1 期，第 93～95 頁。

〔註49〕李沛雷《試析〈太平御覽〉中的「秋」》，《青年文學家》2014 年第 21 期，第 54 頁。

類，文章對主要類目做了大致的闡述，分析這些類目背後隱藏的文化關照，探尋宋人對待唐賦重視的原因，並將《文苑英華》的應試賦以列表的形式進行分類，結合唐代科舉制度去分析所收應試賦的特色，又將《文苑英華》和《文選》進行比較，從選錄標準、作品分類和文體分類三個方面分析《文苑英華》對《文選》的繼承和革新，還將《文苑英華》和《歷代賦彙》從編纂理念、作品分類和作品文本三個方面進行比較，分析《文苑英華》對於《歷代賦彙》編纂的影響。〔註 50〕楊栩生、沈曙東《〈文苑英華〉之李白詩題目異文辨讀》認為《文苑英華》所錄李白詩有諸多異文，作者擇出《將進酒》等七首詩題目頗為重要的異文加以辨析。〔註 51〕張培《〈文苑英華〉與〈唐百家詩選〉的宗唐風尚比較研究》認為《文苑英華》和《唐百家詩選》分別代表著北宋不同時期士人的唐詩觀，通過比較其審美風尚的變遷，可以揭示北宋初期到中期唐詩觀演變的過程和宋人崇尚唐詩的文化心態。〔註 52〕羅昭君、李倩冉《論〈文苑英華〉中對歌行的編選》認為《文苑英華》中對歌行的編錄，繼承了中唐元稹、白居易的「歌行」觀念，其中收錄白居易、杜甫、韋應物等人的歌行作品較多，之所以將「歌行」獨立成類，是編錄官參考唐人文集而來，因為在中晚唐詩人的觀念中，歌行已逐漸發展成為一種文體，作者認為《文苑英華》在編錄歌行的過程中也出現了一些失誤，主要原因在於編書時間倉促、唐宋人文體觀念模糊及受政治影響等因素。〔註 53〕

何水英《從選本批評看宋初唐詩學的演進——基於〈文苑英華〉與〈唐人選唐詩〉的比較》對《文苑英華》與「唐人選唐詩」十三種選本所選錄唐詩進行比較，發現宋初選唐詩更突出題材意識，題材有日常生活化傾向，宋人對唐詩選錄態度更具包容性，更強調詩歌的教化功能。〔註 54〕何水英《論〈文苑英華〉詩學批評特徵及成因》認為《文苑英華》主要詩學批評特徵有三，詩歌尊君意識進一步強化，傾向崇尚文采的「風雅」追求，以及詩用以

〔註 50〕楊欣華《〈文苑英華〉賦卷研究》，碩士學位論文，南京師範大學，2014 年。

〔註 51〕楊栩生、沈曙東《〈文苑英華〉之李白詩題目異文辨讀》，《綿陽師範學院學報》2014 年第 1 期，第 6～11 頁。

〔註 52〕張培《〈文苑英華〉與〈唐百家詩選〉的宗唐風尚比較研究》，《鄭州牧業工程高等專科學校學報》2014 年第 4 期，第 52～55 頁。

〔註 53〕羅昭君、李倩冉《論〈文苑英華〉中對歌行的編選》，《廣東廣播電視大學學報》2014 年第 4 期，第 75～78 頁。

〔註 54〕何水英《從選本批評看宋初唐詩學的演進——基於〈文苑英華〉與〈唐人選唐詩〉的比較》，《中南大學學報（社會科學版）》2014 年第 1 期，第 181～185 頁。

教化，但人的德行不入批評標準，其成因與宋初儒學復興、文化主體心態都有關係，官方雖在文學上未強調作者德行，但要求以政治上的德行來確保士人文德兼修。〔註55〕何水英《〈文苑英華〉對南朝豔詩的收錄：態度、特徵及影響》認為《文苑英華》收錄了不少南朝豔詩，這說明宋初從官方層面接受了豔詩，但《文苑英華》並未旗幟鮮明地肯定豔詩地位，而是通過篩選宮體詩、改變詩歌類型等方式淡化豔詩色彩。〔註56〕何水英《〈文苑英華〉誤作「網羅放佚」性總集考辨》認為《文苑英華》不是「網羅放佚」的非選本總集。〔註57〕宋紅霞《何焯手批本〈文苑英華〉考述》對臺灣「國圖」藏何焯手批本《文苑英華》進行了實地考察與書目查閱，對其版本、遞藏、文獻價值及批校背景等進行了較為全面的梳理與考證，認為何焯對《文苑英華》的評校與《全唐詩》的編修刊刻有關係。〔註58〕

林耀琳《〈太平廣記〉成書時間考》通過對宋太宗、宋真宗時期各種因素和資料的考證，證明《太平廣記》是從宋太宗太平興國年間開始編撰，最終成書於宋真宗時期。〔註59〕呼嘯《淺談〈太平廣記〉中的仙棗》認為《太平廣記》中許多關於棗的神奇傳說反映了棗在民俗文化中的重要地位。〔註60〕趙伯陶《〈聊齋誌異〉借鑒〈太平廣記〉三題》從詞語借鑒、情境借鑒以及注釋校勘出發考察《聊齋誌異》與《太平廣記》的關係。〔註61〕宋冠華、王虎《〈太平廣記〉與〈唐摭言〉異文比較研究》認為《太平廣記》引用《唐摭言》共132條，有異文存在需要探討，辨明這些異文，不僅對《太平廣記》和《唐摭言》的校勘有重大作用，而且對有利於史實真相的探明。〔註62〕趙素忍、劉靜、宋

〔註55〕何水英《論〈文苑英華〉詩學批評特徵及成因》，《江蘇科技大學學報（社會科學版）》2014年第2期，第39～44頁。

〔註56〕何水英《〈文苑英華〉對南朝豔詩的收錄：態度、特徵及影響》，《石河子大學學報（哲學社會科學版）》2014年第4期，第102～106頁。

〔註57〕何水英《〈文苑英華〉誤作「網羅放佚」性總集考辨》，《凱里學院學報》2014年第4期，第73～77頁。

〔註58〕宋紅霞《何焯手批本〈文苑英華〉考述》，《圖書館雜誌》2014年第11期，第93～98頁。

〔註59〕林耀琳《〈太平廣記〉成書時間考》，《長江論壇》2014年第5期，第84～86頁。

〔註60〕呼嘯《淺談〈太平廣記〉中的仙棗》，《榆林學院學報》2014年第1期，第67～70頁。

〔註61〕趙伯陶《〈聊齋誌異〉借鑒〈太平廣記〉三題》，《聊城大學學報（社會科學版）》2014年第6期，第24～29頁。

〔註62〕宋冠華、王虎《〈太平廣記〉與《唐摭言》異文比較研究》，《九江學院學報（社會科學版）》2014年第2期，第36～39頁。

菲《〈豔異編〉與〈太平廣記〉關係探討》以「王敬伯」篇為例，查找故事源流，得知《豔異編》中此篇看似與《太平廣記》相關，實際上並非編選自《太平廣記》。〔註63〕王曉蕾《接受美學視域下的中國志怪小說英譯——以〈太平廣記〉中小說標題英譯為例》通過對《太平廣記》中志怪小說篇名翻譯的比較可知，丁譯（丁往道）策略為異化譯法，而張譯（張光前）為歸化譯法，而作者認為評價志怪小說英譯的優劣應以讀者的接受為標準。〔註64〕

曾禮軍《〈太平廣記〉異僧小說的「三重」敘事》認為《太平廣記》異僧小說有著宗教性、史傳性和審美性三位一體的敘事特徵，其神異敘事善於融通佛教哲思和啟悟佛性體認，史傳敘事注重烘托神異觀念和突出宗教真實，審美敘事重視刻畫僧人形象和描繪宗教神奇。〔註65〕曾禮軍《〈太平廣記〉符命小說的文學敘事與文化意義》認為《太平廣記》符命小說基本上是唐五代時期的文學作品，是探討唐五代天命觀念的重要文獻資料，符命小說宣揚命數天定觀念，屬於民間世俗文化的小傳統，雖然與儒家文化大傳統有一定差異，甚至悖離，卻是精英文化不可或缺的有益補充和必要存在。〔註66〕曾禮軍《〈太平廣記〉人神遇合故事的文化生成及觀念新變》認為《太平廣記》人神遇合故事的文化生成當源於農耕生產的人牲祭祀文化，是焚巫和沉人的祭祀儀式世俗化發展的結果，後來這種娛神觀念逐漸脫離宗教祭祀的原始內涵而演變為世俗化的人神遇合故事。〔註67〕曾禮軍《〈太平廣記〉中胡僧形象的群體特徵與宗教意義》認為胡僧形象既具有鮮明的種族特性，又具有突出的佛教文化指向，折射著外來文化與本土文化的交流、佛教文化與儒家文化的碰撞，不僅具有文學審美作用，也具有宗教文化意義。〔註68〕

馬小方《西方淨土信仰影響下的唐人小說研究——以〈太平廣記〉為中心》

〔註63〕趙素忍、劉靜、宋菲《〈豔異編〉與〈太平廣記〉關係探討》，《河北經貿大學學報（綜合版）》2014 年第 4 期，第 29～32 頁。

〔註64〕王曉蕾《接受美學視域下的中國志怪小說英譯——以〈太平廣記〉中小說標題英譯為例》，《洛陽師範學院學報》2014 年第 3 期，第 97～99 頁。

〔註65〕曾禮軍《〈太平廣記〉異僧小說的「三重」敘事》，《遼東學院學報（社會科學版）》2014 年第 1 期，第 50～54 頁。

〔註66〕曾禮軍《〈太平廣記〉符命小說的文學敘事與文化意義》，《安康學院學報》2014 年第 2 期，第 52～56 頁。

〔註67〕曾禮軍《〈太平廣記〉人神遇合故事的文化生成及觀念新變》，《五邑大學學報（社會科學版）》2014 年第 2 期，第 50～54 頁。

〔註68〕曾禮軍《〈太平廣記〉中胡僧形象的群體特徵與宗教意義》，《赤峰學院學報（漢文哲學社會科學版）》2014 年第 4 期，第 150～152 頁。

分析了唐人小說中的西方淨土信仰情況，歸納了三種西方淨土信仰故事類型，僧人靈驗故事、佛像靈驗故事以及佛典靈驗故事，並從念佛思想、佛號變化、念佛主體、蓮花化生四個方面分析了滲透在唐人小說中的西方淨土信仰，認為唐代西方淨土信仰的盛行在思想內容及情節構造上對唐人小說的創作影響深遠。〔註69〕蘇振富《〈太平廣記〉所見唐代民間女性修道情況研究》立足於《太平廣記》輯錄志怪小說的性質，通過《太平廣記》對唐代民間婦女的修道及其相關情況進行了一些研究。〔註70〕閻婷《論傳奇小說在唐代佛教世俗化過程的作用——以〈太平廣記〉為研究中心》主要以《太平廣記》所收錄的唐傳奇小說為研究材料，主要是研究唐傳奇小說在唐代佛教世俗化過程中所起的作用，作者認為唐傳奇小說所涉及到描述佛教思想和寺院文化的故事，反映了佛教日益世俗化，推進了民眾對佛教的信仰，而民眾對佛教的信仰又進一步希望佛教進一步的世俗化，在這個互動的過程中，小說在其中起到了不可忽視的重要作用。〔註71〕李秋源《〈太平廣記〉中佛教造像題材小說研究》通過對佛教造像小說進行文學特點方面的探討，分析《太平廣記》中佛教造像在小說中所起到的作用，以及他所蘊含的思想精神。〔註72〕李秋源《〈太平廣記〉中的佛教造像研究的現狀及意義》主要對《太平廣記》中對於佛教造像內容的研究及其意義做了一個探討。〔註73〕

盛莉《論〈太平廣記〉類目的動物分類思想》主要討論了《太平廣記》類目的動物分類思想，作者通過對許多例子的分析，闡述了「同類相存同聲相應」和「類必立長」原則在動物分類中的具體應用。〔註74〕張媛《〈太平廣記〉龍形象淺析》對《太平廣記》中龍的基本形象進行了分析，並按照中國傳統的龍形象、佛教中的龍形象、佛教中龍形象的中國化三種不同的類型

〔註69〕馬小方《西方淨土信仰影響下的唐人小說研究——以〈太平廣記〉為中心》，《社會科學論壇》2014 年第 8 期，第 160～172 頁。

〔註70〕蘇振富《〈太平廣記〉所見唐代民間女性修道情況研究》，《牡丹江大學學報》2014 年第 12 期，第 56～59 頁。

〔註71〕閻婷《論傳奇小說在唐代佛教世俗化過程的作用——以〈太平廣記〉為研究中心》，碩士學位論文，山西大學，2014 年。

〔註72〕李秋源《〈太平廣記〉中佛教造像題材小說研究》，碩士學位論文，內蒙古師範大學，2014 年。

〔註73〕李秋源《〈太平廣記〉中的佛教造像研究的現狀及意義》，《語文學刊》2014 年第 7 期，第 58～59 頁。

〔註74〕盛莉《論〈太平廣記〉類目的動物分類思想》，鄧正兵主編《人文論譚》第 6 輯，武漢：武漢出版社，2014 年，第 47～57 頁。

進行討論。〔註75〕尚曉雲《〈太平廣記〉中虎類精怪故事的文化內涵》主要對《太平廣記》中的虎類故事進行解讀，並分析此類故事中蘊含的文化內涵。〔註76〕季魯軍《〈太平廣記〉中水族故事研究》研究的是《太平廣記》中的水族故事，文章從禁錮與自由、感恩與復仇、魅惑與渴望、夢境與現實、異變與親情和信仰與救贖六個方面來探討水族故事所呈現的當時社會的風貌和人們的價值追求，並分析作者想要表達的思想感情。〔註77〕

范晶晶《唐代宦胡的文化政治生活——主要以〈太平廣記〉為參考文本》一文以《太平廣記》為主探討來華胡人的文化認同、政治命運以及漢族士人對他們的態度，以理解唐宋之交的文化心態、外交政策。〔註78〕陳洪英《〈太平廣記〉中唐五代商賈小說發展演變》認為唐代以商賈為題材的小說大量出現，作者人數多、作品數量多、時間跨越長，作者即從以上三個層面探討《太平廣記》中商賈小說的演變歷程。〔註79〕楊宗紅《生態視閾下古代小說中男神——凡女母題研究——以〈太平廣記〉〈夷堅志〉為中心》認為人類與男神的矛盾是對資源佔有的矛盾，這種矛盾導致人際衝突，進而導致人與自然的衝突。〔註80〕李露《〈太平廣記〉中的「人神戀」故事研究》從《太平廣記》中「人神戀」故事的情節功能、基本故事類型、文化內涵等幾個方面對《太平廣記》中的「人神戀」故事作全面系統而又深入的研究，作者從中抽出四個基本的故事類型，並對其故事背後的文化內涵做了深入分析。〔註81〕

張學成《〈太平廣記〉研究的新開拓和新成果——評曾禮軍〈宗教文化視閾下的《太平廣記》研究〉》一文認為曾書在研究上的創新點在於以宗教文化

〔註75〕張媛《〈太平廣記〉龍形象淺析》，《濮陽職業技術學院學報》2014 年第 1 期，第 5～8 頁。

〔註76〕尚曉雲《〈太平廣記〉中虎類精怪故事的文化內涵》，《現代語文（學術綜合版）》2014 年第 9 期，第 26～28 頁。

〔註77〕季魯軍《〈太平廣記〉中水族故事研究》，碩士學位論文，遼寧大學，2014 年。

〔註78〕范晶晶《唐代宦胡的文化政治生活——主要以〈太平廣記〉為參考文本》，《西南大學學報（社會科學版）》2014 年第 3 期，第 162～168 頁。

〔註79〕陳洪英《〈太平廣記〉中唐五代商賈小說發展演變》，《文藝評論》2014 年第 12 期，第 89～90 頁。

〔註80〕楊宗紅《生態視閾下古代小說中男神——凡女母題研究——以〈太平廣記〉、〈夷堅志〉為中心》，《貴州師範大學學報（社會科學版）》2014 年第 1 期，第 94～98 頁。

〔註81〕李露《〈太平廣記〉中的「人神戀」故事研究》，碩士學位論文，湖北大學，2014 年。

的視角對《太平廣記》進行了研究，曾書具有廣泛的學術視野和深厚的文獻基礎，這一切都反映在書中對於《太平廣記》的研究中。〔註82〕金建鋒《獨闢蹊徑立論精解——評曾禮軍《宗教文化視域下的〈太平廣記〉研究》》一文認為曾著是在對《太平廣記》文獻作了認真梳理之後做出的研究，具有立論精解的特點，而且曾書注意到了《太平廣記》在宗教文化方面的極高價值。〔註83〕

葉秋冶《〈雲笈七籤〉初探》一文闡述了張君房編纂《雲笈七籤》的主客觀原因，論述了《雲笈七籤》的編纂體例與道藏編纂傳統「三洞四輔」體系的異同，重點研究了《雲笈七籤》與上清經的關係，認為《雲笈七籤》重點是對上清派經典的彙集和歸納，分析了《雲笈七籤》中的「宇宙論」，並進一步展示道教的宇宙論，細辨了《雲笈七籤》記載的各路神仙，深入剖析了《雲笈七籤》中所載北宋前的道教修煉方法。〔註84〕王治偉《〈雲笈七籤〉中的善惡思想》通過對《雲笈七籤》中的道教精神觀念和修行的研究，探究其中所蘊含的善惡思想，文章認為對善惡之源頭的探討可以追溯到元神之陽、三魂七魄、三尸九蟲等方面，並且善惡可以從得道之人、修煉丹藥以及禍福壽夭等方面得到表現，而修善則要從修心、積善、去惡等角度去完成。〔註85〕

北宋刊《重廣會史》一百卷在國內久已失傳，此帙曾入藏朝鮮，後又流入日本，昭和三年（1928）由育德財團影印出版，是書鈐有二印，卷首鈐「經筵」印，卷末鈐「高麗國十四葉辛巳歲藏書大宋建中靖國元年大遼乾統元年（1101）」印。牟宗傑《〈重廣會史〉鈐「經筵」印考辨》認為「經筵」印係一枚朝鮮印，是朝鮮李朝世宗為其所藏書冊刻製的專印。〔註86〕施建才《和刻本〈重廣會史〉引書研究》一文在前人學術成果的基礎上以正史文獻為主要對象展開引書研究，通過引文的校勘，引文的爬梳歸類，引文特點的分析和引文版本的討論，

〔註82〕 張學成《〈太平廣記〉研究的新開拓和新成果——評曾禮軍〈宗教文化視閾下的《太平廣記》研究〉》，《遼東學院學報（社會科學版）》2014年第4期，第3頁。

〔註83〕 金建鋒《獨闢蹊徑立論精解——評曾禮軍〈宗教文化視域下的《太平廣記》研究〉》，《曲靖師範學院學報》2014年第5期，第127～128頁。

〔註84〕 葉秋冶《〈雲笈七籤〉初探》，博士學位論文，中國社會科學院研究生院，2014年。

〔註85〕 王治偉《〈雲笈七籤〉中的善惡思想》，《無錫商業職業技術學院學報》2014年第2期，第99～104頁。

〔註86〕 牟宗傑《〈重廣會史〉鈐「經筵」印考辨》，《文獻》2014年第1期，第11～13頁。

進而總結出和刻本《重廣會史》的文獻學思想及其價值。〔註 87〕

　　金菊園《萬曆刻本〈記纂淵海・郡縣部〉初探》主要是對類書《記纂淵海》萬曆本中郡縣部的考察，萬曆本《記纂淵海・郡縣部》卷帙達到了二十八卷，超出了宋慈序中所載的卷數，證明他曾經過後人的增改，在內容上他主要來源於《歷代郡縣地理沿革表》和《輿地紀勝》，但是萬曆本在引用時，很多都沒有注明出處。〔註 88〕

　　何春根《小說類書〈姬侍類偶〉考述》認為《姬侍類偶》是宋人周守忠纂輯的一本小型小說類書，專輯自古至宋姬妾侍婢的事狀，在諸多以女性為專題的小說集中頗有特色，作者從版本、思想價值、文獻價值和編撰體例等方面對此書作了一一考述，認為《姬侍類偶》是在整合傳統類書形式的基礎上形成了自己的編纂特點。〔註 89〕

　　柳建鈺《國圖藏孤本文獻〈婚禮新編〉初探》主要是對國圖所藏孤本類書《婚禮新編》的一個簡易研究，《婚禮新編》是南宋武夷人丁昇之所編寫的我國第一部專門輯錄婚俗資料而形成的日用生活型通俗類書，該書流傳很少，前十卷收錄了很多書儀作品，卷十一到卷二十是與婚禮相關典故的彙編。〔註 90〕柳建鈺《國圖藏孤本文獻〈婚禮新編〉文獻價值簡論》認為《婚禮新編》裏面的婚俗資料具有很高價值，並且由於這部書主要是用駢體文寫成的，故還有助於駢體文的研究。〔註 91〕

　　全建平《略談〈翰墨全書〉利用的幾個問題》認為《翰墨全書》是一部元代前期編纂成書、後來經過兩次改編的民間日常交際應用類書，分類輯錄民間交際應酬相關的詞語、典故、詩詞文章及活套、圖式，對宋元文學、歷史研究具有較高的文獻價值。傳世的《翰墨全書》有大德本、泰定本、明初本三種系統，大德本編纂時間最早、內容最多，泰定本內容主要係壓縮大德本而成，明

〔註 87〕 施建才《和刻本〈重廣會史〉引書研究》，碩士學位論文，東北師範大學，2014年。

〔註 88〕 金菊園《萬曆刻本〈記纂淵海・郡縣部〉初探》，《歷史地理》第 30 輯，上海：上海人民出版社，2014 年，第 380～387 頁。

〔註 89〕 何春根《小說類書〈姬侍類偶〉考述》，《文獻》2014 年第 1 期，第 129～135頁。

〔註 90〕 柳建鈺《國圖藏孤本文獻〈婚禮新編〉初探》，《蘭臺世界》2014 年第 11 期，第 98～99 頁。

〔註 91〕 柳建鈺《國圖藏孤本文獻〈婚禮新編〉文獻價值簡論》，《蘭臺世界》2014 年第 28 期，第 147～148 頁。

初本內容基本承用泰定本，利用時應優先使用大德本，明初本《翰墨全書》存在編纂或抄錄錯誤、內容編排存在不嚴密之處、翻刻致誤等不足。〔註92〕

任曉彤《藝林之珍品，大輅之椎輪——簡述〈韻府群玉〉的性質、體例及價值》主要介紹了《韻府群玉》的體例和價值，《韻府群玉》是為了讀書人學習用韻而出現的，後代的《佩文韻府》也是以他為藍本編纂的，在《佩文韻府》誕生之前，這部書具有極大的價值，《佩文韻府》刊行後，《韻府群玉》逐漸湮沒，以致後人很少提到他，文章從性質、內容、編纂體例、價值等方面簡述了該書在辭書史上的重要影響及地位。〔註93〕

祝昊冉《〈事林廣記〉俗字實例與正字理念研究——以和刻本與至順本為例》從宏觀的角度去研究俗字的使用狀況，提供了校勘和考訂的材料，該研究認為《事林廣記》明確提出了正字主張，這在漢字發展史上是首次。〔註94〕鄭偉《〈事林廣記〉音譜類〈辨字差殊〉若干音韻條例再分析》結合漢語語音史和吳、閩北、山西等南北方言的資料，對《事林廣記》音譜類所錄《辨字差殊》中的若干音韻材料作了分析，文章指出有的條例需要參考現代方言之間的比較，並且結合「詞彙擴散理論」才能得出比較完整的解釋。〔註95〕王建霞《〈事林廣記〉之婚俗淺談》對《事林廣記》所記載的婚禮儀式等做了簡單的介紹。〔註96〕王建霞《〈事林廣記〉部分校勘淺談》找到了《事林廣記》的五個版本並進了初步的對校工作。〔註97〕閆豔、祝昊冉《〈事林廣記〉俗字探微》認為《事林廣記》中收錄的俗字類型代表了元明時期俗字的使用狀況，反映了漢字系統發展的趨勢，故以《事林廣記》為中心分析了改換意符、採用古體、簡省、增繁、異音替代五種俗字類型。〔註98〕

劉禮堂、李文寧《宋代筆記及類書中的歲時民俗研究》認為宋代類書中

〔註92〕仝建平《略談〈翰墨全書〉利用的幾個問題》，《史學集刊》2014 年第 2 期，第 58～65 頁。

〔註93〕任曉彤《藝林之珍品，大輅之椎輪——簡述〈韻府群玉〉的性質、體例及價值》，《辭書研究》2014 年第 1 期，第 75～78 頁。

〔註94〕祝昊冉《〈事林廣記〉俗字實例與正字理念研究——以和刻本與至順本為例》，碩士學位論文，內蒙古師範大學，2014 年。

〔註95〕鄭偉《〈事林廣記〉音譜類〈辨字差殊〉若干音韻條例再分析》，《漢語史學報》第 14 輯，上海：上海教育出版社，2014 年，第 105～116 頁。

〔註96〕王建霞《〈事林廣記〉之婚俗淺談》，《金田》2014 年第 12 期，第 50 頁。

〔註97〕王建霞《〈事林廣記〉部分校勘淺談》，《金田》2014 年第 12 期，第 60 頁。

〔註98〕閆豔、祝昊冉《〈事林廣記〉俗字探微》，《內蒙古師範大學學報（哲學社會科學版）》2014 年第 6 期，第 102～104 頁。

有許多關於歲時民俗的內容，並且對幾部主要類書的相關內容作了研究，作者認為宋代類書中關於歲時民俗的記敘，具有注重考辨歷史源流的特點，這與筆記注重現實的特點不同，同時宋代類書在敘述歲時民俗時，在體例上多有創新。〔註 99〕

五、明清類書

康保成《〈永樂大典戲文三種〉的再發現與海峽兩岸學術交流》介紹了近代以來嘉靖本《永樂大典戲文三種》的流傳經過，1920 年被葉恭綽從倫敦攜回中土後，曾以徐世昌的名義存放在天津一家銀行的保險櫃裏，徐氏去世後重歸葉。1941 年葉氏在香港參與搶救民族文獻，將此書歸入中央圖書館寄存在港的大批善本古籍中。香港淪陷，此書被劫往日本，抗戰勝利後重回南京。1948 年此書隨「央圖」遷往臺灣，1957 年即在臺北「央圖」的善本書目中著錄，1962 年收入楊家駱主持影印的《永樂大典》。此書直到 2009 年方才被「再發現」，其主要原因是兩岸分治，其次也和學術界搜求不廣有關。〔註 100〕馬泰來《美國普林斯頓大學東亞圖書館藏〈永樂大典〉影印本前言》是對普林斯頓大學東亞圖書館葛思德文庫所藏兩冊《永樂大典》影印出版的序言說明。〔註 101〕

張昇《抄本〈永樂大典目錄〉的文獻價值》認為與目前通行的中華書局影印本《永樂大典目錄》相較，姚氏抄本《永樂大典目錄》在內容的完整性、準確性與體例的規範性方面均要更勝一籌。姚氏抄本《大典目錄》不但可以補影印本《大典目錄》的缺漏，校正其訛誤，而且可以補現存八十韻本《洪武正韻》的缺失。尤其值得注意的是，姚氏抄本《大典目錄》收有影印本《大典目錄》失收的《永樂大典韻總歌括》及《韻總》，而這兩部分內容是以往重印、整理、介紹與研究《永樂大典》者從來不曾提及的，可以說是《永樂大典》的重大新發現。因此，姚氏抄本《大典目錄》具有很高的文獻價值。〔註 102〕項旋《〈永樂大典〉副本署名頁之價值考論》一文較為全面地整理了 218 冊《大典》署名

〔註 99〕劉禮堂、李文寧《宋代筆記及類書中的歲時民俗研究》，《江漢論壇》2014 年第 11 期，第 117～123 頁。

〔註 100〕康保成《〈永樂大典戲文三種〉的再發現與海峽兩岸學術交流》，《文藝研究》2014 年第 1 期，第 90～102 頁。

〔註 101〕馬泰來《美國普林斯頓大學東亞圖書館藏〈永樂大典〉影印本前言》，《版本目錄學研究》第 5 輯，北京：北京大學出版社，2014 年，第 143～145 頁。

〔註 102〕張昇《抄本〈永樂大典目錄〉的文獻價值》，《歷史文獻研究》第 33 輯，2014 年第 1 期，上海：華東師範大學出版社，2014 年，第 228～236 頁。

頁所載錄副人員（總校官、分校官）相關信息，並結合相關史料，對《大典》副本冊末署名頁的價值進行探討，發現《大典》錄副人員是動態流動的，署名頁改裝補寫後多有訛誤，署名頁所揭示的錄副人員更替、銜名變化，可藉以探究《大典》錄副的具體分工和錄副進度。〔註103〕鍾仕倫《〈永樂大典〉錄〈世說新語〉考辨舉隅》認為大典本《世說新語》在內容上與今通行本《世說新語》時有互異，除了可以用來校勘、考證有批語的元刻本、明代凌濛初刻本、今趙西陸批校本、朱鑄禹集注本和劉強會評本外，還可以用來校勘、考證無批語的余嘉錫《世說新語箋疏》、徐震諤《世說新語校箋》、楊勇《世說新語校箋》、龔斌《世說新語校釋》等通行本，具有很高的文獻價值。尤其是在版本來源上，大典本至少可以說是我們今天能夠見到的現存元刻本之一，可與現存元刻本進行比勘，以進一步明確元刻本中「劉辰翁批語」作者的真偽，這對加深《世說新語》及其批語的研究有很大的用處。〔註104〕趙愛學《國圖藏嘉靖本〈永樂大典〉來源考》對國圖藏嘉靖本224冊《永樂大典》的來源及遞藏情況逐一進行梳理，並按入藏時間順序排列清楚。〔註105〕王繼宗《〈永樂大典〉十九卷內容之失而復得——〔洪武〕〈常州府志〉來源考》認為《中國地方志聯合目錄》著錄為〔洪武〕常州府志十九卷，《江蘇舊方志提要》定名為「〔永樂〕常州府志」的抄本，其實是《永樂大典》卷6400至6418「常州府一至十九」的抄本。〔註106〕陳豔軍《大連圖書館藏抄本〈永樂大典〉偽書考》對藏於大連圖書館收入《中國古籍善本書目》的兩冊《永樂大典》進行了辨偽，認為他是抄錄《汪氏輯列女傳》又假毛晉之名而成的一部偽《永樂大典》。〔註107〕

　　寧亞平《〈永樂大典·諸家詩目〉（唐詩）研究》對《永樂大典·諸家詩目》唐詩部分的體例與詩集方面進行了分析，闡述《永樂大典·諸家詩目》中的唐詩觀，通過分析發現唐詩的觀點是歷代相承的，唐代的唐詩觀追求注

〔註103〕項旋《〈永樂大典〉副本署名頁之價值考論》，《中國典籍與文化》2014年第2期，第91～105頁。

〔註104〕鍾仕倫《〈永樂大典〉錄〈世說新語〉考辨舉隅》，《文獻》2014年第2期，第136～146頁。

〔註105〕趙愛學《國圖藏嘉靖本〈永樂大典〉來源考》，《文獻》2014年第3期，第37～64頁。

〔註106〕王繼宗《〈永樂大典〉十九卷內容之失而復得——〔洪武〕〈常州府志〉來源考》，《文獻》2014年第3期，第65～77頁。

〔註107〕陳豔軍《大連圖書館藏抄本〈永樂大典〉偽書考》，《文獻》2014年第3期，第78～80頁。

重唐詩的句法、章法，宋代的唐詩觀追求平淡的意境，元代的唐詩觀宗唐，並且追求新變，《永樂大典・諸家詩目》唐詩部分很有價值，他可以讓我們看到唐代詩風的流變過程，他有史學與詩學的二重性質，既是我們瞭解唐代社會歷史文化現象的重要文獻的載體，又是我們研究唐代詩歌藝術發展規律的重要對象。〔註 108〕

張明明《〈永樂大典〉所存〈通鑒源委〉的注釋體例》認為《永樂大典》所存《通鑒源委》的注釋體例是摘取《資治通鑒》中的字句進行作注，單集成本，和《資治通鑒釋文》相比，《通鑒源委》更加詳細，和《資治通鑒音注》相比，他又顯精簡，所以對一般讀者來說，《通鑒源委》的注釋是最合適的閱讀參考。〔註 109〕史廣超《三禮館輯〈永樂大典〉佚書考》認為三禮館為突破《三禮》文獻闕如的困境，接受李紱建議，從《永樂大典》輯出大量佚書，這是第一次由國家力量組織並實施的輯錄《永樂大典》佚書的實踐，對四庫館的設立有直接影響。〔註 110〕崔偉《〈永樂大典〉本〈金陵志〉編修時間及其佚文考》認為有賴於《永樂大典》的收錄，我們才得以見到元代《金陵志》的一些佚文，略窺此志的風貌。〔註 111〕

趙金文《〈永樂大典〉同一種辭書間單字的排列原則》認為在同一種辭書內部，《永樂大典》所引《洪武正韻》與八十韻本《洪武正韻》的韻序、字序完全相同，《永樂大典》在引用《說文》《集韻》《龍龕手鑒》《五音類聚》時，單字的排列並非是按照所引辭書的前後次序加以排列。〔註 112〕劉倩《論〈四庫全書〉中「永樂大典本」的誤輯問題》以文淵閣本《四庫全書》為底本，對四庫館臣所輯佚的「永樂大典本」文獻的質量進行考量。〔註 113〕潘晨靜、余雁舟《〈永樂大典戲文三種校注〉商補》對《永樂大典戲文三種校注》失當的

〔註 108〕寧亞平《永樂大典・諸家詩目〉（唐詩）研究》，碩士學位論文，雲南師範大學，2014 年。

〔註 109〕張明明《〈永樂大典〉所存〈通鑒源委〉的注釋體例》，《鄭州航空工業管理學院學報（社會科學版）》2014 年第 6 期，第 89～92 頁。

〔註 110〕史廣超《三禮館輯〈永樂大典〉佚書考》，《蘭臺世界》2014 年第 29 期，第 158～159 頁。

〔註 111〕崔偉《〈永樂大典〉本〈金陵志〉編修時間及其佚文考》，《江蘇地方志》2014 年第 1 期，第 34～37 頁。

〔註 112〕趙金文《〈永樂大典〉同一種辭書間單字的排列原則》，《內蒙古民族大學學報（社會科學版）》2014 年第 6 期，第 37～40 頁。

〔註 113〕劉倩《論〈四庫全書〉中「永樂大典本」的誤輯問題》，《宿州學院學報》2014 年第 1 期，第 54～57 頁。

校注內容進行了進一步補校。〔註114〕向定傑《中國書籍史上最大疑案：〈永樂大典〉流失何方》對《永樂大典》的流散做了通俗版的介紹。〔註115〕毛華松《西湖文化的演進歷程及其歷史意義——《永樂大典·六模湖》中的西湖文獻統計分析》以《永樂大典》西湖文獻為主線，綜合相關案例在方志、城市筆記及文記中的歷史記載，提出西湖文化始於魏晉，風景化於唐代，興盛於宋代的演進歷程。〔註116〕

　　項旋《古今圖書集成館纂修人員考實》認為康熙五十五年（1716），詔開古今圖書集成館，任命誠親王允祉為監修，陳夢雷為總裁，物色人員進館纂修《古今圖書集成》。集成館開館前後採取舉薦、詔試等方式選拔人員入館纂修，並設立了監修、總裁、副總裁等職，由專人分修《古今圖書集成》各典部，也有專人負責謄錄、校閱、繪圖和刷印工作。雍正帝即位後，清洗原集成館部分纂修人員，纂修工作短暫停頓後二次開館，至雍正三年（1725）十二月閉館，雍正四年六月初一日吏部尚書孫柱請准議敘纂校人員。值得注意的是，集成館纂修人員多為身份低微的舉貢生員，集成館興廢也直接影響到了纂修人員的個人命運，此一特殊性與康熙末年的皇位繼承關係甚大。〔註117〕李開升《〈古今圖書集成〉銅活字校樣本考述》認為天一閣藏銅活字本《古今圖書集成》是一部校樣本和排印工的工作底本，並進一步探討了編校人員的分工、校對工作的基本流程、校對工作的質量、挖補的方法和重新排印等細節方面的問題，並由此聯繫到傳統活字印刷的技術問題及其對傳統活字印刷發展的影響問題。〔註118〕

　　李善強《〈古今圖書集成〉石印本與銅活字本考異》將《古今圖書集成》不同的兩個版本進行了對比，作者認為光緒石印本並非與雍正銅活字本一模一樣，而是有了許多變化，光緒石印本增加了考證24卷，並且在版式和印刷

〔註114〕潘晨靜、余雁舟《〈永樂大典戲文三種校注〉商補》，《常熟理工學院學報》2014年第3期，第113～117頁。

〔註115〕向定傑《中國書籍史上最大疑案：〈永樂大典〉流失何方》，《文史博覽》2014年第7期，第62～63頁。

〔註116〕毛華松《西湖文化的演進歷程及其歷史意義——〈永樂大典·六模湖〉中的西湖文獻統計分析》，《中國園林》2014年第11期，第117～120頁。

〔註117〕項旋《古今圖書集成館纂修人員考實》，《文史》2014年第4期，第143～162頁。

〔註118〕李開升《〈古今圖書集成〉銅活字校樣本考述》，《中國典籍與文化》2014年第4期，第76～87頁。

方面都有不同，在避諱上，他比雍正本避諱的地方要多。〔註119〕李善強《華東師範大學圖書館光緒御賜〈古今圖書集成〉遞藏源流考述》詳細介紹了華東師範大學圖書館所藏《古今圖書集成》的遞藏源流。〔註120〕李善強《一部光緒御賜〈古今圖書集成〉的遞藏始末》一文介紹了華東師範大學圖書館所藏石印本《古今圖書集成》，此書本是光緒皇帝賞賜給上海交通大學的前身郵傳部上海高等實業學堂的，院校合併時進入華東師範大學。〔註121〕李善強《光緒石印本〈古今圖書集成〉諸說辨誤》對於石印本《古今圖書集成》長期以來的一些錯誤說法做了辨誤。〔註122〕

段偉、趙連朋《〈古今圖書集成‧字學典‧書畫部〉文獻揭引》主要是對《古今圖書集成‧字學典‧書畫部》內容的一個梳理，作者認為他是文獻專家比勘書畫異文的重要依據，然後作者按照內容六個方面進行了敘述，描述了每個方面的內容及其價值。〔註123〕呂莎、孫剛、陳貴海《〈古今圖書集成醫部全錄‧咳嗽門方〉的統計分析研究》通過對《古今圖書集成醫部全錄‧咳嗽門方》書中 224 首方劑統計分析，重點對排序前 67 位的出現頻次大於 5 次的藥物進行分析，得出治療咳嗽的主要方法特點，認為古代中醫主要採用了歸肺經的食療之品，對病位在肺的咳嗽病以止咳化痰平喘輔以補虛的方法治療。〔註124〕

何立民《王圻父子〈三才圖會〉的特點與價值》認為《三才圖會》的主要編纂者是王思義，此書當為一〇七卷，非以往常見一〇六卷，此書共有插圖表格六一二五幅，數量巨大，形式多樣，內容繁複，堪稱圖海，作者認為從文獻學、版畫史、藝術史、科技史、出版史、民俗學、中日文化交流、江戶漢學等

〔註119〕 李善強《〈古今圖書集成〉石印本與銅活字本考異》，《圖書館界》2014 年第 1 期，第 8～9 頁。

〔註120〕 李善強《華東師範大學圖書館光緒御賜〈古今圖書集成〉遞藏源流考述》，《科技情報開發與經濟》2014 年第 10 期，第 38～39 頁。

〔註121〕 李善強《一部光緒御賜〈古今圖書集成〉的遞藏始末》，《湖北廣播電視大學學報》2014 年第 6 期，第 156 頁。

〔註122〕 李善強《光緒石印本〈古今圖書集成〉諸說辨誤》，《湖北廣播電視大學學報》2014 年第 7 期，第 158 頁。

〔註123〕 段偉、趙連朋《〈古今圖書集成‧字學典‧書畫部〉文獻揭引》，《渤海大學學報（哲學社會科學版）》2014 年第 3 期，第 150～151 頁。

〔註124〕 呂莎、孫剛、陳貴海《〈古今圖書集成醫部全錄‧咳嗽門方〉的統計分析研究》，《中國民族民間醫藥》2014 年第 8 期，第 42～44 頁。

角度進行比較研究，當為未來《三才圖會》研究主要方向。〔註125〕臧運鋒《〈三才圖會〉域外知識文獻來源考——以〈地理卷〉和〈人物卷〉為考察中心》對《地理卷》和《人物卷》記載的域外知識進行詳細的文獻來源考證，並對某些域外國家作了比較深入的地理辨析，通過考證發現《地理卷》對域外國家的圖說記載與《明一統志》等官方文獻一致，其內容比較真實、客觀，《人物卷》對域外國家的圖說記載與《異域志》等私人著述一致，其內容帶有偏見和想像色彩。〔註126〕李瑩石《〈三才圖會〉中明代名臣像研究》認為明代名臣像是王圻心中理想化名臣的集中展示，畫像中的服飾既彰顯了政治身份又凸顯了等級的尊卑，主要目的是對後世起到瞻仰、緬懷、引導和勸誡的作用。作者認為王圻歷仕嘉靖、隆慶、萬曆三朝，其對名臣的選擇，不僅體現了王圻名臣觀，也體現了其政治立場，對品行和道德的注重，也側面反映了明中後期政治的現實。〔註127〕

明代嘉靖年間至明末是類書體文言小說集編刊的繁盛期。劉天振《明代類書體小說集研究》是一部關於中國明代通俗類書研究的理論專著，內容包括總論、明代日用類書研究、道德故事類書研究、娛樂性通俗類書研究、通俗類書與古代小說研究等，作者認為借用類書體例編纂文言小說集，方便了讀者檢索，促進了小說的傳播，類書的分類體系助成小說文體與正統價值系統的巧妙鏈接，類書的分類方式客觀上推動時人對小說文體分類的探索與嘗試。〔註128〕

徽州文書是指在皖南舊徽州府一域發現、由徽州人手寫的文獻。王振忠《徽、臨商幫與清水江的木材貿易及其相關問題——清代佚名商編路程抄本之整理與研究》主要是利用清代佚名商編路程抄本對於徽、臨商幫與清水江的木材貿易進行了一個研究。〔註129〕《指南尺牘生理要訣》是近代名人丁拱辰總結閩南社會生活經驗所編纂的民間日用類書。王振忠《閩南貿易背景下的民

〔註125〕何立民《王圻父子〈三才圖會〉的特點與價值》，《史林》2014 年第 3 期，第54〜59 頁。

〔註126〕臧運鋒《〈三才圖會〉域外知識文獻來源考——以〈地理卷〉和〈人物卷〉為考察中心》，碩士學位論文，浙江大學，2014 年。

〔註127〕李瑩石《〈三才圖會〉中明代名臣像研究》，碩士學位論文，東北師範大學，2014 年。

〔註128〕劉天振《明代類書體小說集研究》，北京：中國社會科學出版社，2014 年。

〔註129〕王振忠《徽、臨商幫與清水江的木材貿易及其相關問題——清代佚名商編路程抄本之整理與研究》，《歷史地理》第 29 輯，上海：上海人民出版社，2014 年，第 177〜206 頁。

間日用類書——〈指南尺牘生理要訣〉研究》認為該書向廣眾庶民傳授養身瞻家的應世技巧，從一個側面反映出社會流動頻繁、高移民輸出地區的日用常行和商販流俗，並且《指南尺牘生理要訣》流傳各地，翻刻頗多，有著較為廣泛的影響，不僅是在閩南，許多人皆以該書為範本酬答進退，而且在海外，也成了不少移民的酬世錦囊。〔註 130〕《祭文精選》是甘肅武威的一種非公開出版物，作者魏可諍係當地的儀式專家，書中收錄的諸多祭文，其年代有的可以上溯至民國時期（甚至更早），極為生動地反映了現、當代河西走廊民眾的社會生活。王振忠《區域文化視野中的民間日用類書——從〈祭文精選〉看二十世紀河西走廊的社會生活》即以此為例，對河西走廊的民間日用類書及其所反映的歷史背景作了探討，以期在累積文本史料的基礎上，對南北民間日用類書的類型以及區域文化之差異有進一步的瞭解。〔註 131〕

劉全波《論明代日用類書的出版》主要對明代日用類書的出版情況作了考證，作者認為日用類書的版本繁多，且同一版本還有不同的裝幀冊數，一版之外還有再版、新版、三版等，說明了日用類書的市場需求量十分的大，作者還考證了日用類書的價格以及營銷編輯理念等問題。〔註 132〕劉捷《明末通俗類書與西方早期中國志的書寫》認為明末來華的早期西方傳教士為了瞭解中國的歷史和文化，購求中國的書籍，在他們所獲得的書籍中，此類民用通俗類書佔了很大比例，這些書籍傳入西方，遂成為西方學術界瞭解和想像中國的重要依據，西方人編寫的第一本全面介紹中國歷史、文化和風俗《中華大帝國史》，所依據的材料就是源於明末民用類書。〔註 133〕張勝儀《明代日用類書中的詞狀文書探究》認為到了萬曆中後期，日用類書中開始出現獨立的詞狀門類，如詞狀門，其目錄關鍵詞多為作狀規格、蕭曹遺筆、告訴真稿等，不同版本日用類書中的詞狀內容之間相互影響，不僅體現在因直接抄襲而導致的結構與內容上的雷同，還表現在部分內容上的刪減、編排順序的調整，以及新增內容的出現，文章認為雖然該文本在日常生活中的實際作用無法考證，但圍繞詞狀的

〔註 130〕王振忠《閩南貿易背景下的民間日用類書——〈指南尺牘生理要訣〉研究》，《安徽史學》2014 年第 5 期，第 5～12 頁。

〔註 131〕王振忠《區域文化視野中的民間日用類書——從〈祭文精選〉看二十世紀河西走廊的社會生活》，《地方文化研究》2014 年第 1 期，第 19～32 頁。

〔註 132〕劉全波《論明代日用類書的出版》，《山東圖書館學刊》2014 年第 5 期，第 67～71 頁。

〔註 133〕劉捷《明末通俗類書與西方早期中國志的書寫》，《民俗研究》2014 年第 3 期，第 35～42 頁。

編纂者、讀者及審閱者仍有跡可尋。〔註134〕

　　苑磊《明代故事彙編類書籍研究》一文將明代故事彙編類書籍作為研究對象，並從出版史的角度，對此類書籍的編輯與出版特徵進行分析，文章認為明代故事彙編類書籍作為蒙童讀物發揮了重要的作用，其中側重人物事蹟彙編的書籍充分發揮教化的功能，以辭藻典故匯輯為主的書籍除用於日常查考資料之外，也傳播各種知識，發揮寓教於樂的作用。〔註135〕苑磊《明代故事彙編類通俗日用類書的編輯藝術——以〈日記故事〉為例》以專門輯錄歷史人物故事的《日記故事》為例，從來源、版本、具體表現、繼承發展以及多方促進因素等方面對明代故事彙編類日用類書的編輯藝術進行了探析。〔註136〕

　　董裕雯《〈多能鄙事〉研究》認為《多能鄙事》是元末明初時的一部日用類書，文章先宏觀介紹《多能鄙事》一書，分析該書的成書背景、版本源流和編纂體例，並明確概述確有顯著的實用類書的特點，爾後在解讀的基礎上，根據該類書所收條目和分類方法對其選定條目標準作大致歸納，並針對其中涉獵當時烹飪法、染色手工業、老年食療養生法價值進行研究，特別著重於挖掘該書對前代的承襲和對後世類書的影響價值以及其本身實用性在類書編纂史上的地位。〔註137〕

　　王雙《史夢蘭〈異號類編〉綜論》認為《異號類編》係史夢蘭編纂的一部記錄古人異名別號的類書，文章認為這部著作首創以類相從的體例，將美刺勸懲之意涵蘊其中，引用書目數多達五百餘種，為後人提供了不少成語典故、民間俗語、風俗習尚的釋義和源流，生動地展現了古人的行為風尚、意趣追求。〔註138〕陳穩根《翁藻〈醫鈔類編〉文獻研究》認為《醫鈔類編》由清代道光年間江西武寧人翁藻編撰而成的一部綜合性的醫學類書，內容包含了中醫基礎理論、臨證各科、方藥、本草、養生等內容，作為一部類書，其引用的歷代醫學文獻上自秦漢下自作者生活時期，為我們研究其他中醫文獻提供了參考。〔註139〕

〔註134〕張勝儀《明代日用類書中的詞狀文書探究》，碩士學位論文，廈門大學，2014年。
〔註135〕苑磊《明代故事彙編類書籍研究》，碩士學位論文，山東大學，2014年。
〔註136〕苑磊《明代故事彙編類通俗日用類書的編輯藝術——以〈日記故事〉為例》，《山東圖書館學刊》2014年第1期，第90～94頁。
〔註137〕董裕雯《〈多能鄙事〉研究》，碩士學位論文，上海師範大學，2014年。
〔註138〕王雙《史夢蘭〈異號類編〉綜論》，《唐山師範學院學報》2014年第1期，第17～20頁。
〔註139〕陳穩根《翁藻〈醫鈔類編〉文獻研究》，碩士學位論文，長春中醫藥大學，2014年。

　　陳長寧《滴水藏海：法律文字與社會的關聯——〈法律知識的文字傳播：明清日用類書與社會日常生活〉評介》認為尤陳俊著《法律知識的文字傳播：明清日用類書與社會日常生活》一書充分利用了尚未引起法史學界足夠重視的明清日用類書，可謂在「客觀資料之整理」方面具有相當之貢獻，並且作者在對史料的細緻梳理中，又融入了獨特的問題意識，嘗試回答了諸多基礎性、前提性的問題，故也在「主觀的觀念」上有所革新。不僅如此，作者在研究過程中始終將研究對象置於明清社會變遷的歷史背景中，不拘泥於法史學以及史學的界限，而以更廣闊的社會科學視野展開研究。因此，從「新史料」與「新問題」以及「社會科學與史學之間的融合」這三方面來看，《法律知識的文字傳播：明清日用類書與社會日常生活》都算得上是一本具有重要學術進步意義的力作。〔註140〕

六、結語

　　從魏晉到明清，直至今天，皆有類書在編纂，這是一個綿延不絕的中國類書發展史，是一個整體，不容忽略其中任何一部分，而由於類書之龐雜，我們在做研究時往往只能集中力量攻堅其中一點，往往會忽略其他，而這樣就會得出片面甚至武斷的結論，所以我們強調類書研究的整體性。縱觀 2014 年的類書研究，論著多達 140 餘種（篇），百萬字不止，其中有專著，有精闢的研究論文，有簡短的介紹性論文，更有不少博碩士研究生學位論文，絕對可謂是豐富，遠遠超出我們的預測，對比 2000 年以前之類書研究，進步巨大。通論部分的研究已經將類書研究提升到新的高度，不再是簡單的類書介紹、類書漫談，而是研究類書的發展史、學術史；魏晉南北朝時期的類書研究由於資料的嚴重散佚，研究成果相對較少，但是此時期是類書發展的第一個高潮期，也引來了不少的關注，而對殘存的類書文獻的校勘輯佚亦是重要任務；隋唐時期是類書的重要發展階段，《北堂書鈔》《藝文類聚》《初學記》的研究還是在如火如荼的進行，方興未艾，而《兔園策府》《法苑珠林》的研究亦是不甘落後，新論迭出，並且某些研究已經深入到類書的內部，這是用類書資料在研究新問題，是值得提倡的研究方法；宋元時期、明清時期的類書研究思路與隋唐五代

〔註140〕陳長寧《滴水藏海：法律文字與社會的關聯——〈法律知識的文字傳播：明清日用類書與社會日常生活〉評介》，《雲南大學學報（法學版）》2014 年第2 期，第 137～142 頁。

附錄三　2015 年類書研究綜述

　　類書是文獻的淵藪，作為典籍之薈萃、知識之精華的類書，在古代中國擁有眾多的編纂者、使用者、收藏者，且不斷被刊刻、補編、續編、新編，類書與中國古代政治、文學、科舉、教育乃至日常生活都緊密相連。近年來，類書研究漸有升溫之趨勢，各種論著層出不窮，為了展現類書研究的新狀況、新進展，筆者計劃以年為單位，梳理 21 世紀以來的類書研究，本文即是針對 2015 年類書研究狀況的梳理。

一、類書通論

　　張慕華《敦煌寫本〈齋琬文〉的文體實質及編纂體例》一文認為《齋琬文》是編述型的文獻，以類目條例來進行區分，有類書的特點，同時又收錄了齋文篇章或文段，具有文章總集的特徵，其性質介於類書與文章總集之間，他的體例類似於《文苑英華》，但是在類目條例安排上更接近於類書。〔註1〕高偉《〈山海經〉巫之類書辨析考》主要論述了《山海經》是一部關於巫的各種傳說的彙編，認為可以把他稱之為關於巫的類書。〔註2〕李蘭、張孝霞《〈針灸甲乙經〉為中國現存最早類書初探》認為《針灸甲乙經》具有類書廣採群書、述而不作和隨類相從的特性，無論從內容還是編排體例來看，都可稱得上是以針灸理論與臨床為主要內容的類書，並且隋代以前的古類書，包括《皇覽》和南北朝時

〔註1〕張慕華《敦煌寫本〈齋琬文〉的文體實質及編纂體例》，《暨南學報（哲學社會科學版）》2015 年第 12 期，第 30～37 頁。
〔註2〕高偉《〈山海經〉：巫之類書辨析考》，《文藝評論》2015 年第 2 期，第 114～116 頁。

期的類書都已亡佚,只存少量佚文,而同時代的《針灸甲乙經》作為一部比較成熟的類書,在現存類書中是時代最早的,所以作者認為《針灸甲乙經》是現存中國最早的類書。〔註3〕朱梅馨《試論中國古代類書發展史》一文對於中國古代類書的發展軌跡進行了一個小的梳理。〔註4〕

　　劉全波《論類書與史部書的關係》一文主要分析了魏晉南北朝時期類書與史部書的關係,作者認為魏晉南北朝時期類書多以類事類書的形式為主,類事類書編纂的主要材料來源無疑是史實、典故,大量史實、典故經過以類相從的排列組合之後就形成了一部部新的著作,這是類書編纂方法與史料整理相結合的一種產物,是特定時代的特殊現象,透過這種現象可以發現早期類書的發展有借殼史書的現象,或者早期類書的存在形式就是歷史資料彙編,這種借殼現象無論是有意的還是無意的,都說明早期類事類書與史部書之間有著十分親密的關係。〔註5〕趙繼寧《試論〈史記·天官書〉對正史、類書編纂的影響》主要討論了《史記·天官書》對歷代類書「天部」編纂產生的深遠影響,《天官書》深刻影響了類書的體例,他的內容在以後編修類書時被不斷的吸收,被歷代類書編纂者高度重視,最為深遠的就是《天官書》對《古今圖書集成》「乾象典」的編纂影響至深。〔註6〕

　　劉志揚《中國古籍子部分類嬗變研究》一文通過對歷代書目子部分類情況的回顧,對子部分類嬗變過程進行了勾勒,並結合子部下典型類目的嬗變研究,探討了子部分類嬗變的原因,作者重點對類書類和雜家類在書目中的嬗變過程進行了研究,認為類書為後世新出其在書目中的隸屬多有變遷,雜家為先秦諸子之一,其在子部分類嬗變的過程中也在不斷雜糅化。〔註7〕王雪琳《我國古代事始類類書的編輯與出版》主要論述了事始類類書的編輯特點和出版

〔註3〕 李蘭、張孝霞《〈針灸甲乙經〉為中國現存最早類書初探》,《中國中醫藥圖書情報雜誌》2015 年第 3 期,第 41～42 頁。

〔註4〕 朱梅馨《試論中國古代類書發展史》,《未來世界》2015 年第 10 期,第 386～387 頁。

〔註5〕 劉全波《論類書與史部書的關係》,《典籍·社會與文化國際學術研討會暨中國歷史文獻研究會第 34 屆年會論文選集》,上海:華東師範大學出版社,2015 年,第 34～45 頁。

〔註6〕 趙繼寧《試論〈史記·天官書〉對正史、類書編纂的影響》,《渭南師範學院學報》2015 年第 19 期,第 13～46 頁。

〔註7〕 劉志揚《中國古籍子部分類嬗變研究》,碩士學位論文,西北大學,2015 年,第 27～36 頁。

情況，事始類類書始於南北朝，盛行於宋、明，終結於清，這類書籍主要由私人編輯，以單冊印行和匯刻入叢書兩種方式出版流通，目的在於增廣見聞，普及知識。〔註 8〕孫曉輝、田甜《論中國古代類書中音樂部分的立類思想與編纂特徵》認為我國古代類書是在「三才」思維的框架下按「天、地、人、事、物」五個層次展開分類立目的，「三才」思想直接影響了其中「樂」與「律」兩類資料的分屬，綜合性類書多將「律」資料編於「天部歲時」，而將「樂」編入「人」「事」之中，後也採用樂、律合典的方式平行合編，如《古今圖書集成‧樂律典》。〔註 9〕

　　蔣永福《中國古代國家修書活動控制史論》主要討論了中國古代王朝修書的理念，其中提到了宋代修《冊府元龜》和清代修《古今圖書集成》的原則，作者認為中國古代對國家修書活動的控制，包括組織控制和內容控制兩大方面，既有良性控制表現，也有惡性控制表現，無論是良性控制表現還是惡性控制表現，都對現今社會的文獻控制活動具有不可忽視的以史為鏡的借鑒意義。〔註 10〕徐時儀《科舉干祿與語文辭書編纂》一文認為《干祿字書》和匯輯辭藻典故的類書的產生、發展和流傳都與當時的社會制度和學術發展有直接關係，而士人干祿和科舉入仕的需求也促進了語文辭書的發展與變革。〔註 11〕

二、魏晉南北朝類書

　　鄭玉娟《魏晉南北朝時期官府藏書特點及其流通利用》一文論述了南北朝政府藏書和類書編纂之間的關係，南北朝政府豐富的藏書給類書的編纂提供了有利條件。曹魏時期魏文帝曹丕詔命編輯《皇覽》，梁開國初年梁武帝詔修類書《壽光書苑》，梁武帝詔徐勉、何思澄等編纂《華林遍略》，北齊後主高緯時官修《修文殿御覽》，都和當時官府藏書的利用有很大關係。〔註 12〕魏萌、

〔註 8〕 王雪琳《我國古代事始類類書的編輯與出版》，《出版科學》2015 年第 6 期，第 104～109 頁。

〔註 9〕 孫曉輝、田甜《論中國古代類書中音樂部分的立類思想與編纂特徵》，《中國音樂學》2015 年第 2 期，第 19～34 頁。

〔註 10〕 蔣永福《中國古代國家修書活動控制史論》，《圖書情報知識》2015 年第 4 期，第 26～34 頁。

〔註 11〕 徐時儀《科舉干祿與語文辭書編纂》，《閩江學刊》2015 年第 5 期，第 103～107 頁。

〔註 12〕 鄭玉娟《魏晉南北朝時期官府藏書特點及其流通利用》，《晉圖學刊》2015 年第 4 期，第 58～62 頁。

魏宏燦《曹魏時期的文化典籍整理》一文認為曹丕愛好文學，曹魏時期的文化
政策促進了文化的繁榮，《皇覽》是其中重要的成果，曹魏開我國文化史上由
政府主持文化典籍整理之先。〔註13〕

　　周作明《〈無上秘要〉與早期道教經書》一文主要討論現存最早的道教類
書《無上秘要》與早期道教經書之間的關係，作者從同經異名、同名異經、異
名異經、經書類名等七個方面分析了統計時易致歧誤之處，認為全書共徵引經
書122種，其中上清經71種，靈寶經34種，三皇經5種，天師道2種，其他
各類經書10種。其中，79種經書的經名及主要內容尚見於今《道藏》，另43
種在今《道藏》中總體不存，但殘缺程度不一，其中有10種經書的主要內容
見於今《道藏》某經或《敦煌道藏》中，另33種則總體亡佚。〔註14〕

　　《眾經要攬》自20世紀初敦煌文獻發現以來，學界一直以「眾經要攬」
名之，相關的研究也多集中在編目、定名、錄文等方面，有關其內容的完整
錄文及深入考探尚付闕如。張小豔《敦煌本〈眾經要攬〉研究》認為敦煌本
《眾經要攬》的三個寫本中，S.514 及羽 635＋羽 727 皆為唐代抄寫，而
BD3000＋BD3159 為南北朝時所抄，根據《眾經要攬》中出典可靠及可以考
知其譯著年代的源經來看，其源經時代較早的為後漢靈帝時所譯，較晚者為
南朝梁時的譯經，並且由引經頻率較高的 13 種源經都集中在南北朝時期來
看，《眾經要攬》很有可能成書於南北朝時，再據《眾經要攬》引有南齊竟
陵文宣王蕭子良撰《淨住子集》來看，他更可能是撰著於南朝梁時的一部佛
教類書。〔註15〕

三、隋唐五代類書

　　孫少華《抄本時代的文本抄寫、流傳與文學寫作觀念》一文認為《北堂書
鈔》《藝文類聚》與《初學記》等隋唐類書，他們都是抄本時代的重要類書，
受到抄本時代典籍編纂屬性的影響，這些類書在編纂的過程中，編選者不同的
文學觀念和思想都會影響到每部類書的格局，所以這幾部類書在各自涉及到

〔註13〕魏萌、魏宏燦《曹魏時期的文化典籍整理》，《淮北師範大學學報（哲學社會科
　　　　學版）》2015 年第 3 期，第 31～35 頁。
〔註14〕周作明《〈無上秘要〉與早期道教經書》，《西南民族大學學報（人文社會科學
　　　　版）》2015 年第 3 期，第 82～86 頁。
〔註15〕張小豔《敦煌本〈眾經要攬〉研究》，《敦煌吐魯番研究》2015 年第 2 期，總
　　　　第 15 卷，上海：上海古籍出版社，第 279～320 頁。

同一內容的編排上，會有完全不同的特點。〔註16〕

　　孟詳娟《虞世南與〈北堂書鈔〉》主要介紹了虞世南的生平以及他纂修《北堂書鈔》的起因和經過，虞世南之所以纂修這麼一部類書，既和他出身南朝重視文化熱愛駢體詩賦有關，也受到了自魏晉以來盛行編纂類書的影響。《北堂書鈔》按類編排，類之下有標題，標題下就是所引用的材料，《北堂書鈔》保存了許多魏晉南北朝時期的詩文，對於古代文學的發展和研究，有著很重要的意義。〔註17〕蔣靜《〈北堂書鈔〉引史部文獻考略》以《隋書·經籍志》為依據，從古籍整理的角度對《北堂書鈔》中所錄史部資料進行了統計與整理，最後以南海孔廣陶校注本《書鈔》為工作底本，參考已有輯佚本，對《書鈔》所存部分史部文獻內容進行補輯。〔註18〕曹珍、段曉春《〈北堂書鈔〉所引〈傅子〉小考》認為晉人傅玄所作《傅子》到宋已亡佚大半，作者依據《北堂書鈔》中對於《傅子》的引文對《傅子》進行了輯佚與考證。〔註19〕曹珍《〈北堂書鈔〉卷帙存佚考》主要對《北堂書鈔》的卷數做了一個簡單的考略。〔註20〕

　　吳忠耘《〈琱玉集〉引〈春秋〉考》主要對《琱玉集》中關於《春秋》的六則材料與《春秋》原文進行對比研究，認為《琱玉集》對原始文獻進行了刪改、潤色，更注重情節，使之故事化，追求一種民間敘事，傳達出《琱玉集》明顯不同的寫作性格和寫作訴求，也彰顯出早期類書的編寫特點，即引述文獻的方式不固定，對於原始文獻數據有改動。〔註21〕孫麗婷《〈編珠〉殘卷研究》認為《編珠》體現了「天、地、人」三位合一的思想觀念，而這種排列順序是和中國古代社會意識形態及其系統化的思維方式相關的，作者對《編珠》所引的詩賦類作品和地記作品分別進行了考證，從中梳理出了《編珠》獨有的引文條目以及前人失輯的文字若干。〔註22〕

〔註16〕孫少華《抄本時代的文本抄寫、流傳與文學寫作觀念》，《華東師範大學學報》2015 年第 5 期，第 107～116 頁。

〔註17〕孟詳娟《虞世南與〈北堂書鈔〉》，《天中學刊》2015 年第 1 期，第 87～89 頁。

〔註18〕蔣靜《〈北堂書鈔〉引史部文獻考略》，碩士學位論文，西南科技大學，2015 年。

〔註19〕曹珍、段曉春《〈北堂書鈔〉所引〈傅子〉小考》，《綿陽師範學院學報》2015 年第 10 期，第 121～124 頁。

〔註20〕曹珍《〈北堂書鈔〉卷帙存佚考》，《青年文學家》2015 年第 21 期，第 50 頁。

〔註21〕吳忠耘《〈琱玉集〉引〈春秋〉考》，《綿陽師範學院學報》2015 年第 10 期，第 107～111 頁。

〔註22〕孫麗婷《〈編珠〉殘卷研究》，碩士學位論文，河北師範大學，2015 年。

　　韓建立《唐初權力話語與〈藝文類聚〉的編撰》一文認為編纂《藝文類聚》是唐高祖建立唐朝之後，奪取話語權力體系的一個重大舉措，編纂大型類書，是那個時代重要的文化事業，通過類書的編纂，不僅可以起到教化的作用，而且也網羅了士人，使得知識分子為唐朝廷所用。〔註23〕孫麒《王元貞本〈藝文類聚〉校勘考》認為王元貞本《藝文類聚》刊印於明萬曆年間，學界歷來頗存非議，認為其妄刪臆改之處甚多，作者研究發現其底本為胡序本，刊印時曾參校過該書其他早期版本，又利用四部常見典籍及唐宋類書進行校勘，且自問世後屢經翻刻，故作者認為其底本可考，校勘有據，流傳有序，在《藝文類聚》版本研究中具有一定價值。〔註24〕曲莎薇《〈藝文類聚〉類目體系中的知識秩序建構邏輯研究》以唐初官修類書《藝文類聚》為樣本，力求通過分析《藝文類聚》的類目體系，揭示中國古代文獻整理活動中所蘊含的知識秩序建構邏輯，即通過統治階級所推崇的儒學思想來建構知識秩序，再通過這種知識秩序來響應、支撐統治階級的合法性地位。〔註25〕韓志遠《試論〈藝文類聚〉雜文部錄「七」的意義》一文通過《藝文類聚》雜文部收錄七體賦的狀況（以漢代為主），從類書的角度進一步解讀七體賦作，探究其收錄特點、態度、觀念，及其收錄七體賦的影響與意義，挖掘《藝文類聚》本身所具有的文學文獻價值。〔註26〕韓志遠《〈藝文類聚〉人部「行旅賦」類文獻研究》認為《藝文類聚》所選行旅賦類文獻在歷史典故、楚辭體語言形式的保存利用和促進唐詩創作等方面發揮了重要的價值，但也存在著摘句收錄、篇幅不全等缺憾。〔註27〕

　　李賀、佟楊《〈藝文類聚〉徵引神仙傳記類小說考證》主要對於《藝文類聚》中徵引神仙傳記類小說進行了考證，分別對其中徵引《列仙傳》《神仙傳》《穆天子傳》《漢武故事》《漢武帝內傳》進行了考證，得出了《藝文

〔註23〕韓建立《唐初權力話語與〈藝文類聚〉的編撰》，《渭南師範學院學報》2015 年第 9 期，第 84～88 頁。

〔註24〕孫麒《王元貞本〈藝文類聚〉校勘考》，《圖書館雜誌》2015 年第 2 期，第 101～107 頁。

〔註25〕曲莎薇《〈藝文類聚〉類目體系中的知識秩序建構邏輯研究》，《圖書館理論與實踐》2015 年第 9 期，第 57～60 頁。

〔註26〕韓志遠《試論〈藝文類聚〉雜文部錄「七」的意義》，《遼東學院學報》2015 年第 6 期，第 95～99 頁。

〔註27〕韓志遠《〈藝文類聚〉人部「行旅賦」類文獻研究》，《河北科技師範學院學報（社會科學版）》2015 年第 3 期，第 57～62 頁。

類聚》在保存文獻典籍方面有很大的功勞。〔註 28〕智延娜、蘇國偉《〈藝文類聚〉引〈論衡〉考略》用《藝文類聚》所引《論衡》和現今流傳的《論衡》進行了對比考證，發現《藝文類聚》中有許多引自《論衡》的內容是誤引，也有抄錄《論衡》段落或者文句而又有所省簡者，也存在不少異文。〔註 29〕李小成《〈藝文類聚〉引〈詩〉堪比》認為《藝文類聚》從風、雅、頌各個部分廣泛徵引了《詩經》，由於《藝文類聚》編纂、成書年代較早，與宋代及其後世版本比起來有著一定的文獻價值，對人們校勘《詩經》有著參考作用。〔註 30〕

　　桂羅敏《武則天與〈玄覽〉研究》認為武則天時代編修了豐贍可觀的典籍，尤其是較多的巨帙類書，卷帙達 100 卷的類書《玄覽》是武則天執政期間的重要文化產物之一。關於《玄覽》的編纂時間，作者認為在垂拱元年（685）至垂拱四年（688）間，尤其在垂拱二年（686）至垂拱三年（687）間可能性更大，根據《玄覽》逸文來看，《玄覽》所收錄皆是類似《山海經》之各地各國奇聞軼事，作者經過考察，共得《玄覽》佚文 55 條。〔註 31〕

　　王碩《〈翰苑〉作者張楚金著述、生平辨疑》一文主要對類書《翰苑》的作者張楚金的生平進行了考證，張楚金主要活動於高宗、武周時期，張楚金的著述，目前可以確定的唯有 7 卷本類書《翰苑》和 3 卷本《紳誡》，其餘唐代典籍中記載的署名張楚金的作品，皆非其作品，而是主要活動於玄、肅時期的同名異人所作，張楚金是張道源的族孫而非族子，在被周興構陷流放嶺南後，於武后天授元年（690）被武則天所殺。〔註 32〕

　　夏榮林《〈初學記〉文部資料探微》認為《初學記》文部主要包括 9 個子目，各子目間前後照應，且有邏輯性，文部徵引的資料經史子集都有所涉及，作者主要從文部資料簡況、文部編纂特點、徵引典籍情況以及文部的價值等四

〔註 28〕李賀、佟楊《〈藝文類聚〉徵引神仙傳記類小說考證》，《鄖陽師範高等專科學校學報》2015 年第 5 期，第 47～50 頁。

〔註 29〕智延娜、蘇國偉《〈藝文類聚〉引〈論衡〉考略》，《圖書館工作與研究》2015 年第 5 期，第 73～85 頁。

〔註 30〕李小成《〈藝文類聚〉引〈詩〉堪比》，《詩經研究叢刊》2015 年第 2 期，第 306～331 頁。

〔註 31〕桂羅敏《武則天與〈玄覽〉研究》，《乾陵文化研究》第 9 輯，西安：三秦出版社，2015 年，第 123～129 頁。

〔註 32〕王碩《〈翰苑〉作者張楚金著述、生平辨疑》，《古籍研究整理學刊》2015 年第 6 期，第 147～150 頁。

個方面來研究，以對《初學記》文部有個整體性瞭解。〔註33〕李雲飛《〈初學記〉引〈左傳〉考校》通過對《初學記》稱引《左傳》資料與《左傳》之比對研究，指出《初學記》之訛誤，並進行考證、校勘。〔註34〕杜麗榮《隋唐四大類書引〈說文〉研究》主要通過宋以前文獻典籍所引古本《說文》來研究《說文》，旨在輯錄古本《說文》，研究《說文》在流傳過程中出現的各種情況及產生的版本問題，從而校勘和補繕今本《說文》，使之更近許慎《說文》原貌，並進而完善宋以前之《說文》學史。〔註35〕

張雯《〈白氏六帖事類集〉研究》通過對《白氏六帖事類集》文本的研究，關注此書對中古文人知識結構的重要影響以及與白居易詩文作品之間的關係，重新定位類書在中古時期的地位以及對文人的知識構成所產生的重大影響，作者還梳理了《白氏六帖事類集》在我國和域外的流傳情況和影響，並分析了《白氏六帖事類集》在不同時代所產生不同影響的原因。〔註36〕

李柳情《〈韻海鏡源〉的編纂體例與流傳》認為《韻海鏡源》是唐代顏真卿編纂的三百六十卷的類書，同時也是韻書，《韻海鏡源》的編纂時間跨度很大，早在顏真卿任平原太守時即著手編纂，編纂了兩百卷，遺失五十卷，存一百五十卷，二十年後，任湖州刺史時繼續完成此書的編纂，編定為三百六十卷，《韻海鏡源》的編纂思想沿襲了《切韻》，每個韻字下都有徵引的書證這種編排方式也開創了類書按韻編排的體例，後世的類書《永樂大典》《經籍纂詁》等也按韻編排、以韻隸事，而與韻相關的韻府類書則更加忠實地傳承了此書的編排體例。〔註37〕

四、宋元類書

陳爽《〈太平御覽〉所引〈宋書〉考》認為《太平御覽》成書於北宋初年，早於南北朝諸家正史在北宋的首次刊刻年代，書中所大量引用的《宋書》內容，

〔註33〕夏榮林《〈初學記〉文部資料探微》，《哈爾濱學院學報》2015 年第 8 期，第 100 ～102 頁。

〔註34〕李雲飛《〈初學記〉引〈左傳〉考校》，《齊齊哈爾大學學報（哲學社會科學版）》2015 年第 6 期，第 143～146 頁。

〔註35〕李雲飛《〈初學記〉引〈左傳〉考校》，《齊齊哈爾大學學報（哲學社會科學版）》2015 年第 6 期，第 143～146 頁。

〔註36〕張雯《〈白氏六帖事類集〉研究》，碩士學位論文，上海社會科學院，2015 年。

〔註37〕李柳情《〈韻海鏡源〉的編纂體例與流傳》，《晉圖學刊》2015 年第 4 期，第 47 ～49 頁。

保存了《宋書》早期寫本的原始狀態，因而具有獨特的版本價值，作者認為長期以來，學界大多從輯佚的角度利用《太平御覽》，而對其中保存的前代諸家正史的版本與史料價值估計不足，故作者將《太平御覽》所引的近千條《宋書》文字與今本《宋書》逐一比勘，校出多條今本《校勘記》因失檢《御覽》而未能校出的訛誤，檢出多條涉及名物、史實等具有校勘價值的異文，並輯出多條若干溢出今本《宋書》內容的佚文。〔註38〕

劉永連、劉家興《從漂流人故事看唐代中外海上交通和海外認知——以〈太平廣記〉資料為中心》認為《太平廣記》中所輯之漂流人故事生動翔實，涉及地區廣泛，通過對漂流人故事的分析考證，可見唐與新羅、日本、蝦夷國、琉球群島等的交通情況，並且隨著唐與域外海上交通往來的頻繁，唐代國人對海外也有了進一步認識。〔註39〕林耀琳《〈太平廣記〉流傳考》認為《太平廣記》的傳播始於朝廷貴族，逐步流傳到士人階層，而在民間的流傳導致《太平廣記》版本增多，且彼此存在差異。〔註40〕林耀琳《〈太平廣記〉成書時間及流傳考》認為《太平廣記》成書時間應是太平興國八年（983）十二月，而不是太平興國三年（978）八月。〔註41〕林耀琳《〈太平廣記〉定數類編撰研究初探》認《太平廣記》定數類 15 卷得以編撰是為了迎合《太平廣記》的編撰思想、定位和宋初奉佛尊道文化的環境。〔註42〕秦川《〈太平廣記〉與〈夷堅志〉比較研究述略》一文主要是對《太平廣記》和《夷堅志》在編纂動因、各類信仰、小說觀念、文化應用價值、文學影響等方面進行了比較研究，重點探討了兩部書思想內容的異同。〔註43〕

張瑋《〈太平廣記〉中所見唐代上層女性生活研究》一文對《太平廣記》中唐代上層女性的社會生活狀況進行了研究，並主要從社會交往和經濟生活

〔註38〕陳爽《〈太平御覽〉所引〈宋書〉考》，《文史》2015 年第 4 期，第 79～98 頁。

〔註39〕劉永連、劉家興《從漂流人故事看唐代中外海上交通和海外認知——以〈太平廣記〉資料為中心》，《陝西師範大學學報（哲學社會科學版）》2015 年第 5 期，第 42～52 頁。

〔註40〕林耀琳《〈太平廣記〉流傳考》，《河北北方學院學報（社會科學版）》2015 年第 1 期，第 9～11 頁。

〔註41〕林耀琳《〈太平廣記〉成書時間及流傳考》，《昆明學院學報》2015 年第 4 期，第 117～120 頁。

〔註42〕林耀琳《〈太平廣記〉定數類編撰研究初探》，《棗莊學院學報》2015 年第 1 期，第 38～41 頁。

〔註43〕秦川《〈太平廣記〉與〈夷堅志〉比較研究述略》，《九江學院學報》2015 年第 4 期，第 27～32 頁。

兩方面做了探究。〔註44〕鄭婷婷《〈太平廣記〉商賈題材小說研究》認為《太平廣記》中出現了官商、女性商人、胡商、神鬼怪異化商人等身份特殊的商人形象，並從道教文化、佛教文化、儒家文化、巫文化四個方面來探析商賈題材小說背後所蘊含的文化意蘊。〔註45〕趙麗婷《〈太平廣記〉科舉故事研究》通過對科舉故事內容的梳理，從而進一步探討《太平廣記》科舉故事中體現的唐代科舉制度及舉子們的真實生活。〔註46〕包小驀《〈太平廣記〉涉夢小說研究》認為《太平廣記》所有的涉夢小說，幾乎沒有哪一篇不涉及到佛道二教，這表明中國傳統宗教對古代小說的發展有著巨大影響。〔註47〕

　　李婷《〈太平廣記〉中龍宮取寶故事及其文化內涵》認為龍宮在《太平廣記》中被塑造成遍地珠寶、氣勢恢宏的聖地，引發人們進入龍宮獲取寶物的無盡遐想。究其緣由，主要是與印度佛教的傳入和人們對未知世界的好奇及文人對現實生活不滿而產生的遐想密不可分。〔註48〕洪樹華《從〈太平廣記〉看隋唐小說中的人神之戀》認為人神之戀是《太平廣記》隋唐志怪傳奇小說中反覆出現的題材和審美意象，他潛藏著審美意識、性文化等文化意蘊。〔註49〕馬夢瑩《「為虎作倀」微探──以〈太平廣記〉虎類母題展開》認為《太平廣記》對「虎倀」故事的記載說明唐中葉時已有虎倀觀念，晚唐五代時趨於成熟，為虎作倀觀念的形成不僅是出於民間信仰的教化功能，而且也有民間信仰範式因循模仿的原因，同時也與虎害現場詭異現象有關。〔註50〕黃赤《〈太平廣記〉幼敏故事初探》主要對《太平廣記》所記錄的幼敏故事進行了簡單的介紹。〔註51〕

〔註44〕張瑋《〈太平廣記〉中所見唐代上層女性生活研究》，碩士學位論文，西北師範大學，2015年。

〔註45〕鄭婷婷《〈太平廣記〉商賈題材小說研究》，碩士學位論文，重慶師範大學，2015年。

〔註46〕趙麗婷《〈太平廣記〉科舉故事研究》，碩士學位論文，東北師範大學，2015年。

〔註47〕包小驀《〈太平廣記〉涉夢小說研究》，碩士學位論文，福建師範大學，2015年。

〔註48〕李婷《〈太平廣記〉中龍宮取寶故事及其文化內涵》，《濮陽職業技術學院學報》，2015年第6期第4～8頁。

〔註49〕洪樹華《從〈太平廣記〉看隋唐小說中的人神之戀》，《魯東大學學報（哲學社會科學版）》2015年第4期，第44～49頁。

〔註50〕馬夢瑩《「為虎作倀」微探──以〈太平廣記〉虎類母題展開》，《西安文理學院學報（社會科學版）》2015年第2期，第50～52頁。

〔註51〕黃赤《〈太平廣記〉幼敏故事初探》，《赤子（上中旬）》2015年第23期，第95頁。

　　陳國學、董智《「舊瓶裝新酒」:〈聊齋誌異〉對傳統冥遊題材小說的繼承與創新——與〈太平廣記〉比較》認為《聊齋誌異》「冥遊」小說在題材上對《太平廣記》而言有很明顯的傳承之跡，但是《聊齋誌異》對相同題材的處理方式卻大不相同，並且還創造了新的題材類型，豐富了「冥遊」小說反映的內容與範圍。〔註 52〕王曉蕾《中國志怪小說的跨文化英譯——以〈太平廣記〉為例》從跨文化交際的視角，以《太平廣記》的小說英譯為例，剖析了小說中標題及文化負載詞語的英譯方法，從而找出應對志怪小說英譯的翻譯策略，並為跨文化交際理論提供實踐支持。〔註 53〕

　　趙亮亮《古代文學氣候物候意象例論——〈太平廣記〉中的「雷」》認為在《太平廣記》中關於雷的記載比較多，主要從雷的形象、雷與人關係角度來進行簡要分析。〔註 54〕曾穎昕《從《山海經》到《太平廣記鈔》——淺論雷神形象的改變與原因》一文主要介紹了諸文獻中的雷神形象變化與原因。〔註 55〕陳慧、楊麟《〈太平廣記〉中的巫》認為《太平廣記》中收錄大量巫的事情及咒語，作者對《太平廣記》中的巫做了細緻分析以增進對巫的瞭解。〔註 56〕包玲小《唐代巫文化的地位下沉——以〈太平廣記〉為例》通過對史料的分析研究，發現隨著社會的發展，巫術由為公眾服務逐漸轉變為個人服務，在這個過程中，巫術在政治、生產生活、文化傳播中的道德價值逐漸改變，其性質由白巫術變為黑巫術，由此我們看到巫文化的地位在唐代發生了下沉。〔註 57〕

　　何水英《論〈文苑英華〉編纂體例對〈文選〉的創新及其意義——以〈文苑英華〉詩體為考察中心》主要在編纂體例方面探討了《文苑英華》相比較於《文選》的創新，《文選》把「補亡」列為詩的首位，《文苑英華》以「天」為首位，中間明顯突出君王位置，這是一個重大改變，在觀念上尊君代替了

〔註 52〕陳國學、董智《「舊瓶裝新酒」:〈聊齋誌異〉對傳統冥遊題材小說的繼承與創新——與〈太平廣記〉比較》,《蒲松齡研究》2015 年第 1 期，第 56～64 頁。

〔註 53〕王曉蕾《中國志怪小說的跨文化英譯——以〈太平廣記〉為例》,《安順學院學報》2015 年第 4 期，第 32～34 頁。

〔註 54〕趙亮亮《古代文學氣候物候意象例論——〈太平廣記〉中的「雷」》,《雪蓮》2015 年第 6 期，第 32～34 頁。

〔註 55〕曾穎昕《從《山海經》到《太平廣記鈔》——淺論雷神形象的改變與原因》,《牡丹》2015 年第 2 期，第 7～9 頁。

〔註 56〕陳慧、楊麟《〈太平廣記〉中的巫》,《讀與寫（教育教學刊）》2015 年第 6 期，第 30～31 頁。

〔註 57〕包玲小《唐代巫文化的地位下沉——以〈太平廣記〉為例》,《語文學刊》2015 年第 5 期，第 61～62 頁。

尊經。〔註58〕何水英《從〈文苑英華〉看宋初館閣文臣對白居易的接受》認為《文苑英華》錄選白居易的詩歌數量為所錄詩人之最,選錄最多的是他的雜律詩,這顯示出館閣文臣對詩歌創作的規範意圖,由此也看出館閣文臣弱化詩之諷喻功能、題材傾向日常生活以及追求典雅秀麗詩風的詩學意識,《文苑英華》對白詩的選錄可以說是白體詩派的一次詩學改良,在一定程度上促進了宋初詩學的發展。〔註59〕何水英《從宋初詩歌創作看〈文苑英華〉的批評效能》認為宋初官修總集《文苑英華》有指導創作的目的,其詩類目重視詩題與題材的契合,先定類後選詩,體現出編纂者對詩歌創作引導的意識。〔註60〕

鞏本棟《〈文苑英華〉的文體分類及意義》認為《文苑英華》所收錄的作品雖多出自隋唐五代作家之手,但他的編纂,卻透露出宋代文體和文學發展的若干消息。《文苑英華》選錄作品又按題材內容分類,這往往能見出文體演變的痕跡,按題材分類的方法還充分地展現了自然和人類社會的結構和秩序,反映出時人對事物的普遍認識水平。〔註61〕陳瑞娟《〈文苑英華〉編輯樂府詩的特點及其價值》認為《文苑英華》將樂府詩作為詩之一類予以編選,主要收錄古題樂府,唐人新題樂府多歸入「歌行」類,不重視樂府辭與音樂的關係;《文苑英華》整理與保留了大量樂府詩,體現了北宋初期文人的樂府觀,對於研究樂府詩有重要價值。〔註62〕劉永成《從〈文苑英華〉看王維詩歌成就》認為《文苑英華》反映了宋人的文學觀念及宋人對唐代眾多詩人的接受情況,《文苑英華》所錄王維詩歌大多為奉和應制詩,而最能代表其詩歌特色的山水田園詩所收甚少,特別是為後世廣為稱讚的《輞川集》一首未收。〔註63〕馮淑靜《〈文苑英華〉所錄杜甫詩歌研究》認為《文苑英華》收錄了246首杜詩,與李白詩

〔註58〕何水英《論〈文苑英華〉編纂體例對〈文選〉的創新及其意義——以〈文苑英華〉詩體為考察中心》,《廣西師範大學學報(哲學社會科學版)》2015年第1期,第122～127頁。

〔註59〕何水英《從〈文苑英華〉看宋初館閣文臣對白居易的接受》,《重慶郵電大學學報(社會科學版)》2015第1期,第76～80頁。

〔註60〕何水英《從宋初詩歌創作看〈文苑英華〉的批評效能》,《山西師大學報(社會科學版)》2015年第4期,第98～103頁。

〔註61〕鞏本棟《〈文苑英華〉的文體分類及意義》,《中山大學學報(社會科學版)》2015年第6期,第1～10頁。

〔註62〕陳瑞娟《〈文苑英華〉編輯樂府詩的特點及其價值》,《科學經濟社會》2015年第2期,第170～173頁。

〔註63〕劉永成《從〈文苑英華〉看王維詩歌成就》,《山西高等學校社會科學學報》2015年第4期,第127～130頁。

歌的收錄數量相同，屈居白居易之後，從《文苑英華》對杜甫詩歌的收錄情況可以看出杜甫詩歌在宋初的接受情況，填補杜甫詩歌在宋初接受史上的空白，也可以看出杜甫詩歌由唐至宋的接受狀況。〔註64〕

　　林耀琳《〈冊府元龜〉編撰考》認為《冊府元龜》與《太平御覽》《太平廣記》和《文苑英華》三部書均成書於宋初，但他們並非一脈相承，《冊府元龜》的編撰是獨樹一幟的，整個成書過程有其獨特的編撰文化、主旨思想和背景，與宋初其他三部書的成書過程有諸多差異。〔註65〕林耀琳《〈冊府元龜〉的成書源起》認為《冊府元龜》能成書不只是從文化角度上繼承「崇文抑武」政策，還有是從政治手段和宗教目的上維護宋真宗政治統治和社會穩定的因素。〔註66〕張晟欽、鍾羅慶《淺析〈冊府元龜·幕府部〉的當代借鑒價值》主要探討了《冊府元龜·幕府部》對於當代社會秘書工作的啟示。〔註67〕尹承《國圖藏〈國朝冊府畫一元龜〉考》認為國家圖書館藏明抄本佚名纂《國朝冊府畫一元龜》（殘存 32 卷），是海內外僅見的孤本文獻，是書成書於南宋後期，是一部卷帙超過二百卷的大型類書，其命名與體例皆仿照《冊府元龜》，主要徵引宋代史籍，來記載北宋九朝的君臣事蹟，今存殘本所引諸書中，多有他書未見的新史料，在宋代史籍的校勘、輯佚、史事補正，以及佚書性質與體例認識等方面都有所裨益。〔註68〕

　　汪卉、龔延明《〈職官分紀〉版本源流考述》認為《職官分紀》是一部關於北宋元祐以前歷代職官制度及職官典故的類書，其所選錄的歷代官制文獻資料，具有較高的版本價值，其所記載的關於北宋元祐前的官制，為研究宋代官制提供了珍貴的史料。作者以《職官分紀》各本問世年代為序，參考宋以後史料特別是各家藏書目錄、題跋，試圖釐清《職官分紀》諸本的產生年代，及其在藏書家、藏書單位間的輾轉遞藏，同時介紹各本特別是現存諸本

〔註64〕馮淑靜《〈文苑英華〉所錄杜甫詩歌研究》，碩士學位論文，廣西師範大學，2015 年。

〔註65〕林耀琳《冊府元龜》編撰考》，《欽州學院學報》2015 年第 1 期，第 92～95頁。

〔註66〕林耀琳《冊府元龜》的成書源起》，《紅河學院學報》2015 年第 4 期，第 82～84 頁。

〔註67〕張晟欽、鍾羅慶《淺析〈冊府元龜·幕府部〉的當代借鑒價值》，《辦公室業務》2015 年第 6 期，第 91～92 頁。

〔註68〕尹承《國圖藏〈國朝冊府畫一元龜〉考》，《文獻》2015 年第 2 期，第 131～141 頁。

的版本特徵。〔註69〕

　　程傑《〈全芳備祖〉編者陳景沂姓名、籍貫考》認為清中葉以來《全芳備祖》漸受關注，但對其編者姓名、籍貫等基本情況說法都較混亂，故作者認為有必要認真對待，經過考察，作者認為《全芳備祖》編者為宋人陳景沂。〔註70〕

　　施建才、黃雲鶴《和刻本〈重廣會史〉研究述論》認為宋槧《重廣會史》僅載於《宋志》中，自宋以後及至晚清的公私書目均未著錄，更不見其書，今存中華書局版本係日藏和刻孤本《重廣會史》縮版重印，作者針對目前學界關於《重廣會史》的研究，如成書年代、版本、門類、引書以及《重廣會史》與《會史》及《廣會史》的關係等展開學術史梳理，旨在為學術界提供一個清晰的《重廣會史》研究史。〔註71〕

　　《韻府群玉》是宋元之際江西文人陰時夫兄弟輯錄並注釋的一部以平水韻編排的中國古代百科式類書，全書共二十卷，按一百零六部韻編排，明代大型官修類書《永樂大典》和清代《佩文韻府》等在內容和體例方面均借鑒了《韻府群玉》一書。郭星宏《〈韻府群玉〉研究》一文通過研究《韻府群玉》作者及其成書背景、版本、體例及其內容、價值與不足共四個方面對該書進行較為全面的梳理，目的在於初步探討《韻府群玉》的學術價值及其他在中國古代類書中的地位。〔註72〕

　　張麗《〈分門古今類事〉引書研究》從文獻學的角度，以點校本為底本，參校《四庫全書》本、《十萬卷樓叢書》本以及其他相關書籍，對《分門古今類事》引書情況進行研究，對於《分門古今類事》所引存世之書，找出具體引書出處，並對不同版本之間引書異文以及部分引文進行考校糾謬，對於《分門古今類事》所引亡佚之書，研究亡佚引書情況，引證分析引文，列出他書所引異文，並進行比勘，其他不能確定引書出處者，則存疑待考。〔註73〕

　　李更《古今合璧事類備要〉管窺──以「民事門」為例》認為《古今合

〔註69〕汪卉、龔延明《〈職官分紀〉版本源流考述》，《文史》2015 年第 4 期，第 99～109 頁。

〔註70〕程傑《〈全芳備祖〉編者陳景沂姓名、籍貫考》，《南京師大學報（社會科學版）》2015 年第 6 期，第 117～130 頁。

〔註71〕施建才、黃雲鶴《和刻本〈重廣會史〉研究述論》，《典籍‧社會與文化國際學術研討會暨中國歷史文獻研究會第 34 屆年會論文選集》，上海：華東師範大學出版社，2015 年，第 81～90 頁。

〔註72〕郭星宏《〈韻府群玉〉研究》，碩士學位論文，內蒙古師範大學，2015 年。

〔註73〕張麗《〈分門古今類事〉引書研究》，碩士學位論文，東北師範大學，2015 年。

璧事類備要》始刊於於南宋寶佑丁巳（1257），今可見前集六十九卷、後集八十一卷、續集五十六卷、別集九十四卷、外集六十六卷，可謂卷帙浩瀚。在明人眼中，《古今合璧事類備要》不僅堪與《太平御覽》《冊府元龜》比肩而為斯世之所謂三大類書，且以舊多宋刻獨擅勝場，內容豐贍，實用性強，保存了大量早已散佚的文獻資料。〔註74〕

　　吳瓊《〈事林廣記〉的民俗價值》認為《事林廣記》主要記載百姓日常生活中所需的基本常識及行為規範，這些內容全面地展現了宋元時期的社會生活面貌，故《事林廣記》有民俗文獻價值、民俗傳承價值，此外《事林廣記》還具有常識性、知識性和科學性的特點，這些特點有一定的民俗傳播意義，並且《事林廣記》首創隨書附載插圖的體例，為後世民間日用通俗類書在編排上提供了範本。〔註75〕劉興亮《〈事林廣記〉載元代西南地區政區資料探析》認為《事林廣記》郡邑類部分為元代人所增補，羅列元代政區名號，但無沿革等內容，是現今僅存的幾部記載當朝政區的史籍，有較高的史料價值，並且該書記載元代在西南少數民族地區的政區地名比較豐富，通過考證這些地名，可大致推斷出郡邑類所反映的是至元二十年至大德初年的政區概況，其中雲南行省政區，以及湖廣行省八番羅甸宣慰司、播州軍民宣撫司、思州安撫司、左右兩江溪洞地區政區名號與《大元混一方輿勝覽》《元史・地理志》等書所記不盡相同，為研究元代西南幾省政區地理提供了有益參考。〔註76〕郭麗榮《〈事林廣記〉對漢語文化教學的啟示》認為《事林廣記》作為古代一本生活百科類全書，給我們全面介紹了中國傳統節日文化，在傳統節日文化教學中穿插《事林廣記》中對節日文化的介紹，有助於漢語學習者在快速掌握漢文化知識的同時體會中國傳統節日文化的內涵。〔註77〕劉崇德、許超傑《〈詞源〉卷上是偽託之書——元起善齋抄本〈詞源〉卷上真偽考》一文通過傳元起善齋抄本《詞源》與《事林廣記》等類書進行對比，認為元起善齋抄本《詞源》卷上是偽託之書。〔註78〕

〔註74〕　李更《〈古今合璧事類備要〉管窺——以「民事門」為例》，《版本目錄學研究》第 6 輯，北京：北京大學出版社，2015 年，第 63～84 頁。

〔註75〕　吳瓊《〈事林廣記〉的民俗價值》，碩士學位論文，上海師範大學，2015 年。

〔註76〕　劉興亮《〈事林廣記〉載元代西南地區政區資料探析》，《三峽論壇（三峽文學・理論版）》2015 年第 6 期，第 8～12 頁。

〔註77〕　郭麗榮《〈事林廣記〉對漢語文化教學的啟示》，《語文學刊》2015 年第 16 期，第 141 頁。

〔註78〕　劉崇德、許超傑《〈詞源〉卷上是偽託之書——元起善齋抄本〈詞源〉卷上真偽考》，《河北大學學報（哲學社會科學版）》2015 年第 1 期，第 1～6 頁。

五、明清類書

李之勤《校釋〈永樂大典〉中〈天下站名〉之半張》認為明代《永樂大典》中收錄的元代《天下站名》，是我國古代驛站交通制度建立以來，現存最早能反映一代驛站交通網絡結構全貌的珍貴歷史文獻，他以八千餘字記錄了全國百餘段站道、上千處驛站，半張書影三百餘字，顯示了元代江浙行省北部（相當於今上海市、浙江省和長江以南的江蘇、安徽兩省及江西省東部）十四段站道和驛站六十餘處。〔註79〕滑紅彬《〈永樂大典〉輯本〈江州志〉的目錄學價值》認為《永樂大典》所錄南宋《江州志》雖然有所殘缺，但他所含內容豐富，具有重要的文獻價值，特別是其中《文籍》部分，具有獨特的目錄學價值，對於官府藏書的研究和地方文獻的研究均有幫助。〔註80〕

鍾仕倫《〈永樂大典〉所錄〈文選〉考釋》認為今存《永樂大典》實際所錄《文選》共47則，除少數作品為全部收錄外，大多數都是與《永樂大典》的韻目相關的《文選》作品的摘錄，《永樂大典》所錄《文選》的版本似源於贛州學刊本，為六臣注本中的「李善——五臣注」系統，從考釋的情況看，《永樂大典》所錄《文選》不僅為《文選》版本學提供了一個可資研究的對象，而且有用於唐鈔《文選》集注本、敦煌寫本、胡刻本、明州本和景宋本的校勘，具有一定的文獻價值。〔註81〕王麗敏《〈永樂大典〉所收小說作品意象群探討》認為《永樂大典》所收小說意象群主要表現在三個方面，一是人類自身的精神及身體，即人生意象，二是人類所處的特殊的自然世界，即自然意象，三是詭譎奇異的神鬼精怪世界，即神話意象，這些小說意象群，包含著人類對自身以及自身所處環境的關切和認知，蘊含著人類最普遍的情感意趣。〔註82〕

關永禮《〈永樂大典〉足千秋》一文敘述了《永樂大典》在保存古籍方面的價值，《永樂大典》保存了我國十四世紀以前的典籍文獻，其中多宋元及明

〔註79〕李之勤《校釋〈永樂大典〉中〈天下站名〉之半張》，《中國歷史地理論叢》2015年第2期，第105～109頁。

〔註80〕滑紅彬《〈永樂大典〉輯本〈江州志〉的目錄學價值》，《蘭臺世界》2015年第36期，第68～69頁。

〔註81〕鍾仕倫《〈永樂大典〉所錄〈文選〉考釋》，《銅仁學院學報》2015年第5期，第4～18頁。

〔註82〕王麗敏《〈永樂大典〉所收小說作品意象群探討》，《九江學院學報（社會科學版）》2015年第1期，第45～51頁。

初之書，極具版本價值，且多後世佚文秘典，可見《永樂大典》對保存佚書的獨一無二之功。〔註83〕楊琳《新發現的一冊「永樂大典」述略》對亨廷頓圖書館所藏《永樂大典》的收藏、流散情況作了考察，並對新聞報導中的錯誤作了申明。〔註84〕蘇冬華《論〈永樂大典〉與〈四庫全書〉之異同》一文對《永樂大典》和《四庫全書》進行了對比，作者認為作為明清兩代最大的政府文化工程，這兩部書有許多相同之處和不同之處。〔註85〕

　　項旋《康雍朝古今圖書集成館考析》借助第一手檔案、文集、方志、家譜等數據，力圖對古今圖書集成館的相關情況做闡釋，包括開館時間、開館地點等一直困惑學界的問題，一一予以考實，從而勾勒出古今圖書集成館的整體面貌，作者認為古今圖書集成館對於《古今圖書集成》的纂修乃至最後的成稿、刻印都起了至關重要的作用，值得學界加以重視和研究。〔註86〕李智海、楊春曉《〈古今圖書集成〉體例探析》主要對《古今圖書集成》的體例進行了討論，作者認為其體例編排規模宏大徵引豐富，結構嚴謹體例完備，按語注釋初成系統，收錄廣泛圖文並茂，是查檢我國清代康熙以前任何一個學科門類的資料或解決任何一個典故出處的重要工具書。〔註87〕唐述壯、魏剛《〈古今圖書集成妖怪部〉引書考證分析》一文主要考證了《古今圖書集成》中的《妖怪部》，整理出《妖怪部》所引共有 88 種古籍，大多是錄自志怪小說，編者注重事件完整，以《紀事》為最多，對於引書中的問題也有談及，但是主要集中在引用形式和內容缺漏，對於編纂時的取捨思想沒有涉及。〔註88〕

　　歐七斤、張愛華《三部同文版〈古今圖書集成〉的收藏與流傳》一文主要是對上海交大所藏的三部極為珍稀的同文版《古今圖書集成》的介紹，作者梳理校史檔案、私家書信、出版史料等文獻，可以再現交大三部珍本鮮為人知的

〔註83〕關永禮《〈永樂大典〉足千秋》，《書屋》2015 年第 3 期，第 4～12 頁。
〔註84〕楊琳《新發現的一冊「永樂大典」述略》，《尋根》2015 年第 3 期，第 99～102 頁。
〔註85〕蘇冬華《論〈永樂大典〉與〈四庫全書〉之異同》，《科技創新導報》2015 年第 23 期，第 227～228 頁。
〔註86〕項旋《康雍朝古今圖書集成館考析》，《歷史文獻研究》2015 年第 2 期，總第 36 輯，上海：華東師範大學出版社，2015 年，第 294～306 頁。
〔註87〕汪慶雲、晏雪平《淺析清〈稗類鈔·技勇類〉體育文獻價值》，《南昌航空大學學報（社會科學版）》2015 年第 4 期，第 117～120 頁。
〔註88〕唐述壯、魏剛《〈古今圖書集成妖怪部〉引書考證分析》，《昆明學院學報》2015 年第 1 期，第 94～99 頁。

來源、珍藏與流傳等史實。〔註89〕洪閏華、劉雲《唐山路礦學堂受藏〈古今圖書集成〉考略》認為唐山路礦學堂於 1907 年始建圖書館，建館伊始即得慈禧太后、光緒皇帝御賜同文版《古今圖書集成》一部，該書保存完好，至今藏於西南交通大學，通過唐山路礦學堂受賜《古今圖書集成》的史事鉤沉，可以管窺這一時期清廷上層精英在推動學堂圖書館建設方面的觀念嬗變。〔註90〕何玲《光緒朝石印〈古今圖書集成〉的流傳與分布》認為 1890 年清廷採用石印技術印製《古今圖書集成》，歷經四年終於印製完成 100 部及黃綾本一部，此 100 部石印圖書集成學術界多認為遭遇火厄，存世不多，但通過對史料的梳理，發現這 100 部石印圖書集成不僅沒被火焚，且散佈國內各省，甚至走出國門，傳播到世界各地。〔註91〕吳限《印製〈古今圖書集成〉的 100 多萬個銅活字哪去了》介紹了《古今圖書集成》的編纂、銅活字印刷以及目前的存佚狀況，據作者介紹印製《古今圖書集成》的 100 多萬個銅活字在乾隆年間被鎔鑄佛像。〔註92〕

　　王金壽《清張英輯〈淵鑒類函〉》主要是對蘭州文理學院所藏入選第一批《甘肅省珍貴古籍名錄》的類書《淵鑒類函》的一個介紹。〔註93〕汪慶雲、晏雪平《淺析〈清稗類鈔·技勇類〉體育文獻價值》一文認為《清稗類鈔·技勇類》彙集了 200 多篇體育數據，相比較前代的類書尤其是唐宋類書，他對於體育材料的收錄是一個重要進步，除了本書，只有《古今圖書集成》裏面收錄了體育方面的材料。〔註94〕趙彥輝、李少鵬《〈佩文齋書畫譜〉編纂問題初探》本文考證了幾位纂修人得生平和纂修緣起，並且推斷《佩文齋書畫譜》在纂修過程中，應該參考了《古今圖書集成》相關章節，所以《佩文齋書畫譜》和《古今圖書集成》具有很強的對比校勘價值。〔註95〕

〔註89〕歐七斤、張愛華《三部同文版〈古今圖書集成〉的收藏與流傳》，《圖書館理論與實踐》2015 年第 2 期，第 67～78 頁。

〔註90〕洪閏華、劉雲《唐山路礦學堂受藏〈古今圖書集成〉考略》，《大學圖書館學報》2015 與第 4 期，第 122～127 頁。

〔註91〕何玲《光緒朝石印〈古今圖書集成〉的流傳與分布》，《中國典籍與文化》2015 年第 4 期，第 75～84 頁。

〔註92〕吳限《印製〈古今圖書集成〉的 100 多萬個銅活字哪去了》，《遼寧日報》，2015 年 10 月 23 日，第 12 版。

〔註93〕王金壽《清張英輯〈淵鑒類函〉》，《蘭州文理學院學報》2015 年第 6 期。

〔註94〕汪慶雲、晏雪平《淺析〈清稗類鈔·技勇類〉體育文獻價值》，《南昌航空大學學報（社會科學版）》，2015 年第 4 期，第 117～120 頁。

〔註95〕趙彥輝、李少鵬《〈佩文齋書畫譜〉編纂問題初探》，《文藝爭鳴》2015 年第 7 期，第 203～208 頁。

　　李明、郭瑞華《論中醫類書〈醫部全錄〉》一文認為《醫部全錄》為《古今圖書集成》的一部分，是我國歷代以來最大的一部醫學類書，本文主要從醫學方面對於《醫部全錄》的價值進行了探討。〔註 96〕張如安《新見明抄本〈分門瑣碎錄〉「醫藥類」述略》認為新發現的明抄本《分門瑣碎錄》「醫藥類」為嘉靖二十六年俞弁所抄，內容為《攝養》《醫藥》《諸疾》三門，此書的發現有助於進一步認識其編纂體例，釐清某些中醫藥文獻的早期來源，比起日輯本來，明抄本《分門瑣碎錄》基本完整地呈現了該書「醫藥類」的早期面貌。〔註 97〕

　　仝建平《宋元民間交際應用類書探微》主要對現在完整傳世的四種宋元民間交際應用類書《新編通用啟札截江網》《新編事文類聚啟札雲錦》《新編事文類要啟札青錢》《新編事文類聚翰墨全書》進行了文獻梳理，作者還對上述四種書的成書先後及相互關係進行了探討，對尚存於《永樂大典》中的宋元民間交際應用類書《啟札雲錦裳》《啟札錦語》《啟札淵海》三種亦做了研究。〔註 98〕仝建平《大德本〈翰墨全書〉文獻利用價值探微》一文對於是對元代的一部民間日用類書《翰墨全書》大德本的文獻價值的一個討論，大德本為《翰墨全書》的初編本、祖本，收錄內容最多、最全，相比於其他本子，具有最大的文獻利用價值。〔註 99〕

　　陳學文《明清時期鄉村的社會治安和社會秩序整治——以日用類書為中心》通過對保存在日用類書中的鄉約民契等材料的研究，對明清鄉村基層社會的管理狀況進行了研究。〔註 100〕魏志遠《明代日用類書與童蒙研究》認為明代後期刊刻的日用類書成為儒家童蒙教育思想的一個新載體，作者認為日用類書摘引了大量宋明儒者用以教導孩童在日常生活中遵守儒家倫理規範的篇章，這其中引用最多的當屬朱熹編訂的《童蒙須知》。〔註 101〕龍曉添

〔註 96〕 李明、郭瑞華《論中醫類書〈醫部全錄〉》，《長春中醫藥大學學報》2015 年第 2 期，第 420～421 頁。

〔註 97〕 張如安《新見明抄本〈分門瑣碎錄〉「醫藥類」述略》，《寧波大學學報（人文科學版）》2015 年第 3 期，第 43～46 頁。

〔註 98〕 仝建平《宋元民間交際應用類書探微》，北京：中國社會科學出版社，2015 年。

〔註 99〕 仝建平《大德本〈翰墨全書〉文獻利用價值探微》，《圖書館雜誌》2015 年第 3 期，第 108～112 頁。

〔註 100〕 陳學文《明清時期鄉村的社會治安和社會秩序整治——以日用類書為中心》，《浙江社會科學》，2015 年第 3 期，第 137～160 頁。

〔註 101〕 魏志遠《明代日用類書與童蒙研究》，《安徽師範大學學報（哲學社會科學版）》2015 年第 2 期，第 178～184 頁。

《日用類書喪禮知識書寫的特點與變遷》一文是關於自南宋以來出現的日用類書喪禮類知識的一個研究，作者比較了五種不同年代的喪禮類書，認為隨著時代的變化，日用喪禮類書朝著逐漸通俗化的方向發展，同時他們的功能性也更加明顯。〔註102〕劉全波《明代中後期普通民眾的琉球認知——以日用類書為中心》認為日用類書「諸夷門」詳細記錄了明代中後期普通民眾對世界的認知程度，其中就有關於琉球的眾多記載，這些記載與《明史》《使琉球錄》中的記載相互補充、相互印證，並以圖畫的形式對明代中後期的琉球人形象做了描繪，是我們瞭解明代中後期琉球歷史、文化、風俗的珍貴資料。〔註103〕

王豔雯《〈原始秘書〉研究》從《原始秘書》的成書背景、版本流傳、體例、內容與價值等方面進行分析研究，作者考訂了改封南昌以前的朱權以及「靖難」對《原始秘書》創作的影響，介紹了《原始秘書》成書背景與版本，分析了《原始秘書》的體例，對其類書性質進行辨析，作者還從日用類書的角度，討論了《原始秘書》存在的缺點，對明代類書編撰的特點與通病進行了探討，最後作者還探究了《原始秘書》與宋刻本《事物紀原》、明刻本《事物紀原》之間的關係。〔註104〕潘建國《明弘治單刻本〈新刊鍾情麗集〉考》主要對明代刻本《新刊鍾情麗集》和明代通俗類書《燕居筆記》《國色天香》《萬錦情林》等書所收之選輯本，進行了文字比勘，以探究明代通俗類書在編纂中與原材料的關係。〔註105〕蘇振富《〈奩史·仙佛門〉整理與研究》認為王初桐所作《奩史》是一部專門記錄古代女性人物及事蹟的類書，其中《仙佛門》又以豐富的資料和眾多的引書保存了大量女性神話人物及事蹟，這對研究資料本就極為稀少的女性神話有相當重要的作用。〔註106〕

〔註102〕 龍曉添《日用類書喪禮知識書寫的特點與變遷》，《四川民族學院學報》2015年第4期，第69～75頁。

〔註103〕 劉全波《明代中後期普通民眾的琉球認知——以日用類書為中心》，中國社會科學院臺灣史研究中心主編《清代臺灣史研究的新進展——紀念康熙統一臺灣330週年國際學術討論會論文集》，北京：九州出版社，2015年，第413～424頁。

〔註104〕 王豔雯《〈原始秘書〉研究》，碩士學位論文，上海師範大學，2015年，第頁。

〔註105〕 潘建國《明弘治單刻本〈新刊鍾情麗集〉考》，《中國典籍與文化》2015年第3期，第80～87頁。

〔註106〕 蘇振富《〈奩史·仙佛門〉整理與研究》，碩士學位論文，陝西師範大學，2015年。

六、結語

　　類書是文獻學研究的重要內容，近年來，類書研究取得了巨大的進步，論著大增，如何將類書研究的成果展現出來，分析其中趨勢，使學者們可以參考瞭解，就是本書寫作的主要目的。為了便於考察，文章將 2015 年的類書研究成果分為四個大的時間段，即魏晉南北朝、隋唐五代、宋元、明清，而有些研究是通論性質的，不屬於以上四個時段，置於通論部分。縱觀 2015 年的類書研究，論著多達百餘種（篇），百萬字不止。通論部分的研究已經將類書研究提升到新的高度，不再是簡單的類書介紹與漫談。魏晉南北朝時期的類書研究由於資料的嚴重散佚，研究成果相對較少，但是此時期是類書發展的第一個高潮期，十分需要深入研究與考察，尤其是此時期的宗教類書，精華尚存，如《無上秘要》《眾經要攬》等，而部分學者對這些問題的研究，對於我們認清此時期的類書發展史是很有價值的。隋唐時期是類書的重要發展階段，《北堂書鈔》《藝文類聚》《初學記》等的研究還是在如火如荼的進行，方興未艾，而《琱玉集》《翰苑》《白氏六帖事類集》的研究亦是不甘落後，新論迭出。宋元時期、明清時期的類書研究思路與隋唐五代時期基本相同，知名重要類書《太平御覽》《冊府元龜》《永樂大典》《古今圖書集成》等仍然是大家關注的中心，論著頗多，博碩士學位論文也多由此選題。此外，《事林廣記》《職官分紀》《全芳備祖》《重廣會史》《韻府群玉》《分門古今類事》《古今合璧事類備要》《翰墨全書》等私纂類書也受到越來越多的關注，是類書研究的新增長點。誠然，專書、專題研究是類書研究的大趨勢，這是把握一本類書乃至一個專題的金鑰匙，類書內容之豐富，眾所周知，類書內容之駁雜，亦是眾所周知，而只有專書、專題研究才是最好的把握類書研究的鑰匙，從當今的研究狀況來看，學界同仁正是按照這樣的思路在進行研究，無論是知名類書，抑或是不知名類書，都得到了學界的關注，研究進展神速。

附錄四　類書專題研究提綱（存目）

一、類書「起信」論

二、類書獨立論

三、類書結構論

四、類書分類論

五、類書關鍵詞論

六、類書互足論

七、類書「折射」論

八、類書「網絡」論

九、類書層累論

十、類書類目論

十一、類書形態論

十二、類書功用論

十三、類書擴張論

後　記

　　2010 年國家有關部門發布重大項目招標選題名單，其中有一道怪題「中國文獻文化史」，不知是何方高人整出來的。當時手癢，也沒有其他合適的題目，加上我的兩個主攻方向正好是文獻學與文化史，以前是分開攻治的，二者如何結合在一起，一時沒有找到好的方法。為了組織團隊，驚動了很多朋友，武漢大學的師友之外，還與湖北大學古籍所的各位朋友聚在一起開會商討對策，思來想去，最後還是鎖定在類書方面。四庫有四十四類文獻，似乎只有從類書這一專類文獻切入，從文化史的角度考察其流變過程，可望梳理出一部《中國類書文獻文化史》。自以為得計，誰知當年根本沒有入圍，對於中標者只有羨慕加仰慕，沒有嫉妒，根本談不到恨。要恨只能恨自己運氣不佳，能力不夠。經過十多年的努力，程章燦教授的團隊推出了一大套「中國文獻文化史」的最新研究成果，驚得我目瞪口呆，不得不承認，打死我也搞不出來這樣的「文獻文化史」，心服口服，甘拜下風。

　　2011 年秋天，我剛從祖國的寶島開會回來，就應武漢大學中國傳統文化研究中心主任馮天瑜先生之邀，正式離開武漢大學圖書館學系，入職傳統文化研究中心，專業方向有所調整，把專門史擺在了文獻學的前面。未幾，仍以「古代類書的文化歷程」為題申報教育部基地重大項目，旋即獲得批准。但立項之後卻擱置了很長一段時間，因為文獻辨偽的系統工程業已進入了深水區，這個類書的重大項目反而成為燙手山芋，越到後來，也覺得成了雞肋，食之無味，棄之可惜，準備申請撤項，但被學校科研處否決，久拖不決，一再遭到批評。在這個項目為王的時代，學者已經失去了尊嚴。得之不喜，失之不悲，寵辱不

驚，項目何為？最好還是做自己最感興趣的課題。就我來說，文獻辨偽當然是首選，做到最後，可以與疑古學派來一場大決戰。這才是我們這一代人的歷史使命。正好就在昨天，我收到了武漢大學出版社寄來的《中國文獻辨偽學史稿》三大本，至此十四冊的「辨偽研究書系」終於全部問世！這也標誌著我二十年來傾力打造的文獻辨偽工程終於完成了第一期。這是比獲得多少項目都更有意義的事情！當然，下面還有第二期、第三期、第四期，好比開發別墅區一樣，我可以組織自己的團隊集中開發自己的園地。於是，類書研究又不得不延後，這一部《中國類書文獻文化史》只寫了一半，特別感謝全波教授的鼎力相助，但下半部目前難以排上日程。我暫時擱下這一塊，把未完成的下編「近世的類書」部分列入存目，原擬的章節如次：

第一章　宋元時期的類書

第一節　宋元類書概述

第二節　宋元官修類書

一、《太平御覽》

二、《冊府元龜》

第三節　宋元私撰類書

一、《皇朝事實類苑》

二、《事文類聚》

三、《帝王經世圖譜》

四、《山堂考索》

五、《記纂淵海》

六、《事物紀原》

七、《全芳備祖》

八、《海錄碎事》

第四節　宋元道教類書

一、《雲笈七籤》

二、《道樞》

第五節　宋元科舉類書

一、《事類賦》

二、《永嘉八面鋒》

三、《玉海》

　　貪多務得，終為怨府；細大不捐，並非良策。夜航船雖好，也容我伸伸腳，挪個窩。在長途奔襲之中，該扔下的輜重就不惜一切地扔下，輕裝上陣，尋找時機展開大決戰。

司馬朝軍

2023 年 2 月 14 日情人節於古太湖之濱